남자가 옷을 벗을 때

남자가 옷을 벗을 때

김대원 수필집

한국산문

책머리에

내 글방 책장 위 칸에는 2004년 1월 1일 발행된 '선禪 심리상담·명상 지도자 자격증'이 놓여있습니다. 그로부터 간간이 입시생의 진로 상담을 비롯해, 일반인들의 심리 상담을 해왔습니다. 어쭙잖은 실력이지만 내담자의 말을 정성껏 듣고, 선과 명상을 바탕으로 진정성을 담아 상담을 합니다. 올 때와는 달리 환한 표정으로 돌아가는 사람들의 모습을 보면 내 마음도 그와 같아짐을 느낍니다. 작은 보람이지요.

불교계에서 사뭇 법명이 알려진 비구니 한 분을 아주 오래전부터 알고 있습니다.

"비슬산 돌아…"라는 시구詩句가 지금까지도 여전히 귓가에 맴돌고 있는, 그분의 명상에 관한 말씀입니다.

"명상은 우리가 머리로 지어낸 삶의 목적과 문제, 그리고 모든 의문을 거두어 갑니다. 명상은 우리의 잔을 빈 찻잔처럼 텅 비게 만들고, 단지 지금, 이 순간만을 우리 앞에 놓아둡니다. 과거도 미래도 다 사라지고 명상을 통해 우린 오직 지금, 이 순간에 현손합니다. 진성한 기쁨은 그렇게 텅 비어 있는 곳에서 솟아나는 샘물 같은 것입니다."

제 글도 마찬가지라고 감히 말씀드립니다. 글이 잘 써지지 않거나 마음이 좀 복잡할 때, 저는 잠시 노트북을 덮고 명상이란 마음의 등불을 켭니다. 내 안에 불을 밝히는 거죠. '어둠이 물러가고 밝음이 찾아온 상태, 그 순간' 저는 다시 노트북 앞에 정좌하고 글쓰기를 이어갑니다.

그렇게 써서 차곡차곡 쌓아 놓은 글들을 엮었습니다. 늦깎이로 문학 동네에 입주하여 문패를 단 지(등단) 어언 20년이 지났지만, 이제 네 번째 엮는 글모음(팔순 기념 문집이기도 함)이니 글 농사치곤 흉작이라 할 수 있지요. 하지만 제게 글쓰기는 존재의 이유이니 쉼 없이 글을 쓰며 자박자박 걸어서 종착역에 닿겠습니다. 그리고 잘 살았습니다. 운 좋게 사사師事한 스승님들(오늘의 저를 있게 해주신, 수필계의 대모 관여觀如 맹난자, 귀에 쏙쏙 들어오는 족집게 스승 일현一玄 손광성, 일목요연一目瞭然한 문학평론을 가르쳐 주시며 이번 작품 서평을 써 주신 임헌영)과 많은 지적과 격려로 힘을 북돋워 준 문우님들 덕분입니다. 진심을 담아 합장배례合掌拜禮 합니다.

특히 이 작품집을 내주시느라 유난히 무덥던 여름 한 철, 많은 수고를 아끼지 않은 한국산문 출판국에 깊은 감사의 말씀을 드립니다.

2024년 초겨울에
하전夏田 김대원 두 손 모음

목차

책머리에 · 4

제1부
대학교수와 사주팔자 · 12

소창다명小窓多明하니 꽃바람 불겠네 · 14

태극기 휘날리며 – 그날의 아련한 기억들 · 17

개성 시내를 걷고 싶어라 · 22

길냥이 · 28

오누이 · 32

대학교수와 사주팔자 · 40

커피를 마시며 · 49

화안애어和顏愛語 · 54

군더더기 없애기와 줄임말의 폐해 · 57

제2부
떨어지는 꽃잎 따라 봄날은 가고 · 62

사엄도존師嚴道尊 · 64

폭력난무 시대의 교폭단상 · 66

아름다운 화해 · 71

사진 한 장 · 74

6월이 오면 · 79

송춘영하送春迎夏 – 여름을 기다리며 · 88

그 시절의 여름 풍경 · 92

지금은 안거 중 · 95

사라져 간다는 것의 아쉬움 · 100

떨어지는 꽃잎 따라 봄날은 가고 · 105

화복상의禍福相倚 · 109

제3부
남자가 옷을 벗을 때 · 116

만추晩秋 · 118

남자가 옷을 벗을 때 · 122

산색은 이미 깊은 가을 · 135

가을 산에 올라보시라 · 140

다시 오르고 싶은 인왕산 · 143

볼 수 있다는 것, 그것만으로도 큰 행복 · 149

따뜻한 미소 짓는 사람들과의 대화 1 · 154

대화 2 · 158

제4부
가경자 최양업 토마스 신부를 찾아서 · 164

오늘도 나는 행복하다 · 166
불자의 눈으로 본 가톨릭 성지순례기
    가경자 최양업 토마스 신부를 찾아서 · 169
    천안 성거산 가톨릭 성지 · 177
테마기행-김대원의 사찰 로드 투어
    호두나무 시식지 천안 광덕사 그리고 시인 운초 김부용 · 181
    1,000억이 그의 시 한 줄만 못해-서울 삼각산 길상사 · 188
남도 기행
    전남 신안군 다도해 기행 · 195

제5부

매월당梅月堂 김시습金時習의 불교와 문학 · 224

구시화문口是禍門 · 226

그는 갔다, '타는 목마름'도 '저항'도 없는 곳으로 · 229

영원한 '뒷것', 그가 떠나가 버렸다 · 238

긴 겨울밤 시詩야, 수필과 놀자 · 246

매월당 김시습의 불교와 문학 · 252

제6부
짤 쉼 · 260

쪽 수필 1. 남은 시간이 많지 않다 · 262
쪽 수필 2. 아름답고 훌륭한 삶 · 264
고락상평苦樂常平 · 267
가외자언可畏者言 · 271
즐기는 모드 · 275
네 이놈 알츠하이머, 썩 물러가라 · 279
'짤 쉼' · 284

해설 행복의 미학과 구원의 미학 균형 찾기 - 임헌영(문학평론가) · 289

소창다명小窓多明하니 꽃바람 불겠네
태극기 휘날리며 - 그날의 아련한 기억들
개성 시내를 걷고 싶어라
길냥이
오누이
대학교수와 사주팔자
커피를 마시며
화안애어和顔愛語
군더더기 없애기와 줄임말의 폐해

제1부
대학교수와 사주팔자

소창다명 小窓多明하니 꽃바람 불겠네

코로나가 기승을 부리기 전엔 서울 종묘 서쪽 담장 가까이 있는 에세이문학사에 가끔 들르곤 했다. 긴 탁자 앞에 앉으면 바라보이는 액자 속 글씨가 눈길을 머물게 했다. 예사롭지 않아 보이는 추사의 예서체 글씨 영인본이다. 추사 김정희秋史 金正喜(1786~1856)의 서체는 정석이라 생각하는 단아하며 반듯하고 정갈한 글씨가 아닌 자유분방하고 개성이 넘치는 글씨라서 더 정감이 가고 끌린다는 평이다.

小窓多明소창다명 작은 창가에 볕이 많으니
使我久坐사아구좌 나로 하여금 오래 앉게 한다

그 글처럼 우리 집 베란다에도 창문을 통해 들어오는 햇살이 따사롭다. 그래서 나는 내 책방보다는 베란다 책상에서 글을 쓰거나 독서를 하는 일이 많아졌다. 하지만 나이 탓인지 따뜻한 햇볕 때문인지 때때로 나도 모르게 조수처럼 밀려오는 졸음을 어쩔 수 없어 잠시 눈을 감기 일쑤다. 그러니 책 한 권 완독하는 데 제법 시간이 걸려 독서량 운운할 처지가 아니다. 두보杜甫는 남자라면 모름지기 다섯 수레의 책을 읽어야 한다고 했다는데, 책 욕심에 비해 독서량은 뒤떨어지는 내가 부끄럽다.

그러나 무엇보다도 앉은뱅이 의자를 놓고 아내와 마주 앉아 간편식으로 점심을 먹고 차를 마시는 것이 참 좋다. 요즘 불면증에 시달리는 아내이니 충분한 햇볕을 쬘 필요가 있다.

자다가 화장실이라도 갈 때 아내 방문을 살짝 열어보면 우두커니 앉아 있거나 자다 말고 무슨 서랍 정리를 하는지 이것저것 꺼내 늘어놓고 있는 모습을 자주 본다. 어렵사리 눈 붙이고 자다가 깨면 다시 잠들기가 힘들어 그러는 것이다. 아내는 그냥 내버려 두고 어서 가 자라고 하지만 억지로라도 잠들게 하려 눕게 하고, 늘 하던 대로 나지막이 염불하며 종아리와 허리를 주물러 주곤 한다.

아내가 다시 잠들라치면 나도 내 방으로 돌아와 눕지만, 이번엔 내 차례다. 이런저런 잡념이 꼬리에 꼬리를 잇는다. 그러잖아도 몸 여기저기가 아파 고생하고 있는데, 저러다 면역력이 떨어져 더 큰 병에 걸리면 어쩌나 걱정이 크다. 나는 합장한 채 감사의 기도를 하고 자리에 눕는다.

내일은 아내를 데리고 집 근처 '능수버들 농원' 야외예식장 경내로 가서 보기 좋게 활짝 핀 벚꽃 구경이나 해야겠다.

태극기 휘날리며
- 그날의 아련한 기억들

    오늘은 3, 4, 5월로 이어지는 봄의 첫날이며 3.1절로 국경일이다. 요즘엔 공·사석을 막론하고 작든 크든 행사할 때 태극기를 게양하거나 애국가 제창은 생략하기 일쑤다. 내가 초등학교 다닐 땐 면사무소 넓은 마당에서 면내 초등학교 3개교 학생들과 면민들이 함께 모여, 국기 게양대 꼭대기에 걸린 태극기를 우러러보며 오른손을 왼쪽 가슴에 대고 예를 갖춰 힘차게 애국가를 4절까지 불렀었다.
    요즘은 그나마 '태극기에 대한 경례'와 '순국선열들에 대한 묵념'만은 그대로 시행해서 다행이다.

    아주 오래전, 영화계엔 「실미도」에 이어 「태극기 휘날리며」라는 영화가 단연 압권이었던 때가 있었다. 언론 매체들은 다투어 1,000만 돌파 기사를 보도하고 있었으니 가히 국산 영화 전성기라 할 만했다. 그즈음

나도 함께 일하는 젊은이들을 따라 참으로 오랜만에 극장 나들이를 다녀왔다. 짐작한 대로 민족의 비극 6.25 전쟁 와중에 어느 집안 형제가 남북으로 엇갈리어 총부리를 맞대게 된 상황을 그린 영화였다.

맑은 하늘에 날벼락이란 말처럼 그날도 일상의 평온한 휴일이었는데, 그만 헤아릴 수 없이 수많은 이들을 삽시간에 난생 경험해 보지도 못한 전쟁의 아수라장으로 내몬 민족적 비극의 참상이 일어난 것이다. 영화를 보는 내내 내가 어릴 적에 겪었던 그 당시의 기억들이 내 마음속에 또 하나의 영상이 되어 극장 스크린에 함께 비추어지고 있었다.

영화 속의 주인공 진태가 구두닦이 통을 메고 이 거리 저 거리를 두리번거리며 다니다 난리를 만난 그날, 나는 동네 앞 신작로에서 아이들과 어울려 놀고 있었다. 헌데 정오쯤 되었을까, 개성 쪽에서 갑자기 수많은 인파가 밀물처럼 몰려오고 있었는데 누군가 무슨 일이냐고 물으니 "난리가 나서 피난 간다."라는 것이었다. 난리가 뭔지, 피난이 뭘 말하는지도 모르는 아이들과 길가 논에서 일하던 어른들이 허겁지겁 내달려 각자의 집으로 달려갔다. 나도 한달음에 뛰어 집으로 갔더니 아버지와 엄마는 벌써 피난 준비를 하고 계셨다. 짊어지고 갈 수 있을 만큼의 양식과 옷가지 몇 개아 덮고 잘 포대기가 전부였다. 아버지가 다급하게 엄마에게 말씀하셨다.

"나는 남아서 좀 더 지켜보다가 따라갈 테니 애들 데리고 시루리 누님 댁으로 해서 강 건너 마장으로 가요."

 아버지가 말씀하신 '시루리 누님 댁'이란 임진강가 도라산역 인근의 제법 큰 마을이었던 것으로 기억된다. 불안과 초조한 마음에 걷는지 뛰는지 모르게 허겁지겁 고모님 댁에 도착하니 이미 그 마을 사람들도 다 피난 가고 어쩌다 노인들만 남아 텅 빈 집들을 지키고 있었다. 나는 그 와중에도 고모님 댁 마루 밑에 있던 장화를 발견하곤 얼른 집어 신고 나왔다. 신작로에서 맨발로 뛰놀다 집에 가서도 고무신을 신고 나오는 것을 잊은 채 허둥대며 한참을 내달리다가 발바닥이 아픈 걸 그제야 느낀 것이다. 엄마는 고모님 댁에 가면 신발을 얻어 신을 수 있으니 조금만 참으라며 나를 달래셨으나 신발은 없고 장화만 보였다.

 임진강가 마을에 도착했을 때는 그야말로 인산인해 그대로였다. 그래도 인심이 좋았던 때여서 동네 사람들은 밥을 해주며 함께 걱정하는 인정을 보여주었는데 지금 생각해도 참 고마운 분들이었다. 요즈음같이 각박한 세상에선 꿈같은 얘기일지 모르겠다. 그때 먹은 반찬 중에 고소한 참깨를 뿌린 고추 잎사귀 볶음이 참 맛났던 일이 꿈결처럼 떠오른다. 이렇게 점심 겸 저녁밥으로 요기를 때운 우리는 강가로 나갔다. 몇 척의 노 젓는 나룻배가 연신 사람들을 실어 건네고 있었는데 서로 먼저 타려고 뒤엉키어 오르다 떨어지고 아비규환이 따로 없었다. 긴 여름 해가 뉘엿뉘엿 강물 위에 금빛으로 물들 무렵 우리 가족도 겨우 배에 오를 수 있었다. 무릎까지 빠지는 갯벌을 기어가듯 걸어 뱃머리까지 가느라 쌀자루를 짊어진 형은 내 손을 잡고, 막냇동생을 업은 누나는 머리에 보퉁이까지 이고 가는 힘겨운 승선이었다. 배 위에 올라서니 소를 끌고 오른 사람, 보자기에 머리만 삐죽 나오게 하고 닭을 싸 온 사람들도 있었으니 지금 생각하면 실소를 금치 못할 일이다. 그 많은 사람들과 가축까지 발 디딜 틈조차 없이 꽉 찬 배가 막 강을 건너가려고 움직이는 순간 갑자기 엄마가 우리들에게 배에서 내리라고 소리치시는 것이었다. 형과 누나는 어렵사리 올라탔는데 다시 내리라니 어이가 없다는 듯 왜 그러시느냐며 소리쳐도, 엄마는 어지러워서 못 가겠으니 무조건 내리라는 것이었다. 할 수 없이 우리는 탈 때보다 더 힘들게 배에서 내려 다시 질퍽한 갯벌을 걸어 나와 쓰러지듯 강둑에 앉는데, 얼마 후 갑자기 사람들의 아우성 소리가 들려 강 쪽을 보니 이게 웬일인가. 우리가 탔던 그 배가 강 가운데쯤 흘러갔을 때 무게를 감당하지 못해 한쪽으로 기울다가 그만 뒤집히는 바람에 생지옥의 아수라장이 되어버린 것이다. 헤엄칠 줄 아는 사람들과 황소는 한참을 물살 따라 떠내려가다 반대편 갯벌에 닿을 수 있었지만, 많은 사람이 그대로 물속에 잠겨버리는 참상을 보아야 했다. 훗날 두고두고 그 얘길 하며 그때 왜 그런 마음이 생겼냐고 물으면, 엄마는 '글쎄 나도 모르게 갑자기 현기증이 나며 불안해져서 도저히 그냥 갈 수가 없어 그랬다.'고 말씀하시곤 했다. 천우신조라 아니할 수가 없다. 결국 밤늦게 강을 건너 아버지께서 찾아가라는 집에 도착했을 땐 한밤중이었다. 놀라고 지친 몸으로 행랑채 방에서 쉴 수 있었는데 나는 갑자기 어린 몸으로 먼 길을 걸어서인지 다리에 마비가 와 일어설 수가 없었다. 그대로 앉은뱅이가 되는 줄 알고 엄마가 내 다리를 주무르며 우시는 바람에 식구 모두가 엉켜 울음바다를 이루었다.

한참을 그러다가 겨우 잠이 들었는데 새벽녘 오줌이 마려워 뒷간엘 가려고 일어나니 벌떡 일어서지는 것이었다. 나는 너무 기뻐 엄마와 형과 누나를 마구 흔들어 깨우며 엉엉 울었다. 이렇게 해서 그날, 내 어린 소년의 6.25 첫날이 어렵게 지났다.

지금 임진강이 저만치 보이는 야트막한 산언덕에 아버지와 엄마는 강 건너 이북 고향집을 바라보고 누워 계신다. 지척이 고향인데 그 숱한 세월이 흐른 지금 오늘도 임진강은 그날의 아픈 기억들을 간직한 채 유유히 흐르고 있겠지. 언제나 우리는 태극기 휘날리며 그리운 고향 땅을 다시 찾아가려나.

내 생전에 부모님 유해를 고향집 과수원 양지바른 언덕, 어려서 죽어 묻힌 여동생 무덤 위쪽에 모셔야 할 텐데…. 이번 한식寒食에 산소에 가서 "엄마! 그때 왜 배에서 내리란 생각이 들었소?" 하고 또 물어봐야지. 저만치 빙그레 웃으시며 엄마가 온다, 흰 옥양목 치마 휘날리며….

개성 시내를 걷고 싶어라

요즘 고려시대 대문호로 알려진 이규보 평론을 쓰는 중이다. 전에 썼던 것인데, 거듭 퇴고하고 있다. 문득 오래전에 개성을 다녀올 때 책 한 권을 사 온 기억이 나서 서가에서 찾아냈다. 북한 문학예술출판사에서 출판된『개성의 옛 자취를 더듬어』라는 표제의 332페이지 책이다.

2007년 6월 23일, 불교방송사에서 주최한 개성 영통사 복원 법회에 불교단체 임원으로 참가하게 되었다. 내 고향이 개성 들머리인 판문점 아래 동네여서 고향마을을 볼 수 있겠다는 기대감으로 선뜻 신청했다. 그러나 지금은 통일로를 따라 달리다가 임진강 대교를 건너면 직선거리 도로망이 개설되어, 목포에서 신의주까지 이어지는 국도 1호선에 있던 내 고향 동네 길은 이제 구舊도로가 되어버렸다. 고향 마을을 못 보게 되어 아쉬움이 컸지만, 개성으로 갈 수 있다는 것만으로도 가슴 설레는 일이었다. 아마 6.25 전쟁이 일어나지 않았더라면 대학은 서울이나 평양으로 갔을지 몰라도 나는 개성중고등학교를 다녔을 것이다. 이런저런 생각을 하는 사이 우리가 탄 버스는 북한 출입 초소에 당도하였고, 저들의 근무자들이 버스에 올라와 인원 점검 등 개성 출입 절차를 마친 후 다시 출발할 수 있었다.

초소 근무병이나 가면서 봤던 군인들은 얼굴부터가 비쩍 마르고 입고 있는 러닝셔츠는 물론 복장 상태가 꾀죄죄했다. 금강산 신계사 복원 법회에 갔을 때 보았던 모습과 똑같았다. 개성 시내는 오가는 사람들이 많지 않았고 '회색 도시' 같은 느낌이 들었다.

드디어 영통사에 도착했다. '령통사'라는 표제 아래 복원된 영통사 전경 사진이 고즈넉하여 보기 좋았다. 팸플릿에 소개된 글을 전재한다.

령통사는 개성 시내에서 북쪽으로 약 10km, 룡흥리 소재지에서 서쪽으로 약 8km 떨어진 오관산에 위치하고 있다. 령통사는 고려 초기에 건설되어 16세기까지 존재하였던 절이다. 한때 없어졌다가 다시 중건된 사찰인데, 6.25 때 폭격으로 전소되는 아픔을 간직한 절이다. 대각국사大覺國師는 1055년에 나서 11살 되던 때 령통사에서 승려 생활을 시작하였으며 총지사에서 1101년 47살에 세상을 떠난 후 여기에 무덤을 쓰고 비를 세웠다. 대각국사는 우리나라 불교 교단에서 처음으로 천태종을 크게 퍼뜨리고 그 시조로 되었으며 력대의 불교 경전들을 집성하고 방대한 규모의 대장경을 간행함으로써 당시 아시아 불교계에서 이름을 날렸다. 우리 당의 민족문화유산정책과 위대한 장군님의 현명한 령도에 의하여 6만여 평방미터의 부지면적에 연건평 4천여 평방미터에 달하는 25동의 건물인 령통사는 높은 수준에서 복원되었다.

그러나 사실은 우리나라 천태종에서 복원비 전액을 부담하여 복원한 절이다. 이를 숨기느라 팸플릿이나 책자에 단 한 줄의 표시도 없다. 령통사에서 구입한 앞에 표기한 책자를 보면 서두에 "위대한 령도자 김정일 동지께서는 오랫동안 산속에 묻혀 있던 령통사를 원상태로 복구한데 대한 조치를 취해 주시고 그 실현을 위한 구체적인 방도를 밝혀 주시었다.

경애하는 장군님께서는 절을 원상 복구할 수 있도록 현지 발굴 조사 력량을 편성하시어 빠른 속도로 건설공사를 내밀도록 크나큰 배려를 돌려 주시였다." (이하 생략)

그런데 팸플릿 뒷면을 보면 "불교는 인민들의 계급의식을 마비시키고 나라의 경제 문화 발전에 막대한 해독을 끼쳤다. 그러나 절간을 비롯하여 탑, 비 등 불교 관계의 건축물에는 우리 인민의 창조적 지혜와 재능이 깃들어 있는 것만큼 귀중한 문화유산으로 된다. 력대 많은 문인이 령통사와 관련한 시들을 지었는데 대표적인 것으로 리규보의 시를 적는다."

령통사에서

오솔길 구불구불 산중턱에 닿았으니
절간이 어데냐고 물어서 무엇하랴
산속에서 들려오는 맑은 시냇물 소리에
인간 세상 백 가지 시비 모조리 깨어지네

그날 영통사 순례를 마치고 다시 시내로 돌아와 점심식사를 했다. 이 식당도 우리나라 현대건설에서 지어준 것이라 했다. 식사는 평양 옥류관 냉면은 아니지만 그 비슷한 냉면으로 했다. 일단은 맛있는 점심식사였다. 식사를 마치고 지정된 관광(?)을 했다. 개성을 상징하는 것은 많지만, 그중 제일은 선죽교가 아닐까 싶었다. 북한 국보 유적 제159호이다. 선죽교는 본래 1216년에 건립된 선지교였는데, 정몽주가 피살된 이후에 선죽교로 고쳐 부르게 되었다는 안내문이 보였다. 사람들은 아직도 남아 있다는 핏자국을 찾느라 눈길이 바빴다. 돌다리 한쪽에 핏기 어린 붉은 돌조각이 눈에 띄자 모두들 깜짝 놀라며 직접 손으로 만져보는 등, 최대의 관심사였다. 어떻게 그 오랜 세월이 지났는데 핏자국이 남아 있는지 신기할 뿐이었다. 그리고 정몽주가 말 타고 건너는데 이방원의 수하들이 살해했다고 해서 제법 높은 다리로 상상했는데, 세 개의 난간으로 이어진 짧고 작은 다리여서 실망이 컸었다. 안내원이 말했다.

"여러분 놀라셨죠? 솔직히 말하자면 언젠가 사람들이 정몽주가 흘린 피처럼 보이게 하려고 새로 갖다 짜 맞춘 것입네다."

허탈감마저 들었다. 그리고 관광지 두세 군데를 더 들렀는데, 이번엔 물건 값을 치르고 나면 잔돈이 없다고 안 주는 거였다. 예를 들어 6달러짜리 물건을 사고 10달러를 내면 거스름돈이 없다고 주지 않았다. 판매 종사원들이야 윗선에서 시키는 대로 할 수밖에 없겠단 생각이 들자 몇 푼 보시하는 셈 치고 그저 웃고 말았다.

그날 점심식사를 한 식당 앞이 버스 정류장인데 우리가 식사 마치고 떠날 때까지는 한 100m 전에서 승객들을 내리게 하고 식당 쪽으로는 지나가지 못하게 통제하고 있었다. 다만 길 건너 인도로는 유치원생으로 보이는 어린이들이 붉은 머플러를 일제히 목에 두르고 기계적인 동작으로 군인들처럼 손을 저으며 열 지어 질서 있게 걸어가고 있었는데, 그 모습이 귀여워 보이지 않고 섬뜩해 보였던 건 왜였을까.

아무런 제지 없이 편안한 걸음으로 개성 시내를 종일토록 걷고 싶은 날이었다.

길냥이

오늘도 산책하러 집을 나섰다. 앞서가던 아내가 "나비야!" 하고 낮은 담장 안 쉼터 양지바른 곳에 앉아 있는 고양이를 불렀다. "친구들은 어디 가고 왜 혼자야?" 여름에 우리가 이사 와서는 세 마리가 뒤엉켜서 장난치는 모습을 자주 봤는데, 요즘 들어 두 녀석이 안 보일 때가 많다. 하긴 집고양이가 아니고 떠돌아다니는 녀석들이니 늘 같이 있지는 않은 모양이다.

이곳으로 이사 오기 전 의정부에 살 때도 건물 맨 아래층의 뒤울안 같은 작은 공간에 길고양이 한 마리가 살았다. 다행히 1층에 사는 아저씨가 개집처럼 작은 고양이 집을 만들어 주고 그 집 맡은 사료를 사다 녀석의 끼니를 챙겨주었다. 그런데 녀석은 제집을 놔두고 늘 밖에만 있다가 인기척이라도 나면 후다닥 도망치기 일쑤였다. 1층 아저씨 말로는 아마도 집 안에서 사람들의 귀염을 독차지하며 사는 애완용 고양이와 달리 아직도 버리지 못한 야성 때문일 거라고 했다. 그래서인지 얼마 후 아저씨는 1층 주차장 한구석에 깔판을 만들어 주고 밥통과 물그릇을 그곳으로 옮겨놓았다. 그러자 녀석도 배고픔은 참을 수 없다는 듯 슬그머니 자리를 옮겨와 쭈그리고 앉아 있었다. 그러나 사람들의 인기척이라도 들릴라치면 잔뜩 긴장한 채 경계의 눈초리로 바라보다가 "나비야!" 하고 다가가기라도 하면 냅다 도망쳐 버리곤 했다. 그래도 아내는 출입할 때마다 손자 녀석에게 말하듯 다정한 목소리로 "나비야, 괜찮아. 도망치지 마라! 맘마 먹었니? 에고, 저런, 밥이 없구나. 맘마 줄게." 하곤 건물 출입구 우편함 위에 사료가 한가득 담긴 플라스틱병과 물병을 챙겨다 놓고 먹이와 물을 따라 주기도 했다. 녀석은 저만치 떨어져 있다가 어서 먹으라 하고 우리가 몇 걸음 뒤로 물러나면 그때서야 슬금슬금 눈치를 보며 다가와 먹곤 했다.

　나는 어려서부터 개는 아주 좋아했어도 고양이는 그리 좋아하지 않았다. 물론 우리 집에도 암수 고양이 두 마리가 있었다. 서로 사이가 좋지 않은 관계를 견원지간犬猿之間이라 하듯 우리 집 개와 고양이들도 서로 마주치기라도 하면 개가 고양이를 물어버릴 것처럼 으르렁거려 아버지께서는 집 뒤 굴뚝 옆에 볏짚으로 만든 고양이 잠자리를 마련해 주셨다. 나는 고양이가 지나치리만큼 요리조리 눈치를 보는 것이 싫었다. 그래서 의정부에 살 때도 한동안은 고양이 녀석에게 관심이 없어 눈길도 주지 않았었다.

그런데 어느 날 밖에 나갔다가 건물 현관으로 들어가려는데, 갑자기 주차장에 세워둔 자동차 사이에서 고양이 녀석이 급히 나오며 연신 "야옹, 야옹!" 하는 게 아닌가. 별일이다 싶어 걸음을 멈추고 녀석을 내려다보고 있자니 계속 나를 쳐다보며 야옹거렸다. 문득 옹알이하는 어린애처럼 보였다. "왜 그래 인마!" 하고 언뜻 보니 녀석의 밥그릇이 비어 있었다. 나는 관심도 없는데 저 혼자 놀라서 슬슬 눈치 보며 달아날 땐 언제고 이젠 나더러 밥 달라는 게 아닌가! 그 후 내가 "나비야, 잘 잤어?" 하면 "야옹", "밥 먹었니?" 해도 "야옹" 하고 대답을 잘하는 바람에 녀석이 귀여워졌다. 사람과 사람 사이도 그렇지만 동물과 사람 사이에도 소통하려면 어떤 계기가 있어야 하는가 보다.

엊그제 아내와 딸이 의정부 집이 팔려서 계약서를 쓰러 갔다 왔는데, 나비 녀석이 아주 비쩍 말랐더라고 안타까워했다. 나도 마음이 안 좋았다. 하긴 나이가 들었는지 내가 거기 살 때도 언제부터인가 계속 잠만 자고 말을 걸어도 전처럼 야옹 하는 대꾸도 없이 얼굴을 묻곤 했었다.

요즘 도시마다 재건축 아파트 단지가 늘어나며 그런 곳에서 서식하는 길고양이, 일명 '길냥이'들의 늘어나는 개체 수가 만만찮아 골치라고 한다. 사람들이 떠난 재개발, 재건축 주변은 고양이들의 좋은 은거지이며 놀이터다. 고양이들은 빈 건물을 자기들 영역으로 삼아 왕성히 번식하며 지낸다. 그러다가 정작 재건축 시행으로 철거 작업이 시작되면 고양이들에겐 지옥으로 변하고 만다. 미처 피신하지 못한 고양이들이 깨진 유리 조각에 몸을 다치거나 건물을 철거할 때 집단으로 압사당하기도 한다니 안타까운 일이다.

  어제는 거리를 지나는데 애완동물센터 진열장 안에서 약속이라도 한 듯 10여 마리의 아주 작은 고양이들이 잔뜩 옹크린 채 졸고 있고, 그 옆 칸엔 역시 체구가 작은 복실 강아지가 미용 중이었다. 그 모습을 보며 지나는데, 문득 요즘 애완용 개와 고양이를 버리는 일이 부쩍 늘어난다는 얘기가 떠올라 마음이 씁쓸했다. 사람과 동물 모두 생명은 중요한 것, 그 소중한 공생을 생각하며 걸어왔다.

오누이

내가 어려서부터 좋아하는 말이 '오누이'였다. 형제자매가 없는 것도 아니지만, 6.25 한국전쟁 때 피란 나와서 형과 내 바로 위 누나는 서울 시청에 근무했던 큰매형 댁에 얹혀 지내며 일과 학업을 병행했고, 나와 남동생은 시골에서 자라서 형제자매 간의 다정다감한 시절을 보낼 수가 없었다. 내 밑으로 예쁜 여동생이 있었는데, 어려서 몹쓸 병으로 일찍 하늘나라로 아장아장 걸어가 버렸다. 아버지가 과수원에 일하러 나가시면 한사코 따라나서곤 했다는데, 어느 날 아직 여물지도 않은 천도복숭아를 따달라고 막무가내로 떼쓰는 바람에 잘 익었음직한 것으로 한 개 따줬다고 했다. 공교롭게도 그날 밤에 배탈이 났고 시름시름 앓다가 그만 서둘러 가고 말았다. 나도 아직 어릴 때라 그 애 얼굴도 가물가물하다.

우리 집 과수원 울타리 가까이 개성으로 넘어가는 우리나라 국도 1

호선인 큰 고갯마루에 그 애의 작은 무덤이 있었다. 우리 집 바깥마당에서 서쪽으로 그 애의 무덤이 손에 잡힐 듯 보였다. 아버지는 눈뜨면 제일 먼저 바깥마당에 나가 무덤부터 바라보고 가끔 직접 가서 살피고 오는 것으로 일과를 시작하셨다. 나도 매일이다시피 가서 잔디밭에 앉아 혼자 놀다가 오기도 했다. 여름이면 산 나리꽃이 무덤을 에워쌀 정도로 많이도 피었다. 그래서 지금도 나리꽃만 보면 그 애 생각이 나곤 한다. 아버지는 아무리 떼를 쓰며 울부짖었어도 당신이 천도복숭아를 따주지 않았으면 귀여운 딸을 잃지 않았을 거라며 자책감에 못 이겨 과수원에 있는 천도복숭아 나무를 전부 베어버리셨다. 내가 그때부터 지금까지도 천도복숭아는 먹지 않는 이유이기도 하다.

지금은 휴전선 남방한계선 안에 고향의 우리 집과 과수원 그리고 내 누이동생 무덤이 있는데, 민간인은 출입이 엄격히 통제되어 가볼 수가 없다. 여러 해 전, 벌초할 시기에 군인들이 조별로 인솔하여 임진강 건너 가까운 곳에 있는 조상 산소에 성묘하러 갔을 때 산등성이에 올라 먼발치로 고향 마을 쪽을 바라볼 수 있었다. 군대 시절 판문점을 오가는 부대원이었던 사촌 형님의 전언에 따르면, 우리 과수원 자리엔 단 한 그루의 배나무 외엔 과일나무들은 다 없어졌으며, 군인들의 막사로 쓰는 건물들이 줄지어 있고, 우리 집터에는 벽돌로 지은 2층 건물이 들어섰다고 했었는데 정말 그랬다. 판문점의 우리 측 공동경비대 숙소와 지휘부 건물들이라고 한다. 그래서 눈길을 더듬어 어림짐작으로 누이의 산소 쪽을 바라만 보다가 온 일이 있었다. 수십 년을 돌보지 않은 채 방치되어 있으니 그 형태나마 남아 있을지 안타깝기 그지없었다. "영분아! 오빠가 왔다, 보이니? 그 긴 세월 너 혼자 고향 땅을 지키느라 얼마나 외로웠니? 이제 아버지와 엄마, 그리고 둘째 큰누나가 네 뒤를 따라가셨으니 반갑게 만나 뵙고 함께 지내겠구나, 누이야!" 하며 가슴으로 울며 눈물을 흘렸었다.

나도 초등학교 졸업 후 서울의 중학교로 진학하였고, 1년 뒤에 우리 집도 피란지 시골 살림을 정리하고 서울로 이사했다. 그때는 청와대를 경무대라고 불렀었는데, 그 서쪽에 있는 인왕산 아래 동네에 결혼해 분가할 때까지 살았으니, 그곳이 제2의 고향이나 마찬가지다. 책가방을 허리에 끼고 광화문에서 지금은 헐려버린 중앙청 앞으로 걸어오자면, 그땐 시민회관이라 불렀던 세종문화회관 앞을 지났었다. 마침 음악회라도 열리는 날이면 부모를 따라온 내 또래의 남매 아이들이 서로 재잘거리며 뛰어노는 모습이 그렇게 부러울 수가 없었다. 특히 '오빠' 소리가 가장 듣고 싶은 말이었다.

고등학생이 되어 봄가을이면 학교마다 열었던 문학의 밤 행사에서 만난 한두 명의 여학생들과 작품을 교환하며 지내기도 했었다. 그리고 학생 잡지의 여동생을 연결해 주는 펜팔 난에 이름을 올리기까지 해서 편지를 주고받으며 누이에 대한 갈증을 풀어보려 했었다. 진주와 속초에 살고 있던 여동생들이었고, 다행히 파주에 사는 여동생도 있어 어렵사리 그 애가 서울로 올라와서 두어 번 만나 덕수궁과 경복궁으로 해서 창덕궁(창경원)까지 걸으며 구경했었다. 진주에 사는 애는 붓글씨를 잘 써서 개천문화제에 출품해 상도 받았고, 속초에 사는 애는 키도 크고 엄청 예쁜 애였는데, 지금처럼 교통편이 좋지도 않았지만 두 애 모두 만나본 일 없이 사진과 글로만 오누이의 정을 나누었다. 그러다 서로 대학입시 공부에 매진하느라 점점 적조해지다가 연락도 끊기고 말았다. 그런데 대구에 사는 초등학교 교사가 누나를 자처하는 편지를 보내주었다. '김인경'. 아직도 이름이 생생하다. 누나는 자주 편지로 너무 외로워하지 말고 대입 준비에 집중하라고 독려해 주며 비싼 참고서도 구해 보내주었다. 그 고마운 누나는 언젠가부터 소식이 끊겼다. 제대로 챙기지 못한 내 잘못에 아쉬움이 크다.

세월이 한참 흘러 늦깎이로 문단에 '문인'이란 문패를 달게 되면서, 나는 친하게 지내는 사이라면 형님, 누님 그리고 아우, 누이라고 불렀다. 특히 누이들이 생겨서 나이 들어서도 오누이의 정을 나누며 지낼 수 있게 된 것이 큰 복이라 여겨진다. 며칠 전 부천에 사는 누이의 모친께서 갑자기 소천하셔서 광주까지 내려가 조문하고 왔다. 삼우제까지 잘 치르고 왔다며 고마웠다고 전화해서 한시름 놓았다. 같은 수필문학 동아리에서 활동하며 성당 합창단원일 정도로 고운 목소리에 얼굴도 예쁜 누이다. 같은 멤버 중에 내가 '미소미인微笑美人'이라 부르는 누이도 항상 "큰오빠!" 하며 해맑은 미소로 반긴다. 그녀의 남편은 내게 '형님'이라 하고 나는 그를 '매제'라 부르며 가끔 안부 전화도 나누며 지낸다. 한참 전엔 쓰고 있던 안마의자를 곧 교체할 거라며 필요하면 오빠가 가져다 쓰라고 해서 지금도 잘 사용하고 있다. 그런가 하면 '수려미인秀麗美人'이란 닉네임으로 부르는 막내 누이는 "대大오라버니!"라고 부른다. 내가 모임에서 제일 나이가 많고 이름에도 '대大' 자가 붙어서인가 보다. 수필잡지 편집장으로 일했던 그녀는 글도 잘 쓰고 평도 잘해서 내가 늘 배울 점이 많은 누이다. 그리고 예전에 붓글씨를 잘 썼던 진주의 그 누이처럼 서예에 탁월한 솜씨를 발휘하는 문인이자 서예가인 첫째 아우, 또 대학교수로서 대학에서 중요 보직을 겸직하고 있으며 시도 잘 쓰는 막내아우도 있다. 그래서 내가 좋아하는 가수 이문세의 노래 중 나의 애창곡인 「나는 행복한 사람」처럼 그들이 있어 든든하고 행복한 문학 생활을 하고 있다. 지난달엔 나를 배려해 천안 아산에 형제자매들이 다 모여 즐거운 여행을 했다.

그런가 하면 E 문학지의 이름만 대면 다 알 수 있는 명수필가로 뭇 수필가에게 선망의 대상인 문학상은 거의 다 받은 M. 언젠가 여수, 순천, 벌교로 문학기행을 갔을 때로 기억하는데, 저녁 바닷가를 걸으며 대화 중에 우연히 여동생이 먼저 떠난 안타까운 애기를 들더니, "그런 아픈 사연이 있었군요. 앞으로 제가 오라버니라 불러드려야겠네요."라고 해서 얼마나 고맙고 기뻤는지 몰랐다. 그 후로 내가 중요한 일을 앞두고 조언을 구하면 늘 자상하면서도 단호한 결정을 내리도록 자문을 아끼지 않는 누이다. 몇 해 전에 제2 수필집 출간을 앞두고 망설일 때도 "올해는 꼭 수필집 내세요!"라고 몇 차례나 격려의 말을 해줘서 『먼 산에 달이 오르네』를 출간하여, 다음 해 제34회 현대수필문학상에 이어 수필과비평문학상을 수상하는 영광을 안았다.

많은 문학상을 받았고 평론가이며 웃을 때면 볼우물이 예쁜 부산의 J, 애교쟁이 S, 창원의 귀염둥이 D, 이름이 '사랑'이어서 내가 모임 때 만나면 "어이, 내 사랑!" 하면 "네, 오라버니!"라며 활짝 웃는 누이도 있다. 그리고 늘 내 글을 가감 없이 평해줬던 H, 반전의 위트 넘치는 글을 잘 쓰는 전직 여고 국어교사 출신의 K. 그녀의 부친은 유명한 원로 수필가였으며 둘째 아들도 수필가여서 3대로 이어오는 보기 드문 수필가 집안이다. 그 3대의 작품들을 내가 강의하는 문하생들과 조명하는 공부를 한 일도 있었다. 그리고 어느새 할머니가 되었어도 아직 어린 소녀 같은 L 등이 있다. 물론 개중엔 자발적으로 오빠나 오라버니라 하는 친구들이 있는가 하면, 내가 먼저 호칭을 '누이'라 부른 이들도 있다. 또는 전화로 "김대원 선생님!" 하면 "내가 왜 선생님이야, 오라버니나 오라방이라 불러주면 좋겠는데요!" 하는 식이다. 그러면 웃으면서 "네, 오라버니!" 하고 부르기 시작하여 계속 이어지고 있다. 탈서울을 결행(?)하여 홍천에 둥지를 틀고 사는 H, 파주의 O, 그리고 대구에서 열심히 후학을 지도하며 수필가 겸 평론가로 활동하는 A 등이 이런 경우다. 이렇게 누이들이 많아서 '누이 부자'가 되었다. 코로나 사태가 한창일 때에도 "오라방! 잠잠할 것 같던 코로나19가 쉽게 물러가지 않네요. 잘 지내시죠? 그러리라 믿지만, 건강 잘 챙기시며 반갑게 만나는 날 기다려요." 하고 카톡이나 전화로 여기저기서 안부를 물어오는 고마운 누이들이 있어 행복하다.

조선시대 문인이자 학자였던 허균(1569~1618)과 탁월한 시인이었던 누나 허난설헌(1563~1589). 이 오누이 간에 우애를 주고받은 시와 편지를 담은 『오누이』란 책을 보면, 허난설헌은 야생화를 닮은 동생 허균의 파도처럼 거침없고 진솔한 문장을 칭찬했다. 동생 허균 역시 눈 속에 핀 난초 향기를 닮은 누나의 아름다운 시와 고귀한 정신을 사랑했다. 두 사람은 어린 시절 배나무 아래에서 달고 연한 열매를 나누었고, 부용봉에 올라 흰 학을 타고 바다를 건너는 꿈을 꾸었다고 한다. 하지만 열다섯에 결혼한 허난설헌의 현실은 가혹했다. 잇따라 아이들을 잃었고 남편과 시댁에서 관심과 사랑도 받지 못했다. 엄격한 가부장 중심 사회에서 그녀의 재능은 책망거리로 취급되었을 뿐이다. 허난설헌은 붉은 노을 같은 뜨거운 마음을 간직했지만, 서리처럼 차가운 현실에 절망했다. 그런 누나를 도와줄 수 없기에 허균은 슬프고 안타까웠다. 이렇듯 고달픈 삶이었지만 허난설헌은 듬직한 어른이 되어 세상을 이롭게 하려는 동생을 언제나 응원했다고 한다. 해와 달이 된 오누이처럼 서로가 서로에게 빛과 온기가 되고자 했다.

아주 여러 해 전에 나의 문학 스승, 관여 맹난자 선생님을 모시고 문우들과 함께 경기도 광주에 있는 허난설헌의 무덤에 갔었다. 어려서 죽은 두 아이와 나란히 묻힌 그녀의 묘에 헌화하고 술잔을 올렸던 일이 내내 가슴에 아픈 기억으로 남아 있다.

오누이, 참 다정한 말이다. 같은 수필 문학의 길목에서 만난 누이들과 아우 그리고 형님, 누님들과의 인연에 늘 감사하며 더욱 소중히 여겨서 다정하고 진솔한 형제자매의 우애를 이어가야겠다. 창밖으로 멀리 보이는 큰 산줄기의 등고선 위로 먼저 간 친누이와, 지금 오누이의 정을 나누며 지내는 다정한 누이들이 환히 웃으며 손짓하는 듯하다.

대학교수와 사주팔자

나는 대학교수가 최종 목표였다. 지금도 쉽지 않은 건 마찬가지겠지만, 그때는 대학원을 마친다 해도 조교 되기도 어려웠고 학교에선 동아일보사로 가라고 추천해 줬다. 하지만 주판알이나 굴리며 경리부에서 일할 것이 뻔했기에 정중히 사양했다. 당시 졸업생들에겐 해외로 진출할 수 있는 무역회사가 인기였다. 마침 당시 모 그룹 회장이었던 대학 선배가 의류 제조·수출업체를 경영하는 그분의 동기를 소개하며 가서 좀 도와주라는 바람에 큰 꿈을 안고 갔다. 마침 그 선배도 황해도에서 피란 나온 실향민이라 나를 후배이지만 친동생처럼 믿고 주요 업무를 맡겼다. 그뿐만 아니라 방 3개에 거실과 자그만 마당도 있는 집을 마련하는 데 큰돈을 보태주기까지 해서 셋방살이를 면하게 되었다.

한 달에 첫째·셋째 주 일요일만 쉬며 불철주야 열심히 일했다. 그러나 선적 마감일이 겹치면 그나마도 쉼 없이 밤샘 작업을 하여 부산항으로 제품을 실어 보내야 했다. 어느 땐 20여 일을 집에도 가지 못하고 회사 현장에서 잠자며 일하느라 연년생 어린 자식들이 여간 보고 싶은 게 아니었고, 아내가 갈아입을 옷을 회사로 가져오기도 했다.

    이런 상황을 아는 무역협회에 근무하는 친구가 다른 친구들을 모아 의논해서 일요일은 물론 공휴일은 무조건 다 쉬고 월급도 많이 주는 무역회사를 두어 군데 소개해 주기도 했다. 친구라고 신경 써주는 것도 고마웠고, 일단 가서 면접이나 보라고 하도 권하는 바람에 성화에 못 이겨 가보기로 했다. 점심시간을 이용해 소개받은 회사에 가서 면접을 봤는데, 한 곳은 70대 1의 경쟁을 뚫고 합격했다며 대표이사에게까지 인사를 시켰고, 나머지 회사는 명동에 있는 한일 합작회사였는데, 운 좋게 여기서도 일주일 시간을 줄 테니 인수인계 잘하고 오라며 만족해하는 모습이었다. 하지만 지금 일하고 있는 회사 대표이사인 선배에게 어떻게 말을 건네야 할지 몰라 잠을 설치며 고민에 빠졌었다. 더구나 70년대 중반 집값이 크게 오르기 직전에 큰돈을 흔쾌히 대주었고, 전적으로 나를 신뢰하여 회사 안 업무는 내게 맡기고 당신은 거래처 일만 전담하다시피 하는 상황이라 도저히 입을 열 수가 없었다. 그렇게 시간은 흘러갔고, 결국 나는 우선 퇴근 후에 친구와 술 한잔 나누며 고맙고 미안하단 말을 하고, 다음 날 두 군데 회사를 찾아가 머리 숙여 경솔했던 내 행동에 깊이 사과하고 다니던 회사에 남고 말았다.

그렇게 한 10여 년을 넘게 근무한 후, 나이도 감안하고 후배들에게 임원 자리를 물려주는 게 도리라 생각한 끝에 독립하겠다고 하니, 선배가 기계설비 일체를 지원해 주며 격려해 줘서 자그마한 회사를 차려 운영하게 되었다. 처음 몇 년은 그런대로 잘 돌아갔는데, 해가 갈수록 점점 힘들어졌다. 총괄 임원으로 일할 때는 내 의지대로 잘 돌아가서 큰 어려움은 없으리라 여겼는데, 경영자 위치에서의 일은 그리 녹록하지 않았다. 국내 거래처는 물론 외국 바이어 에이전트 사무실에 업무차 가면, 나를 눈여겨보던 사람들 열 명이면 아홉은 "아니, JC어패럴(APPAREL) 김 사장님은 대학에서 학생들이나 가르치실 분이 어쩌다 이 걸레장사(당시 우리나라 의류 수출품은 미국에서 저가품으로 판매되었기 때문에 이를 자조적으로 일컬었던 말) 판에 들어와 고생하십니까?"라고 말했다.

또 정월 설날 종가댁에서 차례를 지내고 그 동네 점 잘 보는 할아버지 댁으로 가족 모두 새해 신수 보러 가자며 몰려갔을 때도 그런 식의 말을 들었었다. 내 차례가 되어 할아버지 앞으로 다가가 앉자, 다른 사람들에게 하듯 생년월일을 묻기에 앞서 한동안 나를 아래위로, 특히 얼굴을 빤히 쳐다본 후에 하는 일을 물었다. "네, 사업합니다."라고 말하기가 무섭게 "사업은 무슨, 아, 대핵교 애들이나 가르치는 게 딱 맞는데…. 아니면 공무원이나 할 것이지 사업은 길을 잘못 들었네그려. 당신은 국록을 먹어야 제격이야! 어쨌든 금방 바꿀 수는 없겠지만 고민해 보슈. 그리고 여자를 조심해. 여자들이 좋아한다고 무조건 호의를 베풀지 말아요. 그리고 풍風을 조심해!"

내가 독립해 회사를 차리겠다고 했을 때 아내는 강하게 반대했다. "당신은 관리자로서는 100점일지 몰라도 경영자는 사람들에게 모질다는 소리도 들어야 하는데, 마음이 약해 누구에게도 잘해주려고만 하는 성격 때문에 안 돼요." 결과적으로 아내의 이 말이 옳았다. 나는 직원이든 생산 현장 여공이든 인사기록표를 보고 부모님 생신날엔 당시 인기였던 '경주법주 세트'를 사주며 특별 1일 휴가를 보내주었다. 그리고 80년대 중반에 생산업체, 특히 의류생산업체에서는 우리 회사가 업계 최초로 주 5일 근무제를 과감하게 실시했다. 섬유업계 신문·잡지에 인터뷰 기사가 나기도 했는데, 반대로 동종업계 사장들은 우려의 목소리를 높였다. 대학 선배를 도와 회사를 총괄할 때 나는 각 부서장 회의에서 월요일부터 금요일까지 생산 목표량에 매일 일정량을 더 생산한 후에 작업종료를 하자고 독려했다. 그 추가 생산량을 토요일 목표량에 합산하면 토요일엔 오전 근무만 하고 퇴근하게 해서 큰 성과를 보았기에 내 회사에선 아예 토요일 생산량을 금요일까지 채우고 토·일 연휴를 시행했다. 종업원들은 대부분 지방에서 올라온 사람들이라 1년에 설날이나 추석 때밖에 고향에 갈 수가 없었는데, 토요일 휴무 시행으로 금요일

퇴근하면 바로 밤차로 내려갔다가 일요일 오후에 서울로 돌아오면 되었기에 모두 좋아했다. 그러나 처음엔 잘 돌아가더니 1년을 못 넘기고 점점 하루 목표 생산량이 채워지지 않았다. 그러면 야근해서 마쳐야 하는데, 이 핑계 저 핑계를 대며 퇴근하는 근무자들이 늘어나 목표량 미달 사태가 늘어났다.

6, 70년대엔 정전되거나 자재공급이 늦어지는 일이 자주 발생했다. 그러면 공장도 쉴 수밖에 없었는데, 언제 전기가 들어오며 자재공급은 언제 되냐는 생산 현장 종사자들의 전화가 빗발쳤다. 그때는 일당제였기 때문에 무노동 무임금이었으니 하루라도 더 일하고 야근 특근 수당이 짭짤해서 군소리 없이 열심히들 일했던 시절이었다. 그러다 80년대 들어서서 생산업체들도 월급제로 전환하기에 이르렀다. 이때는 역으로 정전과 자재공급이 늦어져 생산라인 가동이 멈추면 업주들은 속이 타는데, 생산 현장에선 환호성을 지르며 손뼉을 치는 사람들도 있었다. 월급제로 바뀌었으니 일하지 않아도 월급은 제대로 나오니까 그랬다.

'안 되는 놈은 뒤로 자빠져도 코가 깨진다.'라는 말대로 하필이면 소련으로 가는 빅 오더를 맡았을 때였다. 그땐 우리나라와 소련은 미수교국이었는데, 일본 바이어가 소련으로부터 아주 큰 물량의 주문을 받았다. 그런데 일본 바이어가 그 제품생산을 우리 JC어패럴로 콕 찍어서 한국 바잉오피스에 오더를 보냈다. 아무리 주판을 두드려 봐도 잘해야 본

전 아니면 마이너스였다. 물량이 많은 만큼 가격대는 저가였다. 나는 이번 오더는 받을 수 없다고 버텼지만, 한국 대행사에선 일본 바이어가 생산처를 정해 보낸 오더이니 어쩔 수 없다며 계약을 재촉했다. 나는 이를 피하려고 일부러 대구로 위장 출장을 떠나 아는 대구 공장들을 둘러보며 며칠 머물다 왔다. 그런데도 다른 데 주지 않고 나를 기다리고 있었다. 특히 담당부장이 개성 사람인 점을 내세워 고향 사람끼리 이러기냐며 애원하듯 매달리는 바람에 울며 겨자 먹기로 계약서에 도장을 찍고 말았다. 돈은 생각만큼 못 벌어도 마이너스만 면하자 생각했고, 거래처와의 관계도 무시할 수 없었기 때문이었다.

결국 납기를 훨씬 넘겨서야 납품할 수 있었기에 대금은커녕 손해배상을 면하지 못할 처지에 놓이고 말았다. 다행히 일본 바어어 오너가 워낙 우리 회사를 신뢰했기에 손해배상은 면하고 대금도 받게 선처를 해주었지만, 회사는 이미 기울대로 기운 후였다.

설상가상으로 월급날이 되어 경리 담당 직원을 시켜도 될 일을 마침 거래 은행 근처에 볼일도 있고 해서 내가 찾아오기로 했다. 그게 치명적인 실수였다. 일을 보고 은행에 가서 내가 회사 차릴 때 담보도 없이 수출면장으로 대출해 준 대학 동기와 차 한잔 나누고 돈을 찾아 회사 길 맞은편 앞에서 보행신호를 기다리고 있는데, 갑자기 오토바이가 돌진해 오더니 얼른 한 발 뒤로 물러서는 내 손에 들렸던 현금 가방을 잽싸게 낚

아채 하천길 이면도로로 내달려 갔다. 나는 죽을힘을 다해 뒤쫓으며 "강도야!" 하고 소리쳤으나 몇 사람의 남자들이 길가에 나와 있으면서도 그 2인조 소매치기를 막아서는 사람이 없었다.

그 충격으로 다음 날 잠자고 일어나려는데 한쪽 다리와 팔이 마비되었다. 우리 집 건너편 동에 사는 개인택시 기사 아저씨에게 급히 연락해 건대병원으로 달려갔다. 다행히 충격에 의한 일시적 증상으로 크게 우려할 바는 아니어서 일정 기일이 지나면 나을 것이니 안심하라며 약 처방을 해주었다. 한 달 정도 뒤뚱거리며 걷다가 완쾌되었다.

나는 어디서 빌려 왔는지 모르지만 아내가 내미는 돈다발로 밀린 임금을 다 지급하며 사업중단을 선언했다. 일부 생산라인 여자 종업원들은 다 큰 처자들이 내 품에 얼굴을 묻고 "사장님 어떡해요?" 하며 울먹였다. 직원들도 "이 마당에 월급을 깨끗하게 청산해 주셔서 고마우면서도 송구합니다."라며 눈시울을 붉혔다. 전직 아나운서를 비롯한 필리핀 사람들을 12명이나 채용했었는데 내가 아는 회사로 모두 이직시켜 주었다. 그들은 나를 파파라 불렀는데, "파파, 이담에 필리핀 오면 우리에게 꼭 연락해요. 파파 잊지 않을게요, 사랑해요." 하며 모두 내게 달려들어 울음보를 터뜨렸다. 가끔 퇴근 후에 그들을 데리고 시장에 가서 통닭을 사주면 그렇게 좋아했었는데, 지금은 그들도 제 나라로 돌아가 잘들 살고 있는지….

거래 은행 친구는 자기는 괜찮으니 너 살 궁리나 하라고 했지만, 그 친구는 곧 지점장 나가는 데 지장이 안 되도록 거래처에서 받은 수출품 대금으로 대출금 잔액을 청산했다. 다만 신용보증기금에서 보증을 서주어서 모 은행에서 대출받은 4천만 원은 보증기금에 근무하는 대학 선배들이 '자넨 수출로 국가에 기여도가 있으니 대출금은 만세 부르고 식구들 데리고 살아갈 길을 찾으라.'고 말했지만, 그래서가 아니라 손에 쥔 돈이 없어서 그렇게 할 수밖에 없었다.

세무서 담당도 세금 납부 독려차 회사를 둘러보러 왔을 때 겨우 커피 한 잔 마시고, 내가 대접 차원에서 저녁 술자리를 제안하면 얼굴 찌푸리며 그럴 돈 있으면 회사 살리는 데 쓰시라며 일절 응하지 않았다. 그러면서 동대문시장에 나가 가짜 세금계산서라도 끊어 오라고 했다. 그 환급금으로 세금 처리해 주겠다는 말까지 했다. 이는 공무원으로 절대 해서도 할 수도 없는 말이었다. 그 당시 세무서에 가면 공지판에 '부정 발급 세금계산서 발행 적발'이라고 크게 써놓았었다. 그리고 요샌 국세가 우선이니 아파트부터 차압 들어갈 수 있다며 빨리 처분하시라는 말까지 했다. 뭘 보고 나에게 그토록 친절을 베풀었는지, 지금은 그 사람도 정년을 마치고 고향 강릉에 내려가 편안한 장년기를 보내고 있는지 모르겠다. 가끔 문득문득 생각이 난다. 술 한잔 나누며 뒤늦었지만 그땐 정말 고마웠다는 인사를 하고 싶다.

그리고 파주 그 할아버지도 이제는 저세상 분이 되셨겠지만, 결과적으로 그 말씀이 맞는 것 같다. 다행히 지금은 초보자들을 모아 '수필 쓰기'를 가르치고 있으니, 대학교수가 되지 못한 아쉬움을 조금이나마 달래며 즐거운 마음으로 강의하고 있다. 그들의 글을 좀 더 잘 봐주기 위해 훌륭하신 교수님께 평론 공부도 하고 있다. 힘든 고비도 많았지만, 이만하면 괜찮은 삶이 아닐까, 스스로 자위해 본다.

커피를 마시면서

언제부터인가 우리나라도 고령사회로 접어들었다. 그리고 노인 인구가 늘어나면서 여러 가지 사회적인 문제가 나타나고 있다. 그중에 심심찮게 보도되는 고독사에 관한 기사가 눈길을 끈다. 아마도 내 나이가 그쯤에 속해 있어서인지도 모르겠다. 발표되는 자료들을 보면 사회에서 고립되어 지내거나 외로움을 느끼는 사람은 그렇지 않은 사람보다 사망률이 높다고 한다. 특히 여성, 노인, 경제적 약자, 요양원에 보내지거나 배우자를 잃은 사람들이 더 많이 외로움을 호소한다는 것이다. 하긴 보통 아내를 먼저 보낸 남자들도 배우자를 따라가는 기간이 짧다는 기사를 본 일이 있다.

아내는 지금 몸 여기저기가 아파 입원해 수술도 한 후에 통원치료를 하고 있지만, 그래도 잘 견뎌주니 고마울 뿐이다. 그녀가 없는 나의 존재는 생각조차 하기 싫은 끔찍한 일이다. 아내의 컨디션이 좋은 날엔 나는 어김없이 그녀의 손을 잡고 늘 다니는 과수원 길과 들판 길을 걷는다. 그럴 수 있다는 것에 감사함을 느끼면서.

　외로운 사람들은 자신감이 낮고 운동량 부족, 흡연이나 음주에 빠지기 쉬울뿐더러 고혈압 발생, 면역기능 저하로 심장병 위험도 증가하는 것으로 추정된다고 한다. 나도 20년 넘게 살던 곳을 떠나 이곳 천안으로 이사 와서 자주 우울증에 빠지기도 했다. 그럴 때마다 "요즘 이상하게 마음이 우울하네."라고 말하면, "당신 사람들과 어울리는 것을 좋아하는데, 코로나로 나가지 못하니까 그런 게지 뭐!" 아내의 대꾸이다.

　가까이 지내는 친구들이나 문학계 지인들이 서울과 수도권에 많이 살고 있고 코로나 확진자 수가 가파르게 늘어나는 상황에서 서울을 오가기도 어려워 고립무원 지경이다. 외로움을 극복하려면 단순히 주변사람을 만나는 횟수보다 양질의 사회적 관계조성이 먼저가 아닌가 싶다. 평소 좋은 관계인 사람을 만나고 오면 기분이 업그레이드되기도 하니까 말이다. 더구나 나이 들어서 이웃이건 지인이건 주변에 끈끈한 관계를 유지하는 사람이 많으면 더욱 좋겠다.

　나는 15층짜리 아파트의 10층에 살고 있다. 다른 동棟은 차치하고라도 우리 동에 사는 사람들이 함께 엘리베이터를 타고 내릴 때마다 내가 먼저 인사를 한다. 수도권에서 이곳 천안으로 이사 와서 같은 동에 사는 이들만이라도 어색함을 덜기 위해 내가 취한 최소한의 '안면 트기'였다.

어느 날인가 엘리베이터를 타고 집으로 올라가는데 "머리가 참 좋아 보이세요!" 하고 젊은 애기엄마가 먼저 말을 걸었다. "네? 온통 백발이 뭐가 좋아요?" 겸연쩍게 웃으며 말했더니, "아뇨, 머리카락이 윤기가 나고 참 고우세요."라고 화답했다. "올라가세요." 하며 그녀는 애를 데리고 9층에서 내렸다. 나는 집에 가서 내 수필집과 시집을 한 권씩 들고 9층으로 내려가 초인종을 눌렀다. 시와 수필을 쓰는 작가라고 소개하고, 아까 머릿결이 좋다 하셔서 답례로 제 작품집 드리려는데 괜찮으냐고 물었다. "어머! 네, 저 책 좋아해요, 그냥 받아도 되나요?" 하고 미소 짓는 그녀에게 책을 주고 좋은 기분으로 걸어서 집으로 올라왔다.

한번은 1층에서 같이 엘리베이터에 오른 분에게 인사하며 10층 버튼을 누르려는데 먼저 그쪽에서 "몇 층이세요?" 하고 물었다. 10층이라고 하니 대신 버튼을 눌러주며, "새로 이사 오셨나 봐요?" 하고 미소 가득한 얼굴로 물었다. 그날도 나는 책을 좋아하냐고 묻고 갖다주었다. 며칠 후 외출에서 돌아와 보니 현관문에 작은 봉지가 걸려 있었다. '15층입니다. 책 잘 읽고 있어요. 고맙습니다.' 작은 메모지와 함께 내가 좋아하는 사과가 들어 있었다. 이러다 보니 아파트 주변의 길가에서 마주치면 서로 인사하는 이웃들이 생겨서 참 좋다.

어제는 내 작품집과 시집 몇 권을 가지고 내가 거의 매일 걷는 산책 길가에 지난해 새로 생긴 카페로 갔다. 카페 1층이나 2층 어디에서든 창밖으로 보이는 전망이 좋다. 큰 도로 아래쪽은 들판이고 위쪽엔 넓은 저수지가 있는데, 지금 한창 나무판자로 둘레길을 만들고 있는 중이다. 카페 매니저에게 내 책들을 카페에 놓고 관심 있는 손님들이 가져가 읽게 해달라고 부탁했더니 흔쾌히 허락했다.

요즘엔 명상瞑想도 즐겨 하고 있다. 명상은 '알아차림'이기도 하다. 우리가 일하거나 앉아 쉴 때도 또는 걷기를 할 때도 그 행위를 하는 것을 알아차리고 마음을 언제든 현재 하고 있는 행위와 함께하는 것이다.

내가 사는 아파트는 남향이어서 베란다를 넘어와 거실 가운데까지 햇볕이 들어 얼마나 다행인지 모른다. 그 햇볕을 온몸으로 쬐며 베란다에서 아내와 마주 앉아 갖는 커피타임은 즐거운 하루 일과 중 하나다. 이렇게 커피 한 잔도 제대로 음미하면서 마시기를 즐기는 것이다. 즉, 커피 마시는 것은 즐겁게 알아차림을 습관화하는 좋은 기회다. 와인을 마실 때처럼 천천히 커피 향을 음미하며 목으로 넘길 때의 느낌을 알아차린다. 그러면서 이 커피를 경작하는 농부의 손길과 햇빛, 비바람 등을 떠올리기도 한다.

또 커피 잔을 바라보며 거기 새겨진 할미꽃 두 송이를 눈여겨본다. 찻잔 한쪽에는 이제 막 피어난 꽃과 차례를 기다리듯 돌돌 말아 올린 꽃잎이 마치 가는 붓처럼 생긴 한 송이가 그려져 있고, 반대편에는 이와 똑같은 두 송이와 땅을 향해 '나 이제 곧 돌아가리라'고 하듯 허리를 잔뜩 구부리고 있는 두 송이가 그려져 있다. 마치 우리 내외를 형상화한 것처럼 보여 잔잔한 미소를 머금게 한다.

 이 찻잔은 나와 함께 문학평론 공부하는 분이 어느 도자기회사에서 특별기획 상품으로 한정 판매하는 것을 구해 보내준 정말 특별한 선물이다.

 커피를 마실 때마다 그분의 따뜻한 배려에 고마움을 느낀다. 남은 커피를 천천히 알아차리고 음미하며 마신다. 이렇듯 알아차리며 마시는 커피가 지금 이 순간의 걱정이나 또는 나도 모르게 일어나는 분노나 불안, 우울함에서 벗어나게도 한다. 이렇게 알아차리며 마시는 커피를 통해 나는 진정한 휴식을 취한다.

화안애어 和顏愛語

 오래전부터 이어져 오는 폐습이지만, 요즘도 TV 뉴스를 보자면 종종 정치인들의 신중치 못한 언행으로 눈살 찌푸릴 때가 많다. 그것도 한 번 그랬으면 반성하고 신중해야 하는데, 무엇이 그리 잘났는지 거듭하니 분통이 터진다.

 온화한 얼굴과 따뜻한 말씨, 인자한 얼굴과 다정한 말씨를 일컬어 화안애어和顏愛語라고 한다. '웃는 얼굴에 침 못 뱉는다.'는 말과 같이 온화한 모습은 누구라도 좋아하지만, 무언가 무뚝뚝한 표정을 지으면 상대방은 불쾌할 수 있다. 인간관계나 부부간에도 지극히 사소한 일로 금이 가기도 한다. 나는 신혼초야에 아내에게 "살면서 어찌 의견충돌이나 다른 일로 씨우지 않을 수 있겠느냐. 그래도 서로 '야자' 하며 인격을 무시하는 언행은 삼가자."고 다짐했었다. 첫딸이 50을 갓 넘었으니 그 세월 동안 우리는 그 약속을 지켜오고 있는 셈이다.

우리나라 사람들은 목청이 높다. 큰소리와 허세를 좋아하는 경향이 있다. 특히 이 또한 정치계 인사들이 심한 편이다. 인사청문회나 정책 질의할 때도 정확한 대안이나 확실한 조사를 하고 질의응답에 임해야 하거늘, 확인되지 않은 사안이나 사실이 아닌 일도 '아니면 말고' 식으로 목소리만 높이는 의원들을 많이 보게 되어 안타까웠다. 더구나 대변인 같은 막중한 지위에 있는 사람들이 허언 후, 사과는커녕 자기변명에만 열을 올리는 모습은 차마 눈 뜨고 보기 역겨울 때가 많다.

우리나라 사람들은 길을 가다가 어깨나 신체 일부분이 부딪혀도 미안하다는 말을 잘 하지 않는다. 그러나 유럽이나 일본인들은 길에서 부딪히면 누구의 잘잘못이든 간에 무조건 미안하다고 한다. 여행 중에 내가 부주의해서 생긴 일인데도 상대방이 먼저 미안하다고 하니 내가 그만 쑥스러워 얼굴이 붉어지기도 했다.

내가 우선 너그러운 마음과 인자한 모습으로 세상을 이해할 줄 알아야 하고 분노나 증오, 짜증을 자제해야 한다.

一出而不可反者 言也 일출이불가반자 언야
  한번 내뱉으면 돌이키지 못하는 것이 말이고
一見不可掩者 行也 일견불가엄자 행야
  한번 드러나면 숨길 수 없는 것이 행동이다

—『신서新書』

사람의 말과 행동을 보면 그 사람의 지혜로움과 어리석음을 간파할 수 있다. 그 사람의 심중에 있는 것이 언행으로 드러나기 때문이다. 지혜로운 사람은 말과 행동이 신중하지만 어리석은 사람은 경박하다. 진득하니 말하고 생각하지 않고 함부로 행동한다. 옛 주나라 명재상으로 이름났던 강태공이 있다. 그의 아내는 낚시로 소일하던 그를 버리고 도망갔다가 그가 재상이 되자 다시 돌아오려고 했다. "복수불반覆水不返. 쏟아진 물을 다시 주워 담을 수 있는가?" 이렇게 아내에게 말했다. 속담에도 '말과 화살은 다시 돌아오지 않는다.' 했다. 한번 했던 행동 역시 결코 되돌릴 수 없는 법이다. 유창한 말이나 매끄러운 행동보다 중요한 것은 신중하고 품위 있는 언행이다.

군더더기 없애기와 줄임말의 폐해

매주 토요일 밤 8시면 로또 추첨 TV 방송을 한다. 하지만 나는 그 시간은 아내와 주말드라마를 시청하는 시간이다. 일주일에 두세 장 복권을 사서 내 방에 있는 수십 년 전 불교 행사 때 지인이 선물로 준 관세음보살과 동자승이 그려진 큰 도자기 안에 넣어둔다. 1, 2, 3등 중 하나라도 맞기를 바라는 헛꿈(?)을 깨기 싫어 묵히다 보면 다음 회차가 다가오곤 하기도 한다. 그러다 결과가 보고 싶을 때 아무 때나 꺼내서 번호를 맞춰본다. 6개 숫자 중 3개가 가장 낮은 5등인데, 이것 맞추기도 쉽지 않다. 간혹 4개인 4등(당첨금 5만 원)이 지금까지 최고 성적이다.

그런데 당첨 번호 수효와는 달리 많을수록 좋지 않은 것이 있다. 예를 들어 'A사 분기 가입자가 줄어든 것은 창사 이래 처음 있는 일이다.' A사에서 처음이라는 뜻인데, 말이 쓸데없이 많다. '창사創社 이래'는 없어도 문맥에 들어 있어 '줄어든 것은 처음 있는 일이다.' 해도 그만이다.

여기서 끝이 아니다. '줄어든 것은 처음이다.' 하면 얼마나 깔끔한가. 흔히 쓰는 '사상 초유의 일'이 딱 이런 꼴이다. '사상 처음'도 괜찮으나 그냥 '처음'이라 해서 전혀 이상하지 않다.

　이런 어수선한 문장에는 대개 몇 가지 표현이 붙어 다닌다. 거리에서 나눠주는 아파트 분양 안내문도 그렇다. '분양 중에 있는 아파트'는 '분양 중인 아파트'나 '분양하는 아파트' 하면 되겠다. 내가 산책하는 길 위·아래로 고교와 대학교가 이웃해 있다. 어느 날 보니 고교 정문 위로 커다란 현수막이 걸려 있었다. 무슨 대회에 나가 1등 했나 보다. '당교 3학년에 재학 중인 김 모 군'도 '당교 3학년 김 모 군' 이상으로 뭐가 더 필요한가. 또 어느 골프장 신규 회원모집 광고 기사에 '현재 모집하고 있는 중'처럼 덕지덕지 붙은 군더더기는 정말 좀 떼야겠다. '현재'도 '하고 있는'도 싹 걷어내고 '모집 중'으로.

　'대량생산 체제로 가겠다는 것을 의미하는 것이다.'와 '~가겠다는 의미다.'는 어느 쪽이 나을까. '학업을 그만두는 학생이 많다는 것을 뜻한다.'도 '~많다는 뜻이다'가 훨씬 바람직하지 않을까. '참고인들을 상대로 심문을 벌였다.' '참고인들을 심문했다.' '철새를 대상으로 한 조사에 따르면'은 '철새를 조사해 보니'와 비교해 보면, 조금만 신경 쓰면 대중매체가 쏟아내는 글 속에 군살이 잔뜩 붙었음을 알 수 있다.

　반면에 글자 몇 개 줄여 쓰려 했는지 모르겠는데, 한 일간지에 '자만

추(자연스러운 만남 추구)'라든가 '반알못(반도체 알지 못하는 사람) 탈출하기 위한 반도체 속성 특강'이란 경제지 머리기사도 갸우뚱하게 한다.

한참 전에 읽은 정민 교수님의 글이 생각난다.

빈 산, 잎 지고

빈 산 잎 지고 비는 부슬부슬
상국의 풍류도 이같이 적막쿠려.
슬프다 한 잔 술 되올리기 어려워라
지난 날 그 노래 오늘 아침 이름일세.

空山木落雨蕭蕭공산목락우소소　相國風流此寂寥상국풍류차적요

惆悵一盃難更進추창일배난경진　昔年歌曲卽今朝석년가곡즉금조

　　　— 권필權韠(1569~1612), 「과정송강묘유감過鄭松江墓有感」

조선 중기 시인 권필이 스승처럼 따르던 송강 정철의 산소에 들러 지은 시다. 황량한 숲에 분분히 잎이 진다. 비마저 부슬부슬 내리니 처창悽愴한 감회를 어쩔 수 없다. 서글서글하던 눈빛과 질탕한 풍류도 이제는 흙 속에 말없이 누워 있다.

석사 논문을 권필의 한시로 준비하고 있을 때 일이다. 첫 구절을 "텅 빈 산에 나뭇잎은 떨어지고 비는 부슬부슬 내리는데"로 번역해서 스승께 보여드렸다. 논문 여기저기를 펼치시던 스승 눈길이 하필 딱 이 구절에 와서 멎었다.

"넌 사내자식이 왜 이렇게 말이 많으냐?" 다짜고짜 말씀하셨다.
"네?"
선생님 손가락이 원문 빌 공空 자를 짚으셨다.
"이게 무슨 자야?"
나는 당황했다.
"이게 무슨 자냐구?"
"빌 공 잡니다."
"거기에 '텅'이 어디 있어?"
그러더니 '텅 빈 산'에서 '텅' 자를 지우셨다.

"'나뭇잎'이나 '잎'이나. 그놈 참, 말 많네. '떨어지고'의 '떨어'도 떨어내!" 다시 쉴 틈도 없이 "부슬부슬했으면 됐지 '내리는데'가 왜 필요해? 부슬부슬 올라가는 비도 있다더냐?" 하시며 마지막 펀치를 날리셨다.

이렇게 해서 "텅 빈 산에 나뭇잎은 떨어지고 비는 부슬부슬 내리는데" 22자가 "빈 산 잎 지고 비는 부슬부슬" 11자로 딱 반이 줄어들었다. 아찔했다. 나는 KO패를 당한 채 선생님 연구실을 나왔다.

권필의 이 시는 스승 송강과 애틋한 사연도 사연이지만, 개인적으로 글쓰기에 얽힌 이 추억 때문에 잊으려 해도 잊을 수 없다. 그 뒤 글을 쓸 때마다 더 뺄 것은 없나, 군더더기는 없나를 살피는 게 버릇이 되었다.

박사논문을 쓸 때는 초고를 쓴 뒤 이런 식으로 쥐어짰더니 1,400매 원고가 1,200매로 줄었다. 말은 줄었는데, 생각은 더 많아지는 신기한 체험이었다. 글쓰기 묘리妙理를 이 일에서 나는 크게 깨쳤다.

나도 글을 쓰며 괜히 문장이 길어질 때면 정민 교수의 이 글을 다시 읽어본다.

사엄도존師嚴道尊
폭력난무 시대의 교폭단상
아름다운 화해
사진 한 장
6월이 오면
송춘영하送春迎夏 - 여름을 기다리며
그 시절의 여름 풍경
지금은 안거 중
사라져 간다는 것의 아쉬움
떨어지는 꽃잎 따라 봄날은 가고
화복상의禍福相倚

제2부
떨어지는 꽃잎 따라 봄날은 가고

사엄도존師嚴道尊

　녹음이 짙어가는 5월엔 어린이날을 비롯하여 열흘 안쪽에 어버이날과 스승의 날이 들어있다. 사랑과 감사의 달이라 하겠다. 세상이 변하는 만큼 그날들을 보내는 모습도 많이 달라졌다. 특히 스승의 날이 더욱 그렇다. 소위 '촌지 파동'으로 아예 그날 수업하지 않고 쉬게 하는 학교도 있다고 하니 '구더기 무서워 장 못 담그는 격'이 아닌가 싶다. 스승에 대한 순수한 감사의 마음마저 매도되는 사태가 참으로 안타까울 뿐이다.

　예로부터 사람이 살아가면서 세 가지 큰 은혜를 잊지 말아야 한다고 했다. 나의 존립을 지켜주는 국가에 대한 은혜, 낳아주고 길러주신 부모에 대한 은혜, 그리고 학문과 인격의 정신을 길러주시는 스승에 대한 은혜를 일컫는 말이다. 해마다 이맘때가 되면 고향처럼 그리워지는 선생님들이 떠오른다.

　맹자는 '사람은 태어날 때부터 선하다'는 성선설性善說을 주장했다.

그보다 조금 뒤에 활동했던 순자는 사람은 '태어날 때부터 악하다'는 성악설性惡說을 주장했다. 이렇듯 두 위대한 철학자는 정반대의 철학을 주장했지만 해법은 같았다고 한다. 바로 '학문'이다.

> 靑取之於藍而靑於藍청취지어람이청어람
> 　　　　　　　　푸른빛은 쪽에서 나왔지만 쪽빛보다 더 푸르고,
> 氷水爲之而寒於水빙수위지이한어수
> 　　　　　　　　얼음은 물로 이루어졌지만 물보다 더 차다
> 　　　　　　　　　　　　　　　—『순자』

순자는 학문은 결코 멈추어서는 안 된다고 가르치면서 위의 글을 예로 들었다. '푸른빛은 쪽빛에서 비롯되었지만 쪽빛보다 더 푸르다.'라는 것은 가르치고 배우는 과정을 통해서 학문이 점점 더 발전한다는 뜻이다. 스승보다 더 나은 제자가 나오지 않고서는 학문의 발전을 이루기 어렵다. 처음 배울 때는 스승이 가진 것을 빨아들이듯 배워야 하지만 어느 단계에 올라서면 자신만의 무엇을 만들어 내야 한다. 배움이 자라는 것은 높은 산에 오르는 것과 같다. 높은 산에 올라야 세상이 넓고 하늘이 높은 것을 알 수 있듯이 배움은 사람의 시야를 넓혀주고 관점을 변화시켜 준다. 스승은 존경의 대상이지만 한편으로는 극복의 대상이기도 하다.

폭력 난무 시대의 교폭단상

요즘 넷플릭스 시리즈 「더 글로리」가 인기를 얻는 등, 학교폭력 고발 열풍이 불자, '교사 폭력' 고발이 그 뒤를 이어 사회적 문제가 되고 있다.

어느 신문은 '20년 전 절 때린 선생님, 안녕하신지요'라는 헤드 타이틀로 고발내용을 크게 보도했다. '실내화 신고 밖에 나갔다고 뺨 때렸던 박○○ 선생님, 아직도 교직에 계신가요?' '교환일기 썼다고 교무실 폭행' '시계까지 풀고 1시간 때렸다' 등등, 사연도 갖가지다.

1950~60년대 대학을 제외한 중·고 시절엔 선생님들이 수업하러 교실로 들어올 때는 으레 출석부와 교과서는 물론, 선생님들마다 취향에 따라 길거나 짧은 회초리가 손에 들려 있었다. 바짓가랑이를 걷게 하고 종아리를 때렸던 선생님, 두 손바닥을 모아 펴게 하고 손바닥이 얼얼할 정도로 세게 내려쳤던 선생님, 머리통을 가격한 선생님 등, 방법도 가지가지였다. 애들이 가장 싫어하는 것은 주산珠算 선생님이 주판알 쪽

으로 머리를 박박 문질러대는 것이었다. 어쨌든 그래도 당시엔 잘못해서 맞는 것이려니 하고 크게 개의치 않았었다.

나의 경우는 한국전쟁으로 임진강을 두 번 건너와 피난지였던 지금의 고양시에서 3년 지난 후, 초등학교 1학년에 재입학하였다. 들뜬 마음으로 등하교한 지 두 번째 월요일이었다. 그날도 여성으로선 키가 유난히 크고 얼굴이 새하얗고 머리도 당시 농촌에선 보기 드문 파마머리여서 사람들의 눈길을 끌었던 '신진영'이라는 담임선생님이 교실로 들어오셨다. 그런데 여느 날과는 달리 출석부를 펴서 이름을 부르지 않고 느닷없이 내 이름을 부르셨다. 나는 잘못한 것도 없는데 겁이 덜컥 났다. "오늘부터 네가 반장이다." 이 한마디 말씀을 시작으로 본의 아니게 중·고 시절까지 반장과 회장을 맡게 될 줄은 몰랐었다. 나와 같은 부류를 지금은 '범생이'라고 부르지만 당시엔 그냥 모범생이었다. 그러니 선생님께 맞을 일은 아예 할 수도 없고 하지도 못했다.

그러나 내게도 딱 한 번 어린 가슴에 시퍼렇게 마음의 멍 자국이 남을 일이 있었다. 초등학교 4학년 때였다. 지금은 서오릉이지만 당시엔 서삼릉이었던 곳으로 봄 소풍을 갔었다. 학교에서 오전 10시쯤 걷기 시작해 서삼릉에 도착하니 곧 점심시간이었으니 대충 거리가 멀다는 것은 짐작이 갈 것이다. 지루함을 달래기 위해 노래도 부르며 갔다.

능에 도착하자 잠깐 전교생이 다 모였다. 주의사항을 듣고 각자 준비해 온 도시락으로 점심을 먹은 후 곧이어 보물찾기 놀이가 있다는 전체 인솔책임자 선생님의 말씀을 듣고 각각 반별로 모였다. 나는 엄마가 두툼한 달걀부침까지 밥 위에 얹어 정성껏 싸주신 두 개의 도시락을 풀어서, 하나는 엄마가 드리라고 하셨다며 선생님께 말씀드렸다.

"그래, 고맙다고 전해드려라. 그리고 애들 빨리 모이라고 해!"

말씀이 떨어지기 무섭게 나는 여기저기 흩어져 장난치는 애들을 불러 모으기 시작했다. 그런데 세 명이 보이지 않았다. 아마도 용변을 보러 산속 먼 데까지 갔다 오느라 그런 것 같았다. 한참 지나도 다 모이지 않자 그만 선생님이 "야! 반장, 너 뭐 하는 거야, 빨리 집합시키잖고!" 소리를 치며 조금 전에 내가 드린 도시락을 냅다 나를 향해 던졌다. 도시락은 내 머리통을 때리며 튕겨 나가는 바람에 밥과 반찬이 땅바닥에 엎어지고 말았다. 나는 머리가 아픈 건 느낄 사이도 없이 흙투성이가 된 도시락을 들고 어쩔 줄을 몰라 쩔쩔매고 있었다. 녀석들이 돌아온 건 바로 그때였다. 녀석들은 화가 날 대로 나 있는 선생님께 세찬 귀싸대기 한 대씩 얻어맞고는 엉거주춤하고 있었다.

때마침 다른 학년 여선생님들 두 분이 와서 우리 담임선생님을 모시고 가는 바람에 애들은 다시 왁자지껄하며 도시락을 비우고 있었다. 나는 밥 생각이 없어 한쪽에 앵돌아진 채 앉아 있었다. 선생님께 혼이 난 녀석들이 별빛 같은 웃음빛이 환한 얼굴로 내게 왔다.

"미안해, 우리 때문에 맞았다며? 그것도 도시락으로! 내 그럴 줄 알았어!"

'내 그럴 줄 알았다'의 내막은 이러했다. 우리가 맑은 시냇물이 흐르는 냇가 둑길을 걸어올 때, 검문소 헌병들이 담임선생님을 불러 세우더니 민간인이 왜 군복을 입고 다니냐며 시비를 걸었다. 예쁜 여선생님들과 얘기하며 오는 모습이 같은 젊은이로서 시샘이 났던 모양이다. 여선생님들과 어린 학생들이 보는 앞에서 창피를 주려 한 것이다. 우리 선생님은 늘 검녹색의 사지 군복을 칼날처럼 줄을 세워 입고 다녀서 선생님들과 학생들 사이에서 멋쟁이로 불렸었다. 그 당시 민간인이 군복을 입고 다니다가 걸리면 상의 등판에 흰 페인트로 '염색'이라고 크게 써버렸는데 헌병들은 선생님 군복에도 그렇게 하려 했고, 선생님은 버티면서 우리 앞이라 창피한지 얼굴색이 벌겋게 물들고 어금니를 꽉 물고 독기 서린 표정이었다. 다행히 여선생님들이 나서서 애교스럽게 잘 좀 봐달라고 애원하듯 말하는 바람에 실랑이가 끝났다. 애들은 그 화풀이를 내게 한 것이라며 열을 올렸다. 그날은 내게 운수 사나운 날이었지만, 한편으론 내게 매주 한 차례씩 4~6학년이 함께 공부하는 특별활동 시간에 문예반에 들게 해서 동시와 글짓기를 가르쳐 주신 계기가 된 날이었다.

그 덕에 중·고·대학 시절 내내 교지나 학교신문에 글을 발표할 수 있었기에 감사하게 생각했다. 그래서 지난번 초등학교 동창 모임에서 선생님을 찾아뵙거나 아니면 다음 모임에 초대하자고 했더니 거의 찬성했는데 유독 한 친구만이 "난 그 선생님 떠올리기도 싫어. 때려도 그렇게 무지막지하게 코피 터지도록 패는 건 선생도 아니야!" 하며 열을 올렸다. 그 친구의 입장을 이해하고도 남았다. 나도 애들이 맞을 때마다 가슴 졸이며 몸이 오그라드는 것 같았기 때문이다. 그래도 그 며칠 후, 나는 선생님께 오래도록 적조積阻해서 죄송하다며 안부 전화를 드렸다. 올해 94세라고 하셨다. 어서 뵈어야겠다는 어떤 절박감마저 느끼게 했다.

아름다운 화해

4년 전인가, 고등학교 동창 소모임이 여럿 있는데, 그중 기독신우회 멤버들이 동해로 여행을 갔었다. 마침 한 회원이 강릉에서 자그마한 호텔을 운영해 그곳에 숙소를 잡았다. 그런데 그중 한 명이 두고두고 마음 아픈 기억을 묻고 사는 친구였다. 그는 어느 날 수업 중에 앞자리에 앉은 급우와 사소한 일로 다투다가 그만 선생님 눈에 띄어 혼이 났었다. 그 선생님은 회초리가 아닌 합판 조각으로 만든 분필통 모서리로 머리를 때렸다. 친구는 자기 잘못이 아니라며 억울함을 호소하다가 말대답한다고 다시 뺨을 몇 차례 더 맞고 말았다. 얼마 동안 맞은 쪽 귀가 멍했지만 곧 나아지겠지 했는데, 결국 고막에 이상이 생기는 바람에 가는귀먹는 사달이 나고 말았다.

그때부터 그 친구는 선생님에 대한 원망을 가슴에 담고 살았다. 여행 갔을 당시엔 이미 사업상 그곳 강릉으로 옮겨 살고 있었는데, 악연의 끈은 질긴가 보다. 하필이면 그 선생님도 은퇴 후 그곳으로 내려가 사신 지 오래되었다는 것이다. 강릉지역 총 동문 모임 때마다 은사님을 모시곤 했는데, 이 친구는 그 선생님이 나오신다고 하면 참석하지 않았다고 한다. 그래서 기독신우회 회장이자 담임목사인 동창이 선생님을 초대해 조찬기도회를 열었다. 그 자리에서 모두들 화해시키려 했으나 그 친구는 기도회장을 나가버렸다. 간신히 다시 떠밀다시피 하여 데리고 들어와 저간의 내막을 선생님께 말씀드렸다.

이 말을 전해 들은 은사님께서는 절대 악의 없이 훈계 차원으로 체벌했던 거였는데, 결과적으로 그 오랜 세월 마음에 깊은 상처를 안겨주어 미안하다며 무릎을 꿇고 사과하였고 동창들이 황급히 달려가 말리며 부축해 자리에 앉게 했다. 이 모습을 본 당사자인 친구도 이제는 노옹이 되신 선생님 손을 잡고, 다 지난 일이니 자기도 마음에서 지워버리겠노라 말씀드리면서 서로 얼싸안고 눈물을 흘렸다. 실로 50년이 훨씬 넘는 긴 애증의 세월을 녹이는 화해였다. 그리고 2년 후 그 친구는 지병으로 세상을 떠났는데 마음의 응어리를 풀고 갔으니 다행이라고들 말했다.

무릇 '사엄도존師嚴道尊'이라 했다. 스승이 엄하면 그 가르치는 도道 역시 자연히 존귀하다는 뜻이다. 스승이 큰 은혜를 일컬어 '사은지대師恩至大'라 하고, 그 스승의 덕은 하늘이 베푸는 덕에 견줄 만하다 하여 '천덕사은天德師恩'이란 말도 있다. 세상이 어려울수록 원칙과 소신, 그리고 큰 가르침이 절실하다. 요즘 교육 현장에서는 인성교육은 멀리 있고 경쟁과 효율, 성공에 대한 집착만 있을 뿐 덕과 도는 땅에 떨어졌다고 한다. 좀 과장된 표현인지는 몰라도 큰 스승과 참된 제자는 눈을 씻고 봐도 찾기가 어렵다고 하니 참으로 걱정스러운 일이다.

요즘 나는 어린 시절의 꿈이었던 문학의 길을 걷고 있다. 늦었지만 차분하게 그 꿈을 펼치며 즐겁게 살고 있다. 수필 문학의 길을 인도해 주신 두 분의 스승님과, 인문학과 평론 분야를 지도해 주시는 스승님까지 모시게 된 것은 내 문학 인생의 홍복洪福이다. 스승의 가르침을 잘 따라가며 참된 제자가 되어야겠다.

사진 한 장

5월이다. '신록의 계절'이니, '장미의 계절' 등 5월을 지칭하는 말에 어울리게 산과 들녘은 온통 초록 세상이다. 그리고 아파트 담장을 두르고 있는 장미 줄기마다 새빨간 꽃송이들이 만발해 지나는 사람들이 한 번씩 멈춰서 들여다보고 가곤 한다. 명색이 시인, 수필가로 활동하고 있는지라 나도 그중 한 명이다.

금아琴兒 피천득 선생님께서 "수필은 청춘의 글은 아니요, 서른여섯 살 중년 고개를 넘어선 사람의 글"이라고 했다. 글 쓰는 사람들은 물론 누구라도 이 말을 배우고 들어서 이미 널리 알려졌음이다. 그래서 금아 선생 하면 이 말과 선생의 저서『인연因緣』이 먼저 떠오르게 되었다. 늘 하늘처럼 높은 지위에 계신 분으로 여겨질 만큼 기꺼이 뵐 기회를 잡기란 말 그대로 '하늘의 별 따기'였다.

나의 스승 일현 선생님께서도 서른여섯 중년에 스무 해를 더 넘겨 오십 대 후반에 정식으로 수필 문단에 얼굴을 보이셨다. 하지만 정식 등단이 늦었지만 이미 『한 송이 수련 위에 부는 바람처럼』이라는 수필집을 출간한 수필가였다. 그런데 그 스승에 그 제자라더니 나도 오십 대 초반에 비로소 등단 절차를 마친 늦깎이였다. 물론 나도 책은 안 냈지만 이미 중·고 시절부터 대학 새내기 때까지 열심히 시와 수필(작문)을 써왔던 터였다. 이런 걸 굳이 쓸 필요는 없지만, 내가 금아 선생님을 처음 뵙게 된 이야기를 하자니 그렇게 되었다.

　나의 문학 스승 일현一玄 손광성孫光成 선생께서 '화문집畵文集 『작은 것들의 눈부신 이야기』 출판기념 소품전' 전시회를 2005년 3월 9일(수)부터 3월 15일(화)까지 서울 종로구 관훈동 토포하우스에서 여셨다. 물론 나도 그날(15일) 나를 시인과 수필가로 키워주신 또 한 분의 문학 스승 관여觀如 맹난자孟蘭子 선생을 모시고 동료 작가들과 함께 갔었다. 일현 선생님께 인사를 여쭙고 개막 테이프 커팅식을 기다리고 있으려니, 사람들이 입구 쪽으로 몰려가고 일현 선생님께서 한 분을 부축해 모시고 들어왔다. 금아 피천득 선생님이셨다. 언론 매체 화면이나 지면으로는 여러 번 뵈었지만 바로 가까이 뵙기는 처음이었다. 미리 와 있던 사람들이 어른께 인사를 여쭙고 난 후에 이때다 싶어 관여 선생님 제자 네 명이 선생님을 모시고 금아 선생님께 다가가 "기념사진 촬영을 해도 되겠습니까?"라고 여쭈니, 해맑은 미소를 지으시며 고개를 끄덕여 주셨다.

그 미소는 아주 순진한 아기 미소였다. 나는 마음속으로 어떻게 하면 저 어른처럼 맑은 미소를 지을 수 있을까 생각했다.

그 유명한 수필집 『인연』 안쪽 표지에 적힌 간단한 금아 피천득 선생 이력을 옮겨본다.

금아琴兒 피천득(1910-2007)

시인, 수필가, 영문학자. 1910년 서울에서 태어난 그는 1930년 『신동아』에 「서정소곡」을 발표하면서 문필생활을 시작했다. 그의 시는 자연과 동심이 소박하고 아름답게 녹아 있다는 평을 얻었고, 섬세하고 간결한 언어로 그려진 그의 수필은 남녀노소에게 고른 사랑을 받아 대표작 「인연」을 비롯하여 「수필」과 「플루트 플레이어」 등이 교과서에 실리기도 했다.

유명 작가의 길을 걸었으되, 장식품 하나 없는 작은 아파트에서 소탈하면서도 충일한 삶을 살았던 그는 '앵두와 어린 딸기 같은' 오월에 태어나 오월에 떠난 '영원한 오월의 소년'으로 우리의 가슴에 머물고 있다.

유일한 수필집 『인연』과 시집 『생명』 그리고 번역서 『내가 사랑하는 시』 『셰익스피어 소네트』 등을 펴냈다. 그의 첫 시집 『서정 시집』은 1947년에 발표되었다.

위의 글에서 '그의 시는 자연과 동심이 소박하고 아름답게 녹아 있다.'와 '그의 수필은 남녀노소에게 고른 사랑을 받아…'라는 대목에서 누구라도 금아 문학의 진수를 느낄 수 있다.

피천득 선생의 장남인 피세영은 최동욱, 이종환 등과 함께 한때 우리나라 팝 음악의 중심에서 활동했다. '피천득 선생의 아들', 반면에 '피세영의 부친 피천득'으로 두 분은 상호보완적 관계(?)이기도 했다. 나는 TBC 라디오 「밤을 잊은 그대에게」에서 활동했던 피세영 DJ의 왕팬이었는데, 어느 날 그가 돌연 미국 로스앤젤레스 소재 한국인 방송국에 발탁되어 가면서 DBS의 최동욱이 옮겨 와 진행하게 되었고 그의 굵직한 음성에 매료되었지만, 한동안 피세영 시절이 그리워지기도 했다.

그래서인지 내게는 피천득 선생님의 수필집 『인연』과 선생님과 함께 찍은 사진 한 장, 그리고 피세영 DJ가 동일선상에 놓여 있다.

선생께서 태어난 때가 5월이었고, 내가 처음 선생님을 뵌 것이 2005년 3월, 그 후 2년 후 5월에 영원히 우리 곁을 떠나셨다. 그러니 내게는 그때 뵌 것이 처음이자 마지막이 되고 말았다. 우리와 같이 찍은 사진에서 지금도 그 천진난만하달 정도로 순진무구한 미소 짓는 모습으로 의자에 앉아 계시는데, 이젠 선생님이 가신 그곳으로 가서야 뵐 수 있게 되었다. 짧은 만남이었지만 긴 그리움으로 남아 있다.

송춘사送春詞

日日人空老 일일인공로	사람은 날마다 헛되이 늙어가는데
年年春再歸 연연춘재귀	봄은 해마다 어김없이 돌아오누나
相歡有尊酒 상환유존주	마음껏 즐기세 술 단지에 술이 있으니
不用惜花飛 불용석화비	꽃이 진다고 애석해 무엇하랴

— 왕유王維(당唐, 699-761)

6월이 오면

다시 6월이 오고 있다. 나만 그런 것은 아니겠지만 6월은 언제나 여느 달과는 다른 느낌으로 맞이하게 된다. 나는 한동안 6월이 오면 몽유병 환자처럼 임진강으로 가곤 했다. 그러다 기찻길이 개성開城까지 이어진 후부터 강 건너 도라산역까지 갈 수 있었다. 고향에 조금이라도 더 가까이 가보고 싶은 마음에서다.

1950년 6월 25일 일요일인 그날, 나는 동네 친구들과 개성으로 넘어가는 고개 아래 신작로에서 놀고 있었다. 그 당시 우리 동네의 큰길은 목포에서 신의주까지 이어진 국도 1호선인 이 길뿐이었고 애들의 놀이터로도 안성맞춤이었다. 그런데 논밭에서 일하던 사람들이 새참을 먹을 때쯤이었다. 갑자기 개성으로 넘어가는 고갯마루에서 사람들이 내려오기 시작하더니 금방 도로가 넘치도록 수많은 인파가 몰려 내려왔다. 그리고 도로 양쪽에서 일하는 이들에게 "아, 난리가 났는데 지금 뭣들 해요, 어서 피난 가지 않고!" 하고 소리를 질렀다. 자초지종을 듣고 모두 집으로 달려갔다.

아버지는 우리를 데리고 큰아버지가 먼저 가서 자리 잡고 계신 고양시 벽제로 갔다. 큰 기와집 주인의 배려로 사랑채에 짐을 풀고 한동안 그곳에 머물다가 국군이 진격해 올라가자 우리도 따라서 고향으로 돌아갔다.

그러나 그것도 잠시, 어느 날 잠자고 나니 밤사이에 국군은 후퇴하고 난데없이 인민군이 내려와 있었다. 난리가 나기 전까지 삼포 밭 집 머슴이었던 병만이 형이 느닷없이 빨갱이가 되어 마을에 나타난 것도 그때였다. 그가 팔뚝에 찬 붉은 완장은 섬뜩한 공포의 상징이었다. 그가 내무서 인민군들의 앞잡이가 되어 온 동네를 휘젓고 다니는 날엔 모두 숨죽이며 집 안에만 있어야 했다. 언제 어떤 구실로 행패를 부릴지 모르기 때문이었다.

급기야 우려하던 일이 우리 집에도 닥치고 말았다. 어느 날 이른 아침이었다. 우리 집 대문을 험악스레 두드리는 소리가 났다. 온 가족이 휘둥그렇게 황소 눈을 뜨고 서로를 바라볼 뿐이었다. 나는 안방의 손바닥 유리가 딜린 쪽문을 통해 놀란 토끼 눈으로 밖을 내다보았다. 부엌에서 아침밥을 짓던 엄마가 앞치마에 젖은 손을 문지르며 안마당 툇돌에 내려섰다.

"누구세요?"

엄마의 기어들어 가는 목소리는 심하게 떨리고 있었다. 엄마가 대문 빗장을 풀기가 무섭게 서너 명의 인민군과 병만이 형이 우악스럽게 대문짝을 걷어차며 들어섰다. 인민군들은 긴 칼 꽂은 장총을 어깨에 메고, 병만이 형은 시뻘건 헝겊 완장을 팔뚝에 두르고 있었다.

"긴상金氏 계시오? 좀 나오시오!"

하고 병만이 형이 안방을 향해 거만스레 소리를 질러댔다. 그때까지 두어 번 헛기침만 하고 계시던 아버지가 잔뜩 겁먹고 있는 나를 보고 "괜찮다. 겁내지 마라!"며 등을 살짝 두드려 주고는 쪽문을 와락 열어젖히며 나무라듯 소리를 질렀다.

"아침부터 웬 소란이냐!"

그 순간 병만이 형의 얼굴이 벌게지며,

"저 양반이오!"

하고 인민군들에게 손가락으로 아버지를 가리켰다. 그러자 그들은 안마당 툇돌에 군화발을 걸치며 아버지에게 나오라고 명령조로 말했다. 아버지가 천천히 큰 방문을 열고 마루로 나가셨다. 그들은 군량미 공출을 나왔으니 쌀을 내놓으라고 했다. 아버지는 우리도 먹을 양식이 부족해 내놓을 쌀이 없다고 말했다. 그러자 병만이 형이 땅바닥에 침을 칵 내뱉고 한 발 앞으로 나서며 비아냥거리듯 말했다.

"아, 윗말 큰 기와집 다음이 긴상 댁인 건 다 아는데 왜 이러슈!"
"이놈의 자식이 어디 와서 행패야!"

아버지가 체면도 잊은 채 맨발로 뛰어 내려가 병만이 형의 멱살을 잡고 뺨이라도 후려칠 듯 손을 번쩍 들자 인민군들이 잽싸게 장총을 들이댔다. 당장이라도 총 끝에 달린 긴 칼로 아버지 목이라도 찌를 듯이 위협적이었다. 나는 어찌나 놀랐는지 그만 소리를 지를 뻔했다. 그래도 아버지는 끝까지 쌀을 내놓지 않으며 분을 삭이지 못하고 호통만 치셨다. 하기는 엊그제만 해도 마을이나 우리 과수원 울타리 길을 지날 때 아버지를 뵈면 허리를 굽혀 공손하게 인사하던 병만이 형이 아니던가. 그리고 가을이면 사과나 배 등 우리 집 과일을 안 먹어본 사람이 없으니 병만이 형도 그중의 한 사람이었다. 병만이 형 또한 삼포 밭에서 인삼 수확할 때면 호미에 긁혀 상품 가치가 떨어지는 것을 그 옆에서 놀던 우리에게 인심 쓰듯 던져주기도 했다. 그럴 때면 누런 이를 드러내 보이며 순박하게 웃던 병만이 형이었는데….

결국 아버지는 내무서로 끌려가 여러 날을 시달리며 고초를 겪으셨다. 그러던 어느 날 다행히 아는 사람을 만나 힘을 써준 덕분에 풀려날 수 있었다. 아버지가 돌아온 다음다음 날 내무서에 갇혔던 사람들이 백학산 골짜기로 끌려가 모두 총살당한 끔찍한 일이 벌어졌다. 동네에서 큰 어른으로 모셔졌으며 늘 서책만 보던 우리 옆집 아저씨도 지식인이라는 굴레를 씌워 잡아갔는데 그날 총살당했다. 포승줄에 묶여 줄지어 가다 넘어지기라도 하면 인민군들이 사정없이 발길로 차거나 장총 개머리판으로 머리나 몸통을 가격하며 끌고 갔다. 그리고 얼마 있다가 "따콩 따콩!" 이어지는 총소리가 요란하게 들렸다.

  나는 동네 애들과 그 산골짜기로 달려갔다. 언제 왔는지 옆집 아주머니와 내가 형이라 부르며 따르던 아들, 그리고 내 또래의 여자애가 시신을 끌어안고 대성통곡을 하고 있었다. 나는 잔뜩 겁먹은 채 어쩔 바를 모르고 있는데, 아저씨의 하얀 모시 적삼이 붉은 피로 물들어 있는 것을 보자 나도 모르게 옆집 형 등에 얼굴을 대고 울고 말았다.

  그 악몽 같은 일이 있고 며칠 후였다. 여느 날처럼 미군 비행기가 마을 뒤 큰 산인 백학산에 폭격하고 다시 남쪽으로 기수를 돌리는 찰나에 인민군의 대공포에 맞아 흰 연기를 뿜으며 추락했다. 다행히 비행사 두 명은 낙하산을 타고 내려왔는데, 그만 인민군들이 일제히 집중사격을 하는 바람에 죽고 말았다. 그러자 인민군들이 몰려가 권총은 물론 시계며 군복까지 팬티만 남긴 채 모두 벗겨 갔다. 또한 흙으로 덮지도 않은 시체를 개천 옆 밭에 내버려 둔 채 사람들이 접근하지 못하도록 엄포를 놓고 가버렸다.

  한 사나흘 지나서 아버지가 우리 집 뒷산에 하얀 천막을 쳐놓고 있던 인민군들에게 다가갔다. 그때 한 사람이 나와서 뜻밖에도 아버지에게 모자를 벗고 머리 숙여 인사를 했다. 그러고 보니 그 사람은 인민군 복장이 아닌 미군 군복과 계급장도 없는 미군 모자를 착용하고 있었다. 아버지가 미군들 시체를 날파리와 짐승들이 물어뜯어 볼썽사나우니 산에 묻어주게 해달라며, 어쨌든 서로 적이지만 같은 사람인데 짐승들 밥이 되게 내버려 두는 것은 사람도리가 아니라고 사정했다. 그는 잠깐 기다리라 하고 천막에 들어가 무전기로 무어라 교신 후 나오더니 그렇게 하라고 했다.

이튿날 아버지가 동네 몇 사람을 불러 미군 시체를 우리 과수원 옆 산에 묻어주라고 하셨다. 나중에 아버지와 동네 사람들이 나누는 이야기를 듣자니 미군 복장을 한 그 인민군은 적군 포로 심문관이라고 했다. 나야 어린애였으니 심문관이 무엇인지 알 턱이 없었지만, 평소에도 그 사람은 다른 인민군들과는 달리 아버지에게 꽤 공손했고 혹시라도 인민군들이 불손하게 굴면 자기에게 말해달라고 했다. 동네 어른들도 별난 사람이라며 그런 사람이 있으니 인민군들의 행패가 없어 참 다행이라고들 했다. 동네 애들과 그들이 있는 천막 근처로 가도 내려가라고 소리치며 겁주지도 않고 인자한 미소를 지으며 몇 학년이냐고 묻기도 했다. 나중에 알았지만, 내무서에서 아버지를 구해낸 사람이 바로 그 포로 심문관이었다고 했다. 그 사람이 우연히 붙잡혀 온 아버지를 보고 그쪽 관계자에게 풀어주라고 언질을 주었다는 것이다.

매일이다시피 동네 뒷산 백학산에 미군이 폭격기나 장거리포로 폭격을 해대니 어머니가 잠시 매형네 집으로 피해 있다 오자고 했다. 그곳은 우리 집에서 한참 떨어진 외진 동네로 매형네와 둘째 큰아버지 댁, 단 두 집뿐이었다. 매형네는 큰 기와집으로 방도 여러 개여서 우리가 가도 괜찮았다. 그러잖아도 밤새 인민군들이 쳐내려왔을 때 아버지가 급히 가서 매형을 둘째 큰아버지 댁으로 피신시켰다. 안방 장롱 바닥 판자를 뜯어내고 방구들을 들어냈다. 겨우 어른 한 사람 정도 눕고 앉을 만큼 흙을 파낸 후 바닥에 솔가지를 꺾어다 깔고 그 위에 장판지를 덮었다. 장롱 바닥을 통해 매끼 밥을 넣어 주고 배설물은 요강으로 받아냈다. 방구들 골이 굴뚝으로 연결되어 있으니 매형이 앉거나 누워 있는 그곳으로 공기가 통하게 했다. 그때부터 큰아버지네 안방엔 불을 땔 수 없어서 밥도 마당에 화덕을 놓고 짓도록 했다.

그런데 매형네 뒷동산 넓은 잔디밭에 주둔한 인민군 부대가 매형네 집을 본부로 사용하겠다고 통보해 온 것이다. 권총을 찬 부대장이 소가죽 끈으로 묶은 지휘봉을 흔들며 말했다.

"어느 동무래 주인장이요?"

하고 물었다. 매형 모친이 계셨지만, 아버지가 큰누나를 불러 세우고 안주인이라고 말했다.

"구장을 했다던 바깥양반은 어디 갔소?"

하고 부대장이 물었다. 모두가 조바심에 숨죽이고 있는데 아버지가 말씀하셨다.

"아, 네. 그 사람은 먼저 내려왔다가 후퇴하는 인민군 길 안내도 할 겸 그들을 따라 북으로 넘어갔는데, 이렇게 다시 인민군이 쳐내려오셨으니 곧 돌아오겠죠."

입가에 미소까지 지어가며 아버지가 침착하게 둘러댔다.

"네, 그 동무래 영웅적인 임무를 잘했쑤다. 이 건넛방을 내 일처 겸 숙소로 사용할 테니 안방과 사랑채는 주인 동무래 쓰시오."

하고 말했다. 그는 가끔 아버지에게 담배도 갖다주는 등, 포악하지도 않고 예의범절이 깍듯했다.

우리는 매형이 발각되면 어쩌나 하고 늘 조바심 속에 지냈다. 그러다가 9.28 수복이 되어 인민군이 퇴각하는 날이었다. 그 부대장이 아버지를 찾더니 전황이 나빠서 잠시 물러갔다 다시 올 것이라며, 혹시라도 얼마 전에 정탐하러 보낸 소년병이 돌아오면 우리가 다시 올 때까지 잘 좀 보살펴 주시라 부탁하고 이북으로 퇴각해 갔다.

둘째 큰아버지 댁 땅굴에서 몇 달을 보낸 매형은 그 좋던 몸매가 피골이 싱집한 몰골이 되어 창백한 얼굴로 나왔다. 아버지는 그래도 포로 심문관과 부대장 같은 인민군은 참 보기 드문 사람들이었다고 회고하곤 했다. 특히 그 포로 심문관이 아니었으면 아버지도 꼼짝없이 총살당했을 것을 생각하면 지금도 눈앞이 캄캄해진다.

문제는 다시 진격해 온 국군이 인민군의 만행을 그대로 답습했다는 것이다. 소위 인민군에게 부역행위를 했다고 잡아갔는데, 이웃 동네에선 마을 사람 반 이상이 희생당했다고 했다. 우리 동네에선 유일하게 붉은 완장을 차고 인민군 앞잡이를 했던 병만이 형 부모들이 잡혀갔다. 아버지와 동네 어른들이 몰려가, 좀 모자란 아들이 멋도 모르고 우쭐대는 마음으로 붉은 완장을 찼지만 부모는 법 없이도 살 사람들이라고 하소연해도 소용이 없었다.

결국 그해 겨울 중공군의 참전으로 통한의 1.4 후퇴를 할 때까지, 국군에게 끌려간 병만이 부모나 인민군 부대장이 정탐 병으로 국군 진영 쪽으로 보냈던 그 어린 소년병이 돌아온 것을 못 본 채, 다시 우리는 두텁게 얼은 임진강 얼음이 쩌렁쩌렁 금 가는 소리에 놀라며 두 번째 피란을 나와 지금까지 고향으로 돌아가지 못하고 백발을 이고 살아가고 있다.

송춘영하 送春迎夏
- 여름을 기다리며

아침 식사 후 코끝에 맴도는 커피 향을 간직하며 산책길로 나섰다. 며칠 전까지만 해도 길게 이어진 과수원의 배나무들은 가지가 보이지 않을 정도로 눈부시게 하얀 꽃들을 달고 있었는데, '이화梨花에 월백하고…'를 읊조릴 사이도 없이 야속하게 어느새 다 져버리고 말았다. '화무십일홍'을 실감케 한다. 배꽃으로 온통 하얗던 과수원은 그 자리를 차지한 잎들로 초록 세상이 되어가고 있다. 이제 얼마 지나지 않아 다시 가지마다 다닥다닥 배가 열릴 것이다. 그러면 과수원 주인은 일꾼들을 모아 열매들의 간격을 유지하며 그것들을 솎아내기 시작하리라. 내 어린 시절 북녘 고향에서 과수원을 일궜던 아버지가 그러셨던 것처럼.

어린 시절을 시골에서 보낸 내게 봄은 꽃이 피는 순서대로 기억되었다. 하지만 근자에는 그렇지도 않다. 꽃이 먼저 피었다가 지고 나면 잎이 돋는 품종이 많았지만, 요즘은 꽃과 잎이 동시에 피어나는 모습을 심심찮게 보게 된다. 예전의 봄이 우리에게 전해주었던 꽃소식이 틀어지는 것 같아서 섭섭한 마음이 크다.

　요즘에는 기온이 부쩍 여름을 방불케 하고 신록의 푸른빛이 한층 짙어지면 봄은 우리 곁을 떠날 채비를 서두른다. 계절은 늘 변하기 마련이고, 그것 또한 대자연의 섭리일 테지. 그런데 계절은 내 마음에서 먼저 바뀌고 있다. 아직 봄이 가지 않았는데도 간 것처럼 생각하고 여름을 준비하는 건지도 모르겠다. 어쩜 너무 빨리 지나가는 계절에 대한 아쉬움, 다가올 계절에 대한 기대가 교차하기 때문일까? 눈에 보이는 계절의 변화에만 신경 써서 그렇지 계절은 그렇듯 금세 우리 곁을 떠나는 건 아닐지도 모른다. 제 마음이 혼자서 빠르니 느리니 하는 것이지 계절은 올 때도 그렇지만, 갈 때도 자연 생태계의 현상대로일 것이다.

　지난주에 가까운 문우와 함께 스승님을 모시고 남한산성에 올랐다. 아직 다 떨어지지 않은 산벚꽃이 거기 남아 봄날의 마지막을 붙들고 있었다.

　하지만 이런 말로 떠나는 봄날의 아쉬움을 달래는 것도 이제는 소용없게 되었다. 환경파괴로 인한 기상 이변과 지구 온난화로 대한민국의 자랑이었던 뚜렷한 사계절의 변화와 겨울의 삼한사온 등은 모두가 옛말이 되었기 때문이다. 심지어는 늘 푸른 소나무가 사라질 수도 있다는 충격적인 보도도 있었다. 이 같은 지구 전체의 변화 때문인지 이제 봄과 가을은 오는가 싶으면 눈 깜빡할 사이에 떠나버리고 만다. 여름과 겨울만 자리를 지키고 봄·가을은 머문 듯 사라지는 바람 같은 신세가 되었지 않은가.

이런저런 생각에 잠겨 걷고 있는데 갑자기 꿩이 울어댔다. 그 소리에 놀랐는지 과수원에 내려왔던 고라니가 냅다 숲속으로 도망치듯 달아났다. 어린 새끼 한 마리도 죽을힘을 다해 어미 뒤를 바짝 뒤따르는 모습이 웃음 짓게 만든다.

몇 걸음이나 걸었을까, 이번엔 숲속 작은 웅덩이 쪽에서 "꽈르륵~" 하는 소리가 들렸다.

"저건 무슨 소리지?"

의아한 표정으로 아내가 물었다. 개구리였다. 이제 좀 있으면 저들과 함께 맹꽁이의 떼창 소리가 초여름 더위를 시원하게 식혀주리라. 검게 보이는 산의 실루엣이 과수원 너머 들판 저편에 누워있고, 사방은 온통 별빛일 것이다.

시골집에서의 무더운 여름밤, 개구리 소리를 듣는 것은 참으로 여름의 낭만이었다. 이번 여름 어느 날 밤엔 사위와 딸에게 우리 내외를 한적한 교외로 데려가 달라고 해야겠다. 고석한 밤, 오가는 이 드문 한적한 길에 차를 세워두고 있자면 오직 보이는 것은 별빛, 들리는 것은 개구리 소리일 것이다. 한줄기 밤바람이라도 불어온다면 이마에 미세한 떨림과 스침이 감지되며, 길옆 논물에 비치는 별빛 또한 은미隱微하게 일렁이는 모습으로 더없이 내 마음을 안온하게 하는 여름밤의 정경이 될 것이다. 그러니 이제 봄이 간다고, 앞으로 또 얼마만큼 봄을 맞이할까 조바심 내지도 말자. 봄이 가면 여름이 오지 않는가. '덥다, 덥다!' 하지만 말고 그 여름 또한 온전히 즐기려고 한다.

오래전에 내 문학 스승님께서 '하전'이라는 호號를 지어주셨다. 그때 내가 농담 삼아 말씀드렸다.

"선생님, 기왕이면 상전이라 해주시지 하전이 무엇입니까?"

"사주에 기토己土 일주가 섣달에 태어나니 온기가 필요해서 여름 하夏에 밭 전田 자라 했어요. 얼마나 좋은 이름인데 그래요. 여름 밭은 기름져서 아침에 씨앗을 뿌려두면 저녁에 싹이 돋아 대지가 풍성한 덕성으로 채워집니다. 그렇게 되기를 바라면서 지었어요." 하며 덕담을 건네셨다. 그래, 기름진 기토의 덕성을 발휘하며 내 호에 담긴 의미를 유념하고 장하長夏의 긴긴 날들을 즐기며 지내자.

눈앞에 펼쳐진 푸른 대지! 그 여름이 어서 왔으면 하고 기다려진다. 간사한 게 사람 마음이라더니 오늘따라 내 마음이 부쩍 그렇다.

그 시절의 여름 풍경

　모깃소리가 그립다. 유난히 모기에게 잘 물리곤 했던 딸이 들으면, "아빠는?" 하고 발끈할지도 모르겠다. 애들이 시집 장가들어 나가 살기까지 함께 살 때의 여름밤이면 모기와의 전쟁이 시작되었다. 자고 나면 팔뚝이나 심지어 얼굴에까지 모기 녀석에게 물린 자국이 빨갛게 보이곤 했었다. 모기향을 뿌리거나 피워놓고 잠자리에 들어도 마찬가지였다. 그런데 유독 내겐 녀석들이 얼씬거리지도 않았다. 녀석들 입맛에 내 피는 맛없던 모양이라며 웃곤 했던 기억이 난다. 지금은 방충망에다 에어컨 바람이 차니 녀석들이 접근할 방도가 없어져 '앵~~'거리는 소리도 들을 수가 없어졌지만.

　모깃소리기 그립다는 말은 내 어린 시설 겪었던 6.25 전쟁 때 피난 나와 살았던 시골에서의 여름날들이 생각나서이지 싶다. 저녁이면 바깥마당 한구석에 아버지가 누렇게 마른 풀 한 줌을 불쏘시개로 하여 생풀이나 청솔가지를 베어다 모닥불을 피워놓으셨다. 멍석 위에 엄마가 밥상을 차려 내오시면 빙 둘러앉아 저녁밥을 먹었다. 어쩌다 손칼국수나 수제비라도 하는 날이면 지나가는 이웃 사람들까지 불러 앉혀 대접했던 기억이 난다.

밥상을 물리고 나면 엄마는 수박과 참외 등 과일을 내오셨다. 볼록 나온 배를 두드리며 멍석 위에 누우면 죽은 둘째 누나가 넓고 긴 천에 한 땀 한 땀 놓았던 자수刺繡를 보는 듯 온통 하늘이 별천지였다. 참 예쁜 누나였는데, 첫애 낳고 산후 조리하다가 그만 저세상으로 가버렸다. 시집가기 전에 잠시 시골집에 내려왔을 때, 밤이면 고운 목소리로 불러주는 누나의 노랫소리를 들으며 잠들곤 했었는데….

도시 생활에 지치곤 할 때마다 생각나는 어린 시절이 마냥 그립다. 어디 시골집뿐이랴! 이제 여름의 끝머리인 이맘때면 매미들 울음소리도 잦아들 무렵이라 더 아쉽고, 봄이면 울어대던 개구리 울음소리, 꾀꼬리 노래 소리하며 풀밭에 매어놓은 어미 황소 곁을 맴돌며 뛰노는 송아지의 모습도 그립기는 마찬가지다. 그저 마음으로만 돌아가 볼 수 있는 정경이다. 어쩌다 명절 때 종갓집으로 차례 지내러 갈 때면 그런 풍경이 있었는지조차 모르게 도시나 다름없이 변해버린 모습에 적잖이 실망감에 젖곤 했다.

동네 아이들과 산모롱이를 돌아 들판으로 달려가 멀리 삼각산三角山

그 시절의 여름 풍경　93

이라 불렸던 북한산을 발원지로 하여 임진강으로 흘러드는 큰 냇물에 풍덩풍덩 뛰어들어 놀았다. 냇물 가장자리 풀 섶을 두 손으로 뒤지다 보면 나는 여린 마음에 엄두조차 내지 못했지만, 애들은 덥석 메기도 잡곤 했었다. 그래서 서울 시청에 다니시던 큰매형이 여름이면 한 번씩 직원들과 와서 천렵川獵을 하기도 했다. 무슨 나뭇가지를 돌에다 찧으면 우유처럼 하얀 즙이 나오는데, 그것을 냇물에다 풀어놓으면 붕어나 모래무지, 쏘가리, 메기까지 물고기들이 둥둥 떠오르는 광경이 신통하게 보였다. 그 액체가 물고기들을 잠시 기절시키는 것이라 했다. 어른들이 매운탕을 안주로 소주, 막걸리를 마시며 즐기는 사이 애들은 땀을 뻘뻘 흘리면서 밥을 말아 먹곤 했었다.

여름이 물러갈 무렵 싸리나무를 엮어 물길이 좁은 곳에 어망처럼 쳐놓으면 임진강에서 올라오던 참게들이 걸려들곤 했었다. 그러면 애들이 자갈밭에서 구워 먹기도 했던 기억을 떠올리면 지금도 입가에 잔잔한 미소가 번진다.

그랬던 그 냇가에 옛 모습은 자취도 없이 사라지고 공장이나 창고 등이 벌판을 뒤덮고 있다. 하긴 백발의 내 나이를 생각하면 고개가 끄덕여진다. 세상사 변하지 않는 것이 어디 있으랴. 제행무상諸行無常이라 하지 않던가.

지금은 안거 중

지금 불가佛家에서는 한창 안거 중이다. 산스크리트어 원뜻으로 안거安居란 '우기雨期'를 말한다. 수행승들이 일정 기간 외출을 금하고 수행하는 제도. 고대 인도의 수행승들은 우기 3개월 기간 동굴이나 사원에서 수행에만 전념했는데, 이를 우안거雨安居라 했다. 우리나라에서는 음력 4월 15일에 시작하여 7월 15일(음) 백중에 마치는 하안거夏安居와 음력 10월 15일에 시작하여 이듬해 1월 15일(음력 정월 대보름)에 마치는 동안거冬安居를 시행하고 있다.

나도 사업을 정리한 후, 한때는 스님들처럼 재가불자들도 함께 안거에 동참했던 시절이 있었다. 새벽 4시에 대웅전 법당을 중심으로 목탁 소리에 맞춰 합장 자세로 경내를 천천히 걷는 행선行禪을 '도량석道場釋'이라 하는데, 사찰에서 아침 예불 전에 천지만물을 깨우고 도량을 청정하게 한다는 뜻으로 목탁을 치면서 주위를 도는 의식이다. 주로 천수경을 소리 내 독송하거나 아미타불이나 관세음보살 등을 부른다.

    부처와 중생이 하나라지만 우리 삶이 어디 그런가. 끝없는 인연의 그물코 위에서 아슬아슬한 곡예를 펼치는 사람들에게 유마거사維摩居士[*]의 언어는 아득한 어둠이다. 내가 누구인가에 대한 질문을 꾸준히 제기하면서 인류의 역사가 전개되어 왔다지만, '나'에 도달했다는 것은 그저 떠도는 소문으로만 전해올 뿐, 그 소문을 확인할 방법은 없다. 내가 아닌 나를 느낄 때마다 항상 생각하는 것이 경계이다. 도대체 나를 경계 지을 수 있는 기준은 무엇일까. 혹 그 기준이 없는 것은 아닐까. 세상 어떤 사물도 자신만의 확실한 경계를 가지지 못하는 것이라면 우리는 없는 경계에 묶여 허망의 바다를 떠도는 것 아닌가.

    비승비속非僧非俗이라 불리는 사내가 있다. 나는 언제부터인가 그의 삶을 닮아가고 싶은 마음이 있었다. 아니 한때는 나도 사업 정리 후, 그렇게 지내오지 않았던가. 새삼 지난 삶을 가끔 되짚어 보기도 한다. 사람들은 그의 삶에서 어느 쪽 경계에 초점을 맞추어야 할지 혼란스러웠을 것이다. 마치 유마거사에게서 보이는 느낌처럼 그 사내의 삶은 경계를 초월해 있는 것처럼 보였다. 바로 설잠雪岑이다. 우리는 그를 매월당 김시습으로 기억하고 있다. 김시습이 승려로 생활하면서 가지고 있던 법명法名은 설잠이었다. 율곡 이이李珥(1536~1584)가 선조 임금의 명으로 지어 바친「김시습전」에서 김시습을 평하면서 "속마음은 유생이

로되 겉모습은 스님(심유적불心儒跡佛)"이라는 평을 내린 것도 김시습이 보여주는 경계의 모호함에서 비롯된 것일 터이다.

 일생을 바람처럼 돌아다니면서 경계의 모호함을 몸으로 보여주었던 설잠. 이 산하에 그의 발길이 닿지 않은 곳이 어디 있을까. 내가 한창 설악산 대청봉을 오르내릴 때마다 백담사-영시암-봉정암-대청봉-다시 봉정암으로 내려와서는 오세암을 들렀었다. 그 오세암에도 설잠과 관련된 설화가 있으며, 춘천 청평사에서도 그가 다녀간 흔적을 볼 수 있다. 지금은 그 자리를 잘 알 수가 없지만, 설잠이 한동안 머물렀던 세향원細香院이라는 누원樓院이 있었다. 그곳에서의 삶을 보여주는 시 한 편이 전한다.

아침 해 밝으려는지 새벽빛 분명한데
숲의 안개 열리는 곳에 새들이 무리를 부른다.

먼 봉우리에 떠 있는 푸른빛, 창을 밀고 바라보고
이웃 절 느긋한 종소리, 산 너머에서 들린다.
파랑새 소식 전하며 약 달이는 아궁이 엿보고
푸른 복사꽃은 떨어져 이끼 무늬에 점 찍는다.
정녕코 신선은 상제께 조회하고 돌아와

소나무 아래 한가롭게 글을 펼치고 있을 테지.
― 김시습,「청평산 세향 남창에서題淸平山細香南窓」제1수,『매월당집』

　설잠의 시 중에서 드물게 평정의 세계를 보여주는 작품이다. 아침 숲의 안개를 여는 새벽빛이라든지, 새들의 역동적인 움직임, 먼 봉우리의 푸른빛이 머무르는 남쪽 창문, 험한 산 사이로 굽이쳐 오는 종소리는 이 시의 전반부를 정중동靜中動의 세계로 이끈다. 비교적 동적인 이미지를 배치하여 새벽을 맞이하는 기쁨을 내밀하게 전한다.
　평생을 갈등과 방랑으로 보낸 그이기는 하지만, 위의 시에서는 그러한 갈등이 전혀 보이지 않는다. 설잠에게 청평산 골짜기는 속세의 온갖 더러움을 떠난 이상향이 아니었을까. 아침에 눈을 뜨면 밝은 희망과 마음의 평정이 유영하는 청평산에서 설잠의 불교적 생각이 배태된 것은 아닐까. 특히 유교나 불교가 그 과정에서는 차이가 있을지언정 목표로 삼는 것엔 전혀 다름이 없다는 설잠의 생각은 경계인으로서 삶을 잘 조화시킨 데에서 발현된 논리이리라.
　스스로 못생기고 키도 작다고 여겼던 설잠. 그러나 "머리를 깎은 것은 더러운 세상을 피하기 위함이요, 수염을 남긴 것은 대장부임을 표시하기 위함(削髮避塵世 鬚髥表丈夫)"이라고 말하던 당당한 거인 설잠. 속인과 스님, 정주자와 방랑자, 방내方內와 방외方外의 경계에서 갈등하면서 새로운 삶을 모색하던 사내가 지금 내 앞에 거대한 산으로 우뚝 서 있는 것은 환각만이 아닐 것이다. 지금 나는 사찰이 아닌 집에서 '개인 안거' 중이다. 조석예불과 일정 시간의 참선으로 하루를 보낸다. 하지만 설잠이 머물렀던 춘천 청평사를 찾아가 그의 족적을 따라봐야겠다.

이제 1월도 슬그머니 꼬리를 감추려 하고 2월이 성큼 다가오고 있다. 그러고 보면 춘삼월도 멀지 않으리라. 내 마음은 이미 청평사로 가는 배를 타기 위해 소양강 선착장으로 급한 걸음을 옮기고 있다. 그리고 설잠, 그를 만날 수는 없지만 나는 이미 빙의된 사람처럼 그와 마주 서 있는 느낌이다.

* 유마거사維摩居士: 불교의 재가신자在家信者로서 불교의 진수眞髓를 체득하고 청정淸淨한 행위를 실천하며 가난한 자에게는 도움을 주고 불량한 자에게는 훈계를 주어 올바른 가르침을 전하고자 노력하였던 인물로 전하고 있다.

사라져 간다는 것의 아쉬움

오늘도 베란다에 앉아 해바라기를 하고 있었다.

"여보, 바람이 안 불어선지 춥지 않아요."

공기를 갈아 넣기 위해 창문을 열어놓으며 신기한 듯 아내가 말했다. 요즘 계속 찬바람이 세차게 불었다.

"그러네, 그럼 우리 모처럼 산책 나갈까? 당신 괜찮겠어?"

마치 어린애가 엄마에게 무얼 해달라고 조를 때처럼 가득한 바람의 시선으로 그녀의 눈을 보며 말했다. 멀리 가진 말고 과수원길만 돌아서 들판 길 입구에 있는 찻집에 들러 차도 한잔 마시고 오자고 했다.

과수원 길로 접어들자 저만치 장발처럼 길게 늘어뜨린 능수버들 가지미다 아주 옅게 연두 빛을 띠고 있나. 그것은 실옆 과수원의 배나무 가지도 마찬가지였다. 문득 한시漢詩 한 수를 떠올린다.

柳巷還飛絮류항환비서 버드나무 골목에 다시 버들개지 날리니
春餘幾許時춘여기허시 봄이 얼마나 남았을까?
吏人休報事이인휴보사 관원들은 일을 보고하지 마시게나.
公作送春詩공작송춘시 나는 봄을 떠나보내는 시나 지어야겠네.

— 한유韓愈(당, 768~824)

봄가을은 짧게 느껴진다. 봄이구나 하면 어느새 초여름이다. 그래서 늘 봄을 떠나보내야 하는 아쉬움이 크다. 그런 중에도 시인은 '봄을 떠나보내는 시'를 짓겠다고 한다. 유유자적이다. 이 시는 이런 것 때문에 여유를 느끼게 한다. 조급증에 시달리며 사는 것 같은 요즘 세상 사람들이 한 번쯤 읊조려 볼 만한 시이지 싶다.

조금 더 가다 보면 왼쪽으로 야산인데, 여름이면 가문비나무가 주종을 이루고 소나무와 밤나무 등이 어우러져 울울창창한 숲으로 변한다. 그리고 오른쪽으론 다시 사과나무가 여러 그루 끼어있긴 하지만 대부분 배나무가 빽빽이 들어찬 넓은 과수원이 펼쳐진다. 벌써 가지치기해서 나무들이 갓 이발한 사람들 머리처럼 단정해 보인다. 내가 이사 와 이 길을 걷기 시작한 지는 1년 반밖에 안 되었지만, 배나무들은 오래된 듯 몸통이 아주 굵은 고목이 대부분이다. 몸통은 노인이지만 가지들은 청춘이어서 가을이면 가지가 휘어질 만큼 큼직큼직한 배들을 주렁주렁 매달

고 있다.

과수원이 끝나는 지점에 이르면 한 농가에서 완만하게 경사진 넓은 터에 토종닭을 방목하고 있다. 어느 땐 대낮인데도 '꼬끼오!'를 연발한다. 그런가 하면 전깃줄에 참새들이 나란히 날아올라 앉듯 훌쩍 뛰어올라 나뭇가지에 몰려 앉지 않나, 울타리를 날아 넘어와 논두렁을 어슬렁거리며 모이를 쪼고 있어 아내를 놀라게 했다. 서울에서 태어나고 지금까지 도시에서만 살아서 이런 광경이 생소한 것은 당연하다.

과수원 길을 벗어나 큰길가에 있는 카페로 갔다. 도로 위쪽의 큰 저수지와 아래쪽의 들판 풍경을 바라보며 차를 마시거나 식사도 할 수 있는 2층짜리 건물이다. 우리는 2층 창가 자리에 앉아 따끈하고 부드러운 차를 마시며 여유로운 시간을 보냈다. 이곳엔 누구나 차를 마시며 읽을 수 있게 가져다 놓은 내 수필집이 여러 권 비치되어 있다. 나는 혼자 산책할 때 몇 번 왔었지만, 처음인 아내가 전망이 아주 좋다며 기분 좋아해 다행이었다.

우리는 다시 왔던 길을 따라 집으로 향해 걸었다. 그때 아내가 말했다.

"어머, 이 좋은 길을 걷는 것도 얼마 지나면 끝이겠네요."

그렇다. 작년엔 과수원마다 개발을 위한 토지수용 정책을 당장 멈추라는 현수막이 걸렸었는데, 얼마 전부터 이 길 입구에 있는 택시회사 벽에도 반대하는 현수막이 여러 개 걸려있다. 대형 아파트단지를 조성한다는 소문이다. 잠시 마스크를 벗고 걸어도 괜찮은 이 좋은 산책로가 도심 가까이 있어 참 다행이었는데, 머지않아 아파트단지로 개발되어 사라진다니 이만저만 실망스러운 게 아니다. 대를 이어 과수원을 일구며 살아온 사람들은 어찌하나, 내 일처럼 걱정과 안타까움이 앞선다. 또 숲에 사는 고라니를 비롯한 산짐승들과 산비둘기와 온갖 새들은…. 늦봄부터 여름이면 울어대던 뻐꾸기 울음소리도 들을 수 없을 것이다. 또 과수원길이 시작되는 초입의 한 농가 밭 가장자리에는 큰 아카시나무들이 울타리처럼 둘러서 있고 나무 꼭대기쯤에 까치집 다섯 개가 나란히 자리 잡고 있다. 나뭇가지들을 물어다 세찬 바람에도 견딜 만큼 단단하게 지어놓고 사는데 아카시나무들이 여지없이 잘리고 뽑혀 나갈 것은 자명한 일이니 둥지 잃은 까치들은 또 어찌할까 안타까워 내 가슴이 다 답답하다. 방방곡곡에서 농토는 물론 야산까지 마구잡이로 자연을 파괴하며 파헤쳐 아파트를 지어도 집 없는 사람들은 여전히 많아서 한편 이해는 되지만, 어느 나라보다도 더 심한 우리나라 인구 감소 현상을 생각하면 언젠가는 흉물로 버려질지도 모르겠다는 우려가 깊다.

    자연은 정말 정직하다. 아무리 더운 여름이 오고, 겨울이 몹시 추워도 때가 되면 봄이 오고 가을이 어김없이 찾아온다. 이것이 대자연의 섭리이고 원래 대자연은 순리대로 흘러가지만 인간들이 환경오염을 시키며 위해를 가한다. 그래서 자연이 이변을 일으키는 것이다. 개발과 산업화라는 그럴싸한 논리로 인간이 파괴한 자연이 인간 세상에 보복하고 있는 것이다. 지금의 암울한 코로나사태도 그 본보기의 일환이 아닐까? '존재하는 모든 것은 사라진다.'는 것이 자연의 법칙이라 하지만, 이곳은 25년간이나 많은 회사 가족들의 젖줄이었는데, 다른 곳으로 나가라니 당장 개발계획을 철회하라는 한 택시회사 담장에 걸린 현수막 문구가 눈에서 지워지지 않는다. 집으로 돌아오며 나는 수없이 속으로 외쳤다.

"그냥 놔두어라, 제발!"

떨어지는 꽃잎 따라 봄날은 가고

　주말인데도 저만치 초등학교 담장 길로 택배 자동차 한 대가 지나간다. 물건들을 빨리 배달하고 가려는 택배기사의 바쁜 마음과는 달리 주말이라서인지 내 눈에는 한가롭게 보이는 풍경이다. 더구나 세차지도 않게, 그렇다고 아니 오는 것도 아니게 봄비가 내리고 있어서일 게다.
　이때였다. 찬기가 서린 한 줄기 바람이 길가에 줄지어 선 벚나무 가지를 살짝 건드리고 지나가자, 꽃잎들이 하얀 꽃비로 흩날리며 떨어진다.
　"어머머, 어째? 꽃 다 지겠네!"
　옆에서 아내가 신음하듯 소리치며 두 손을 맞잡는다. 그 소리를 바람이 들었는지 한 번 더 흔들어 나무 아래로 하얗게 꽃잎을 깔아놓더니 이내 조용해졌다.
　그 모습을 보고 있자니 문득 우수수 떨어지는 가을 단풍이 연상되었다. 이어서 일본의 유명한 와카和歌 시인이며 조동종 승려였던 다이구 료칸大愚良寬(1758~1831) 선사禪師의 사세구辭世句, 즉 이 세상을 하직한다는 뜻으로, '죽음'을 일컫는 말이 떠올랐다.

겉도 보이고/속도 보이며/떨어지는 단풍이여

"이질痢疾로 설사 하며 망가진 육체의 겉모습(현상)과 진여眞如의 법성을 갖춘 속마음(본체)도 함께 보이며 떨어지는 '단풍이여!'로 언하言下에 드러나는 선사의 진면목眞面目이다."
— 『문화일보』, 「맹난자의 한 줄로 읽는 고전」에서

이 봄비가 아니더라도 '화무십일홍花無十日紅'이라는 말처럼 얼마 안 있어 저 벚꽃도 방금 살짝 부는 바람에 떨어지듯 다 지고 말 것이다. 그것이 자연 순환의 과정이니 어쩌겠는가. 꽃이 져야 그 자리에 쌀알만 한 작은 열매가 얼굴을 내밀어 햇볕과 바람 그리고 비를 맞으며 콩알만 하게 커져서 이내 검붉은 자색으로 익으면, 아이들은 입언저리가 짙은 보리색으로 물들도록 따 먹으며 좋아할 것이고, 간혹 새들도 날아와 쪼아 먹을 것이다. 그렇게 열매마저 다 주고 나면 또 한 철을 푸르른 잎을 팔랑이며 시원한 그늘을 만들어 주다가 색색의 예쁜 모습으로 물들어 보는 이들의 눈을 호사시켜 주곤 이내 한 치의 미련도 없이 다 땅으로 떨어트려 버리고 맨몸으로 겨울 찬바람과 맞서리라.

　길 가다 간혹 볼품없이 굵어진 배불뚝이 남자의 허리처럼 아래 둥치가 울뚝불뚝 굵어진 벚나무를 보면, 남 얘기할 것도 없이 내 모습을 닮은 듯하여 애잔한 마음이 들어 한번 손으로 쓰윽 내 배를 쓰다듬어 주곤 했다.

　서쪽 하늘을 붉게 물들이며 해는 져가고 밤하늘에 이드거니하게 차오르는 달을 보고 있자니 보고픈 이들이 떠오른다. 유독 사람을 만나 밥 먹고 차 마시며 시간 보내기를 좋아하는 성격 탓에, 이곳 천안으로 이사하고는 내게 강의 듣는 몇 사람 제외하곤 특별히 만나는 이가 없다 보니 자꾸만 서울행 기차나 전철을 타고 싶어진다. 그렇다고 아픈 집사람 혼자 놔두고 아는 이들 만나러 나갈 수가 없지 않은가. 그래도 꼭 나가야 할 일이 있으면 안 나가는 것도 아닌데, 마음만 바쁘다. 내일은 딸에게 엄마를 부탁하고 기차나 전철에 의탁하여 서울을 다녀와야겠다. 누구누구를 만날까? 기왕 나가는 김에 친구들 몇 사람은 물론 내 문하생들하고도 차담이라도 하고 와야겠다. 내 보기에 등단하고 더 열심히 글을 쓰는 고교 교장선생님 출신인 문하생 한 분은 꼭 봐야겠다. 그렇게 열심히 하는 모습에 참으로 내 고마운 마음을 전해드려야겠다. 내가 자꾸 그들을 떠올리니 모두 귀가 가렵지는 않을까 싶다.

아주 편안한 이 밤을 그들 모습 떠올리며 잠들고, 내일 환한 모습으로 손을 맞잡고 얼굴에 웃음꽃 만개하리라.

화복상의 禍福相倚

나는 겉으론 담담한 척했으나 속으로는 잔뜩 긴장하고 있었다. 옆에서 함께 지켜보는 딸도 마찬가지였을 게다. 아니, 오히려 나보다 더 떨고 있었을지도 모른다. 고개를 갸우뚱거리며 한참을 이리저리 컴퓨터에 나타난 자료화면을 보던 의사가 천천히 고개를 돌려 나를 보며 무겁게 입을 열었다.

"좀 안 좋은 결과가 나왔네요. 전립선암 2기입니다."

순간 나는 눈앞이 캄캄해지며 세상이 정지된 느낌이었다.

"아니, 매번 검사받을 때마다 괜찮다더니 어떻게 된 거죠?"

딸이 조금 높은 목소리로 따지듯이 의사에게 말했다. 흔히 50대 이상 중장년 남성 절반가량이 겪는 병이 전립선비대증이라고 한다. 그래서 남자가 나이 들면서 피해 가기 어려운 증상이 바로 나처럼 전립선비대로 불편을 겪는 것이다. 자연적인 노화, 흡연이나 음주, 잘못된 식습관 등이 원인이라고 하는데, 늦게 피우기 시작한 담배는 젊어서 끊었고 술은 한 잔만 마셔도 얼굴이 빨개지고 체질상 많이 마시지도 못하며 음식도 무엇이든 전혀 가림 없이 잘 먹기에 해당 사항이 없으니, 자연적인 노화에서 오는 증상으로밖에 원인을 찾을 수 없겠다는 생각이 들었다.

나의 전립선비대증은 오래전부터 있어 왔지만 3개월마다 혈액, 소변 검사와 그에 따른 약 처방으로 잘 관리해 왔기에 별 이상 없이 지냈었다. 그런데 지난해 11월에 받은 검진 결과 전립선 특이항원(PSA) 수치가 매우 높게 나왔다며 입원해서 조직검사와 MRI 촬영을 해보자고 했다.

며칠 후, 부분마취를 하고 받은 조직검사는 생각 외로 간단히 끝났다. 국부마취를 한 후에 조직 검체를 떼어내기 위해 자동총과 같은 기구에 조직 생검용 바늘을 끼워 넣고 '탕' 하고 마치 총소리 같은 소리가 날 때마다 조금씩 채취하고 끝났다. 검사 결과는 2주 후에 나온다고 했다. 심란한 마음을 진정시킬 겸 서점에 들렀다가 저녁이 다 되어서야 천안 집으로 향했다. 기차 차창 밖으로 보이는 밤하늘엔 마침 둥근 보름달이 환히 비추고 있었지만, 왠지 전에 보았던 보름달과는 느낌이 다른 건 어떤 결과가 나올지 몰라 현재 내 마음이 편하지 않은 탓이지 싶었다. 좀 더 철저하게 관리할 걸 하는 후회가 늘었지만 이미 늦어버린 일이었다.

어쨌든 지금 나는 암 판정을 받고 참담한 심정으로 의사 앞에 앉아 있는 것이다. 컴퓨터에서 눈을 떼고 의사가 다시 말했다.

"그런데 뼈나 다른 부위로 전이가 안 되었고 수술하면 깨끗이 나을 수 있으니 너무 걱정하지는 마세요. 요즘은 갑상선이나 전립선암은 보험회사에서조차 암으로 생각지 않아 보험수가 지불을 꺼려할 정도라니 아주 착한 암이라고까지 말한답니다. 허허!"

별일 아니라는 듯 웃어 보이기까지 하며 되도록 나를 안심시키려 애쓰는 모습이었다. 그러면서 현재 이 병원에는 최첨단 수술 장비가 없다며 그런 시설이 잘 갖추어진 K 대학병원의 유능한 의사를 소개해 주겠으니 그리 가서 수술받으라고 했다. 딸이 바쁘게 다니며 그동안의 검진 기록과 영상자료를 받아서 병원을 나섰다.

이틀 후에 K 대학병원을 찾아가 소개받은 담당 의사를 만났다. 그 역시 나를 이곳으로 보내준 의사와 똑같은 말을 하며 크게 걱정할 필요 없다고 안심시켜 주었다. 개복開腹하지 않고 복강경 식으로 구멍을 두어 개 뚫고 로봇으로 수술한다고 했다. 이 최첨단 장비 사용은 보험 처리가 안 되어 내게는 상상외로 엄청난 비용이 든다는 것을 알게 되었다. 나는 아내와 자식들에게 면목이 없어 마음이 편하지 않았다. 20여 일 후에 입원하여 이틀 후 수술하고 일주일간의 치료가 끝나면 퇴원하는 일정 통보를 받고 집으로 돌아왔다. 그 20여 일을 기다리는 동안 별의별 생각으로 조바심은 물론 우울증이 생길 것 같았다.

간간이 강의자료 준비를 하며 잡념을 버리고 한곳에 집중하려 노력하기도 했다. 사실 내 친구들은 이젠 거의 은퇴자들이다. 그래서 삼삼오오 모여 당구를 친다든가 바둑을 두며 노년의 한가한 시간을 보내고 있다. 또 등산을 좋아하는 나는 몇몇 친구들과 호기롭게 설악산 대청봉을 오르고, 재작년 5월엔 한라산을 종주하여 제주자치도 세계유산본부로부터 '한라산 등정 인증서'를 받기까지 했다. 그리고 내 아호雅號를 따서 「하전夏田수필문학아카데미」를 만들어 수필 문학 작가들을 양성하는 강의를 하고 있다.

내가 가르쳐서 등단 심사를 거쳐 신인 작가가 되는 사람들을 볼 때마다 큰 보람을 느끼곤 한다. 어쩌면 대학교수가 되려 했던 꿈을 이렇게 해서라도 대리 만족하는지도 모르겠다. 이러는 나를 보고 나이 들어 참 잘하는 일이라며 부러워하는 친구들도 있으니 기분이 좋았다. 그래서 이렇게 노년을 즐기며 사는 것을 다행으로 여기며 감사한 마음으로 살고 있다.

그런데 사람 사는 일이란 늘 좋은 일만 있는 건 아니어서 결국 남의 일처럼만 여겨졌던 암을 나라고 피해 갈 수 없었다. 가까이 지내는 친구들이나 문학 동아리 문우들도 "아니, 늘 건강한 모습이 보기 좋았고 강의도 하며 즐거운 노년을 보내고 있어 무럽기까지 했는데, 이게 뭔 일이야?"라며 놀라워했다. 하긴 그동안 동창 친구들이나 지인 중 이런저런 암으로 먼저 떠나간 이들이 여럿 있었다. 그들을 눈물로 보내면서도 마음으로는 '나도 조심해야지.' 하고 생각은 했었지만, 정작 이렇게 내게도 현실로 다가올 줄은 몰랐다. 그러기에 더 암울하고 숨 막히도록 가슴이 답답했다.

 문득 '화복상의禍福相倚'란 말이 생각났다. 인간의 화복은 맞물려 있어서 복만 받고 화는 멀리하는 이치란 없다는 뜻이다. 노자도 "화는 복이 기대는 바이고, 복은 화가 숨어 있는 곳이다."라고 했다고 하지 않았던가. 그렇다면 변고를 만났을 때 이를 복으로 돌리는 지혜와 복을 누리면서 그 속에 잠복해 있는 화를 감지해 미연에 이를 막는 슬기를 어떻게 갖추느냐가 문제라고 했다. 눈앞의 복에 취해 그것이 천년만년 갈 줄 알고 멋대로 행동하다가 제 발로 파멸의 구렁텅이에 빠지기도 하고, 재앙을 만나면 세상에 저주를 퍼붓고 하늘을 원망해 기댈 여지를 스스로 없애는 우를 범하기도 한다. 일상에 좋기만 한 것은 없다는 철칙 같은 말이 있다. 나쁜 것을 좋게 돌리고, 좋은 것을 나쁘게 되지 않게 하려면 매사에 삼가고 두려워하는 자세를 잃지 않아야 한다는 것이다. 또 맹자는 "하늘이 장차 그에게 큰 사명을 내리려 할 때는 하고자 하는 일을 어긋나게 함으로써 그가 더 큰 일을 할 수 있도록 한다."라고 고난의 의미를 역설하기도 했다. 그러니 이제 내가 어쩌지 못하는 현실을 받아들여 차분한 마음으로 수술과 치료를 받고 더 의미 있는 일에 매진하며, 이 고난을 통해 건강을 되찾아 수신修身의 일환으로 삼자고 내 자신에게 다짐해

본다. 오늘 저녁 해는 왜 저리도 온통 서쪽 하늘을 더 붉게 물들이는지 모르겠다.

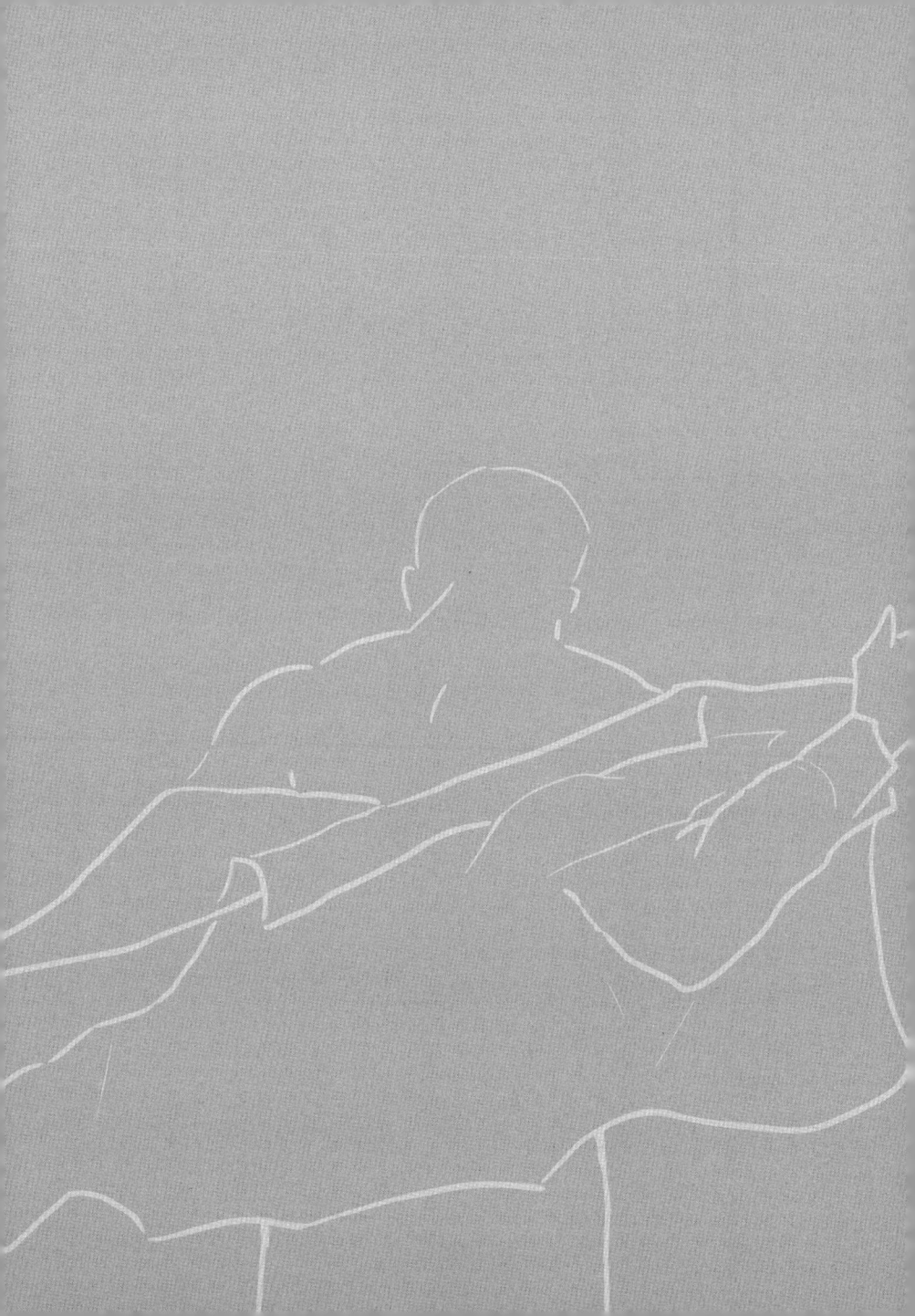

만추晩秋
남자가 옷을 벗을 때
산색은 이미 깊은 가을
가을 산에 올라보시라
다시 오르고 싶은 인왕산
볼 수 있다는 것, 그것만으로도 큰 행복
따뜻한 미소 짓는 사람들과의 대화 1.
대화 2.

제3부
남자가 옷을 벗을 때

만추晩秋

만추晩秋. 그 늦가을도 낙엽 수북이 덮인 산모롱이 돌아 짧은 꼬리를 감추고, 절기상으론 곧 대설大雪이 코앞이다. 절집에선 벌써 한참 전에 이미 동안거에 들어 새해 정월 대보름까지 바깥출입을 금한 채 수행정진 중이다. 나도 전에는 아는 절에 가서 하안거를 몇 번 했었고, 그 후론 집에서 칩거하며 개인 안거에 들기도 했었다. 그런데 만추가 되면 색색으로 곱게 물든 단풍과 떨어져 있는 낙엽 길을 걸으며 늦가을의 적막함과 아름다움을 함께 즐기지만, 또한 영화 마니아를 자처할 정도로 영화 관람을 좋아하는 나는 「만추」라는 영화를 떠올리곤 한다. 1966년에 이만희 감독이 제작한 영화로 한 여죄수와 떠돌이 위조지폐범 사이의 3일간의 덧없는 사랑을 그린 영화였다. 여주인공으로 열연한 문정숙이 부른, "겨울이 가고 따뜻한 해가 웃으며 떠오면…"으로 시작하는 주제가 「나는 가야지」와, 바바리코트 깃을 올리고 벤치에 앉아 누군가를 기다리는 우수에 찬 주인공의 모습은 몹시 인상적이어서 지금도 눈에 선하다. 또한 이 영화의 남자 주인공 최무룡이 부른 노래「꿈은 사라지고」도 큰 인기였다. 두 곡 다 나의 애창곡이기도 했다. 한 곡만 전재해 본다.

나는 가야지

겨울이 가고 따뜻한 해가 웃으며 떠오르면
꽃은 또 피고 아양 떠는데
웃음을 잊은 이 마음

비가 개이고 산들바람이 정답게 또 불면
새는 즐거이 짝을 찾는데
노래를 잃은 이 마음

아름다운 꿈만을 가슴 깊이 안고서
외로이 외로이 저 멀리 나는 가야지
사랑을 위해 사랑을 버린 쓰라린 이 마음
다시 못 오는 머나먼 길을 말없이 나는 가야지

― 손석우 작곡, 문정숙 노래

수려하고 짜임새 있는 영상미학 속에 담긴 남녀의 애틋한 사랑은 개봉 당시 관객들을 감동하게 했다. 그뿐만 아니라 이 영화는 제5회 청룡영화상 촬영상, 백상예술대상 작품상·감독상·남녀연기상·시나리오상을 받았으며 지금까지도 추억의 명화 중 대표작의 하나로 기록되고 있다. 그 후 다른 감독들이 두어 차례 리메이크하기도 했고, 최근엔 중국 유명 여배우 탕웨이가 주연으로 출연하여 다시 이목을 집중시키기도 했다. 이 영화를 연출한 우리나라 감독과 탕웨이가 결혼해 살고 있다.

영화의 줄거리를 요약하면 이렇다. 남편을 살해한 죄로 10년 형을 언도받은 혜림(문정숙)은 사흘간의 휴가를 받아 교도관과 함께 어머니 산소를 찾는다. 그날 포항 가는 기차 안에서 그녀는 누군가에게 쫓기는 듯한 청년(신성일)을 만난다. 교도관은 중간에서 돌아가고 혼자 남은 혜림에게 청년이 다가오지만 혜림은 냉정하게 대한다. 그러나 혜림의 슬픈 표정이 못내 마음에 걸린 청년은 포항까지 따라온다. 어머니 산소 앞에서 흐느껴 우는 혜림을 위로하는 동안 그들은 누가 먼저랄 것도 없이 상대방에게 사랑을 느낀다. 청년은 혜림에게 어디론가 도망치자고 말하지만, 혜림은 이를 거절한 채 교도관을 기다린다. 그리고 자신은 살인죄로 복역 중인 죄수라고 밀한나.

혜림과 청년, 교도관은 다시 기차에 오르고 잠시 기차가 멈춰 선 짧은 시간에 혜림과 청년은 격정적인 정사를 나누며 서로의 사랑을 확인

한다. 안타까운 이별의 순간이 다가오자 그들은 1년 후 창경원에서 다시 만나기로 약속한다. 그러나 청년은 경찰의 수배를 받고 있던 위조지폐범으로, 그사이 체포되어 감옥으로 끌려가고 혜림은 모범수로 가석방된다. 약속한 날, 혜림은 창경원 벤치에 앉아 청년이 오기를 기다린다. 혜림의 발밑엔 낙엽만이 쌓여간다.

남자가 옷을 벗을 때

며칠 전 신문을 보다가 '여성 관객 전용 선정성 논란 「미스터 쇼」 박칼린 감독 인터뷰'라는 기사에 눈길이 머물렀다.

"이 유쾌한 공연을 세상 말세 쇼라뇨? 룸살롱 다니는 남자들 눈엔 그렇겠죠."

굵고 진하게 인쇄된 헤드라인 기사를 따라 읽어 내려갔다.

"음란하지도, 그렇다고 철학적이지도 않습니다. 그냥 유쾌한 쇼일 뿐입니다. 제가 좋아하고 아꼈던 대한민국 남자들이 이렇게 산적 같은 반응을 해올 줄은 전혀 몰랐습니다."

그녀가 연출한 성인 여성 전용 공연 「미스터 쇼」가 선정성 논란에 휩싸인 것에 깊은 유감을 드러내며 한 말이다. 그러면서 그녀는 이렇게 덧붙였다.

"경찰이나 여성가족부에서 잡아갈지도 모른다고 생각했지, 공연도 안 본 남자들이 야하다느니 음란하다고 비난할 줄은 꿈에도 몰랐죠."

나는 불현듯 이 공연이 매우 보고 싶어졌다. 그녀가 연출한 작품이라면 볼 만하겠다는 믿음이 있어서다. 언젠가 모 텔레비전 방송에서 그녀가 지도한 합창 코너를 본 일이 있다. 구성원 면면을 볼 때 만족할 만한 하모니를 이룰 것이라고는 생각지 못했다. 각계각층의 사람들, 그것도 거의 성악을 전문으로 공부한 이들이 아닌 탤런트나 개그맨, 일반사람들이 대부분이었다. 그러나 결과는 대만족이었다. 나는 그때 그녀의 카리스마적이면서도 세심한 지도력에 감동했었다.

남자들이 못 볼 공연이라 금지한 게 아니라, 여자들이 남자들 눈치 보지 않고 자유로이 놀게 하려고 제한한 것뿐이라는 것이다. 그래도 문의가 잇따라 딱 하루만 남자들도 입장시킨다고 했다. 나는 주저 없이 티켓을 예매했다. 백수인 내게는 좀 무리다 싶었으나 기왕이면 가까이서 제대로 보고 싶어 VIP 자리로 끊었다.

공연장(합정동, 롯데카드아트센터)이 있는 합정역에 내리니, 봄날 저녁 해가 빌딩 너머로 기울어 가고 있었다. 막상 공연장이 있는 건물 가까이에 이르자 좀 부끄러운 생각에 얼굴이 붉어지는 느낌이었다. 선글라스를 끼고 모자를 푹 눌러 쓰려고 가방을 열었는데 모자가 없다. 깜빡한 것이다. 어디서 모자를 하나 사야지 하다가 내가 뭐 죄짓는 것도 아닌데 하는 생각에 그만두었다.

공연장에 도착하니 1시간이나 남아 있었다. 극장 로비 맨 구석 자리 소파에 앉아 입장 시간을 기다렸다. 그때 중년 여성 두 명이 내가 있는 자리로 다가왔다. 그들은 나를 힐끗 쳐다보더니 주저 없이 내 옆에 앉았다. 어색한 분위기를 없애려고 나는 용기를 내어 수첩을 꺼내 들고, 글을 쓰는 작가인데 문학취재를 나왔다며 스스로를 소개했다. 그러면서 어떻게 이 공연을 보러 오게 되었는지 물었다. 잠시 서로 눈치를 보며 머뭇거리더니 이내 입을 열었다.

"뭐 특별한 건 없고요. 공연을 본 친구가 볼 만하다고 권하기도 했고, 왠지 마음이 끌린 건 사실이에요. 남자들은 뭐 스트립쇼다 나체쇼다 하면서 다들 볼 기회가 많지만, 여자들은 다르잖아요. 그런데 이 공연 여자들만 보는 거 아닌가요?" 하고는 입을 가리며 웃었다. 오늘만 특별히 남성을 입장시킨다고 하자 고개를 끄덕였다.

관객들은 20대 초반부터 30~40대, 50대 후반까지로 보이는 여성들로 1, 2층의 400여 석을 꽉 채웠다. 사방을 둘러보니 장년층 남자들도 더러 눈에 띄었다. 다소 안심이 되었다.

내 좌석은 관람석 맨 앞줄이었다. 발을 쭈욱 뻗어보니 무대에 닿았다. 그러니 공연자들은 바로 내 눈앞에서 쇼를 벌일 것이다.

이제 곧 우리나라에선 최초로 오로지 성인 여성들만을 위한 19금인

'남자들은 가라! 여자들만 오라!'라는 특별한 무대가 시작된다. 박칼린 감독이 연출한 「미스터 쇼」이다. 이처럼 여성들로만 공연장이 만석인 금남의 공연은 '최초'라는 꼬리표를 달았다. 내 좌석을 찾아가며 휘둘러보니 20~30대의 젊은 여성들이 대부분이기는 해도 20대 초반부터 50대 후반까지로 연령층이 다양해 보였다.

쇼가 시작되었다. 휘장이 걷히면서 장내가 떠나갈 듯 함성이 울렸다.

"레이디스 앤 레이디스! 아차. 나의 실수! 다시 하겠습니다. 딱 오늘 공연 한 번만 남성 관객 여러분을 함께 모시는 공연인데, 제가 깜빡했습니다. 아엠 쏘리! 레이디스 앤 젠틀맨! 지금까지 경험하지 못한 판타스틱한 70분을 선물해 드리겠습니다."

나같이 나이 든 이들에겐 아주 귀엽게 보이는 소위 말발 좋은 개그맨이면서 뮤지컬 배우 김호영이 사회자로 등장했다. 어쩌다 TV프로에서 그 친구가 나오면 나와 아내는 손이 얼얼할 정도로 요란한 박수로 반기는 배우다.

나는 코로 들이켰던 숨을 입술 사이로 길게 내뱉었다. 탄탄한 근육질의 청년 여덟 명이 패션쇼 모델들처럼 무대 위로 걸어 나왔다. 남자, 그것도 '지공거사(지하철 공짜로 타는 남자)'인 내가 보아도 탄성이 절로 나왔다.

'여성들이여, 욕망을 깨워라! 핫하고 짜릿한 쇼가 온다.' 「Mr. SHOW Ladies Only」라는 공연이 시작된 것이다. 말 그대로 여성들만을 위한 뜨거운 무대다. 여성들, 그것도 젊은 여성들이 대부분인 관객들 속에 머리 허연 내가 앉아 있자니 여탕에 들어온 양 민망하기도 했다.

무대 위에 늘어선 여덟 명의 남자. 평균 키는 185cm가량 되어 보였다. 서구적인 이목구비의 잘생긴 청년들이 재킷을 벗고 넥타이를 풀고 셔츠까지 풀어 헤치자 드러나는 복근. 대리석으로 빚어놓은 조각 같았다. 남은 건 팬티 한 장뿐이다. 거기서 끝나는 게 아니었다. 맨몸의 청년들이 커다란 수건으로 주요 부위만을 가린 채 등장하는가 싶더니, 이내 유리문 안으로 들어가 팬티까지 벗어 던지는 실루엣을 연출하자 터지는 비명. 남자들이 옷을 벗을 때마다 여자들은 환호했다.

내 젊은 시절, 거래처 사람을 접대하러 밤무대 클럽에 간 일이 있었다. 빙글빙글 돌아가는 원탁 무대 위에서 팔등신의 미녀가 고혹적인 춤사위로 몸을 비틀며 춤을 추다가, 양파 껍질 벗기듯 한 겹씩 옷가지를 벗어 던질 때마다 숨죽이며 시선을 떼지 못했던 모습이 떠올랐다. 꼴깍, 입 안에 고인 침을 삼키는 소리가 왜 그리 크게 들리던지 신경 쓰며 보던 때가 생각났다.

칼바람 소리가 무대를 덮더니 겨울 외투에 모자를 눌러쓴 두 남자가 등장한다. 서로 노려보던 기 싸움이 결투하는 신으로 펼쳐진다. 한껏 남성미를 뽐내던 두 사람은 객석으로 달려가 관객의 호응과 탄성을 유도한다.

다시 무대로 올라와 윗옷을 벗어 던지며 탄력 넘치는 가슴에 새겨진 임금 왕 자의 복근을 내보인다. 그들은 서로 바지를 험하게 찢어 버리듯 벗겨낸다. 이윽고 삼각팬티만 남는다. 직격탄을 맞은 듯 여자들은 또 한 번 쓰러진다.

잠시 막간을 이용해 우리 내외가 좋아하는 개그맨 사회자 호영이가 등장하여 개그를 던진다.

"남자들끼리만 있으면 안 싸운다. 여자가 끼면 싸운다. 이때 여자가 말리면? 더 싸운다, 죽을 때까지! 그럼, 남자가 어떤 옷을 입을 때 가장 섹시해 보이나요? 맞추는 분에겐 상품이 있습니다."

질문이 끝나기가 무섭게 내 옆자리의 여성이 소리를 지른다.

"팬티!" 그러자 터지는 웃음. 상품 하나 받고 어린애처럼 폴짝폴짝 뛰며 좋아한다.

그 모습이 천박해 보이지 않았다. 이 공연은 본능이 이끄는 대로 마음껏 보고 웃고 즐기면 그만이다.

무대는 점점 무르익어 간다. 청바지와 하얀 티셔츠 차림의 단정한 모습으로 등장한 청년들 여덟 명이 뒤로 돌아서서 정렬한다. 바야흐로 '뒤

태 공연'이다.

"엉덩이가 예뻐요!" 한 여성이 소리 지르자 까르르 동시에 터지는 웃음. 청년들이 이에 보답이라도 하듯 엉덩이를 전후좌우로 돌리자 또 한번 웃음 폭탄이 터진다. 서서히 육체미 포즈와 율동으로 바뀌는 무대, 군무가 펼쳐진다. 여자 관객들 얼굴 바로 앞에 궁둥이를 들이대고 복근을 들이대며, 이번에는 키스라도 할 자세로 얼굴을 가까이 들이대니 어찌할 줄 모르는 여성들은 얼굴을 가린 채 상체를 흔들어 댄다. 이윽고 청년들이 무대로 올라가 두 손으로 입고 있던 흰 티셔츠를 벗어 던지자 그걸 받은 여성들은 로또 당첨이라도 된 듯 환호한다. 아주 오래전에 영국의 한 팝 가수가 내한하여 이화여대에서 공연할 때 여자 관객들이 팬티를 벗어 던졌다는 일화가 생각난다.

청년들은 다시 팬티 바람이 되더니, 천천히 팬티를 내릴 듯한 포즈를 취하자 거센 함성의 파도가 단숨에 공연장을 뒤덮는다. 공연자들이 뒤로 돌아서 일시에 팬티를 내려 순식간에 뒤태를 보인 후, 두 손으로 그곳을 가린 채 다시 정면으로 돌아서니 장내는 "꺅!" 하고 악쓰는 소리뿐. 그때 내 옆자리 여성을 비롯해 여기저기서 윗옷을 벗어 흔들며 목청을 높인다.

무대는 정점을 향해 치닫는다. 무대 중앙의 침대 위에는 넓은 끈으로 4각 링처럼 얼기설기 만들어 놓고, 그 안에서 팬티차림의 남성이 몸짓 언어로 무언극을 펼친다. 그러는 동안 좌우에 설치된 유리방에서는 다른 남성들이 각종 성희를 묘사하는 동작으로 억제된 욕망을 표출한다. 순간 두 손으로 심벌을 쥐듯 감싸며 성희를 묘사하더니 용암 분출하듯 활화산이 되어 폭발한다. 떠나갈 듯한 박수 소리와 괴성에 가까운 함성으로 장내가 야단법석이다.

기차를 탄 것도 아닌데 나는 나로부터 멀어지고 있는 느낌이었다. 끈적끈적한 열기와 텁텁한 공기, 갑자기 목이 말랐다.

남성들이 잇따라 입장하며 동그란 행운의 칩을 던지고 그것을 받은 관객에게 음료수를 배달하는 서비스를 한다. 음료수를 받은 관객은 다시 칩을 남성의 엉덩이에 달린 작은 주머니에 넣어 주는 이벤트가 펼쳐지니 장내는 또 폭소의 도가니로 변한다. 그때 미스터 한 사람이 나에게 음료수를 건네주며 씩 웃는다. 이건 예외다. 큰아버지 같은 흰머리의 내가 특이해 보였나 보다. 고맙다며 인사하고 음료수를 받아 든 나는 옆자리에서 죽어라 소리치며 열광한 여성에게 건넸다. 잠시 망설이더니 이내 고개를 까딱한 후 냉큼 받아 마신다.

그때였다. 미스터들이 여성 관객 중에서 세 사람을 무대 위로 불러 의자에 앉혔다. 그리고 그 여성 관객들 얼굴 바로 앞에서 갖가지 성희 포즈로 퍼포먼스를 펼친다. 여성의 손을 잡아 자기 가슴과 배를 쓰다듬게 하더니 복근을 만지게 하고, 나중에는 여성에게 사각 천 조각으로 자기

하체를 가리게 하고는 그 앞에서 팬티를 내릴 듯한 손동작을 해 보인다. 순간 장내는 다시 까악 소리로 진동한다. 무대에 올려진 여성 관객들은 얼굴이 벌게지며 어쩔 줄 몰라 한다. 좋은 걸까, 부끄러운 걸까? 공연자인 청년이 자기 몸을 더듬게 한 여성에게 혼자 왔느냐고 묻는다. 남자 친구와 같이 왔다고 하자 그를 불러낸다. 남자 친구에게 공연이 어떠했느냐고 묻자 아주 좋은 경험이었다며 결혼 전에 이런 공연을 함께 보고 싶어 왔다고 대담하게 말한다. 그들은 6월에 결혼한다는 예비부부였는데 요즘 젊은이들 표현대로 아주 쿨~한 커플이었다.

다음은 칼을 들고 나와 펼치는 검무 뮤직쇼다. 임금 왕 자가 뚜렷하게 각인된 군더더기 없는 완벽한 근육질의 몸매를 다시 보여준다. 긴 칼을 쓰며 절도 있는 동작에서 뿜어져 나오는 카리스마, 카타르시스를 느끼게 한다.

이어지는 교복 쇼에서는 여덟 명의 장동건 같은 미남들이 모자를 삐딱하게 쓰고 나와 화장실에서 몰래 담배 피우는 모습을 재현한다. 먼 옛날, 고교 시절 우리 모습을 떠올리게 하는 장면이다. 다시 단추를 하나씩 풀어 헤치고는 교복을 벗어 던지자 터지는 고함. 여성 성희 포즈를 여지 관객이 따라서 하도록 하는 퍼포먼스다. 생각보다 능숙하게 호흡이 잘 맞아 박수가 터진다. 다시 한번 요즘 젊은이들의 용기와 대담성을 엿보는 순간이다.

다음은 검은 베레모를 쓰고 군복 차림을 한 청년들 여덟 명이 펼치는 군무다. 내가 군대시절에 했던 제식훈련을 연상케 하는 아주 절도 있는 동작이다. 그러더니 청년들이 차례로 군복을 벗어 던지며 팬티와 군화 차림으로 물을 뿌려놓은 무대를 슬라이딩하자 환호성이 그칠 줄 모른다. 남자인 내가 보아도 멋져 보이는 엉덩이, 그리고 떡 벌어진 어깨와 근육질

의 팔뚝, 만져보고 싶은 충동을 느끼게 하는 가슴, 완벽한 몸매다. 그리고 그것은 내가 젊은 시절부터 많이 부러워하던 모습이다. 잠시 옛 생각에 잠긴다.

사실 나는 작은 키는 아니지만 그렇다고 훤칠한 몸매도 아니다. 그저 우리 나이대의 젊은 시절 대한민국 남자들 평균치에 근접할 뿐이다. 언젠가 직장 동료들과 사우나에 갔을 때 누가 그랬다.

"어, 김 형은 상체는 부실해도 하체는 탄탄하네!"

그렇다. 나는 하체에 비해 팔도 가늘고 상체가 빈약한 편이다. 6·25 전쟁 직후였던 초등학교 2학년 때였을까? 미군들이 허름한 시골 학교 교사校舍를 허물고 새로운 학교 건물을 지어주었다. 운동장도 넓혀주고 철봉과 평균대 등 운동시설과 그네와 시이소 등 놀이기구까지 설치해 주었다. 나는 친구들과 곧잘 평균대에 올라 두 팔로 중심을 잡고 두 다리를 합쳐서 앞뒤로 뻗는 운동도 하고, 철봉에 매달려 거꾸로 돌기도 하는 묘기(?)를 보이며 놀았다. 그러다 어느 날 그만 철봉 운동을 하다가 중심을 잃어 맨땅에 곤두박질치는 바람에 팔과 얼굴을 심하게 다치고 말았다. 그 후 철봉에 대한 트라우마가 생겨 그곳엔 얼씬도 하지 않았다. 대신 축구와 달리기에 빠져 놀았다. 얼마나 열심히 했던지 달리기 선수로 뽑혀 중학교 때까지 마라톤 선수로 뛰기도 했었다. 그리고 서울의 중학교로 진학하면서 경무대(현 청와대) 건너편 인왕산 아랫동네에 살면서부터는 산에 오르는 기회가 많아지다 보니 자연스레 등산 마니아가 되었다. 덕분에 튼실한 하체를 유지하게 되었다. 그러나 늘 지금 내 눈앞에 펼쳐지는 저 젊은이들의 몸매처럼 근육질의 우람한 체격이 부러웠다. 나이 든 지금도 어쩌면 그 부러움의 연장선에서 이곳까지 나 자신을 이끌고 온 긴 아닐까.

미스터들과 관객들이 모두 일어나 다 같이 요란한 박수 속에 다시 만날 것을 약속하자는 사회자의 멘트와 함께 무대의 막이 내려졌다.

앞서 인터뷰에서 스토리 없이 그저 벗기만 하니까 나중에는 지겹다는 지적에 박칼린은 이렇게 말했다.

"한국엔 낯설지만, '메일 리뷰(male review)'라는 장르가 있다. 남자들이 나와서 자기 몸을 뽐내는 공연이다. 노래해야 뮤지컬이듯, 메일 리뷰는 잘 벗어야 하는 공연이다. 수컷 공작새가 꼬리를 쫙 펴서 암컷을 유혹하듯."

남성들이 스트립쇼를 보면서 만지면 미끄러질 듯한 쇼걸의 보드라운 살결과 젖가슴과 둔부의 고혹적인 곡선에서 눈을 떼지 못하고 침을 꼴깍 삼키는 것이나, 근육질의 탄탄한 젊은 남성들의 맨살 모습에 자지러지게 탄성을 지르는 여성들, 다 똑같지 않은가. 자연스러움이며 본능이다.

왁자한 공연장을 빠져나와 전철역으로 천천히 발길을 옮기는데, 오래전에 읽었던 글귀가 생각났다. 맹난자 선생님의 아르헨티나 탱고 공연 관람기에 나오는 구절이다.

> 감각기관을 통해 일어나는 우리의 욕망과 열정적 감정들이 빚어내는 갈망, 그리고 심리적 추구가 일으켜 내는 프리즘의 굴절 작용 같은 에로티시즘에서 동물의 것과 다르게 구분되는 인간의 성性을

남자가 옷을 벗을 때

찾아볼 수 있지 않을까 싶다. (중략) 그러나 목숨이 있는 한, 성은 우리를 자유롭게 하지 않는다는 사실을 알게 되었다.

'여성들이여, 욕망을 깨워라.' 오늘 출연자들이 보여준 보디 행위는 관능과 파격의 도발이었다. 폭발하는 그들의 에너지. 그것은 일상에 지친 여성들의 감춰둔 욕망의 빗장을 건드리는 짜릿한 순간이었을 것이다. 몸이 실재實在다. 아직도 정신이 몸보다 우월하다고 할 것인가? 그런 물음을 머릿속에서 궁굴리며 느린 걸음으로 나는 그곳에서부터 멀어지고 있었다.

산색은 이미 깊은 가을

 불그스름히 석양에 물든 먼 서쪽 하늘 구름 색이 참 좋다. 요즘 괜스레 번다한 잡념으로 머리가 어지러웠다. 그럴 때마다 이 시간대에 산책했다. 오늘은 머리가 맑아서인지 이미 깊은 가을임을 알리는 산색이며, 추수가 시작된 산 아래 들판 풍경이 평화스러워 보인다. 그러나 노년의 세월이 그렇듯 얼마 안 있어 그사이 붉은색이었던 구름 색이 어느새 검은색으로 변해 길게 떠 있다. 곡예하듯 나무 사이를 날아다니며 지저귀던 새들도 둥지 찾아간 숲은 적막하다. 새삼 무상을 느낀다.

 산책길 양옆으로 이어진 배 밭의 노거수老巨樹들은 가지가 휘도록 매달고 있던 잘 익은 배들을 모두 과수원 주인들에게 풍요로움으로 안겨주었다. 하지만 올해 튼실한 배를 매달고 있었던 가지들이 내년에도 또 그러리란 법은 없다.

 고향에서 과수원을 경영하셨던 아버지는 2월 초쯤이면 사다리를 딛고 올라가 과일 나무 가지를 골라서 잘라 내셨다. 나는 가끔 심심하기라도 하면 으레 아버지를 따라나섰다. 고개를 들어 사다리를 이리저리 옮겨가며 가지치기하는 아버지를 올려다보곤 했었다. 그것을 전지剪枝라 하는데 너무 길게 뻗은 가지가 제일 먼저 잘려 나갔다. 또 가지들이 여럿이 함께 어울려 있어도 잘려 나가는 녀석들이 있었다. 나는 어린 마음에 가지들이 많으면 배나 사과도 많이 열려서 좋을 텐데, 머뭇거림도 없이 가지들을 잘라버리는 아버지가 야속하기까지 했다. 나중에 두 손으로 커다란 배 모양을 해 보이며 "이렇게 튼실한 배하고 사과를 열리게 하려면 가지치기를 잘 해줘야 하는 거란다."라며 투덜거리는 내게 웃는 얼굴로 말해주시던 아버지 모습이 눈앞에 선하다.

얼마쯤 걷다가 시야가 탁 트인 곳에서 걸음을 멈춰 섰다. 어제 콤바인이 논둑을 넘어 오가며 벼 베기를 하더니 황금빛 들녘 대부분이 검은색 흙빛으로 변했다. 그 너머 철길엔 오늘도 전철과 기차가 긴 몸통을 이끌고 오가고, 그 뒤쪽 멀리 역시 길게 산맥을 이룬 높고 낮은 산들도 짧은 가을이 아쉬운 듯 얼굴색 바꾸기에 바쁘다.

눈길을 거두어 발아래를 보니, 가늘고 짧은 녹색 가시로 제 몸을 감싸고 한여름을 보낸 후 진작 알밤을 떨어뜨리고 가시는 누렇게 퇴색한 채 몸속을 보이며 여기저기 나뒹구는 밤송이들을 밟고 있었다. 사람들이 주위 갔거나 다람쥐나 청서靑鼠 녀석들이 물어 갔는지 밤송이는 한여름 무더위를 녹색 가시로 무장하고 견뎌내며 풋밤이 진한 커피색으로 윤기 나고 탱글탱글 여물 때까지 묵묵히 제 소임을 다한 것이다. 바로 며칠 전에 나도 이 밤나무 아래에 떨어진 알밤을 줍기도 하고, 또 몸통 벌려 금방이라도 알밤을 떨어트릴 것 같은 밤송이를 긴 나뭇가지로 툭 쳐서 떨어트려 수월찮게 주워 왔다. 아내가 그 알밤을 넣고 약식을 만들어 주어 맛있게 먹었다. 한낱 밤송이도 비록 빈껍데기로 나뒹굴고 있지만 제 할 일을 다 하고 가는데, 나는 알밤이 들어간 약식이나 맛있게 먹고 앉아 있었으니 스스로 부끄럽다. 이렇게 나의 가을도 또 속절없이 다 가버리고 있다. 새삼 내 삶을 돌이켜 보게 된다. 산 빛만이 이미 깊은 가을에 다다른 것이 아니라 내 인생 또한 그렇지 않은가.

문득 조선시대 초기의 학자요, 천문·지리·복서卜筮 등 각 부문에 능통했던 서거정徐居正(1420~1488)의 시 한 수를 다시 읊어본다.

茅齋連竹逕모제연죽경 띳집은 대숲 길로 이어지고
秋日艶晴暉추일염청휘 가을의 맑은 햇살은 곱기도 하다.
果熟擎枝重과숙경지중 열매가 익어서 축 늘어진 가지
瓜寒着蔓稀과한착만희 참외도 열리지 않은 끝물의 덩굴.

遊蜂飛不定유봉비부정　벌들은 어지럽게 날아다니고
閒鴨睡相依한압수상의　한가로운 오리들은 서로 기대어 조네.
頗識身心靜파식신심정　몸과 마음이 고요해지는 것을 이제야 알겠으니
棲遲願不違서지원불위　유유자적하며 살자던 소원 어긋나지 않겠네.

— 서거정, 「秋日(가을날)」

  내 삶 또한 인생의 가을에 접어들어서일까, 이 같은 시가 마음 편안하게 느껴진다. 작열하는 태양처럼 사방으로 젊음을 발산하던 한여름을 거쳐 늦가을의 길목에서 겨울을 맞이하는 황혼에 접어든 나 같은 사람들은 이 시처럼 편안한 여생을 바라지 않을까. 적어도 이 시에서 느끼는 여유와 삶의 관조를 우리네 남은 인생에서 찾을 수만 있다면 그동안 살아온 날들이 그리 헛되지 않았음을 알 것이다.
  각종 문명의 이기 속에 살면서도 옛날이 생각날 때가 있다. 10년 전, 20년 전, 아니 40~50년 전이 그립기도 하다. 이런 시를 읽고 나면 더욱 그렇다. 어지럽고 분주하고 소란스러운 현세이고 보면, 잠시 일상에서 벗어나 이 시에서처럼 그런 곳에 가서 요즘 유행하는 한 달 살기, 아니 일주일만이라도 지내다 오고 싶은 마음이다. 단 일주일만이라도 사람들이 없는 곳, TV와 라디오, 인터넷, 신문, 뉴스, 자동차가 없는 곳에서 유유자적하다 오면 얼마나 좋을까. 내가 「트레킹노트 세상을 걷다」와 「세

계 테마기행」같은 TV 프로를 즐겨 보는 이유다.

산빛은 이미 깊은 가을이지만, 이 짧은 계절 또한 잠간이고 겨울이 성큼 다가오리라. 어림잡아 석 달씩의 사계이지만, 유독 겨울은 길게 느껴진다. 깊은 가을 산빛을 보며 온통 하얗게 눈을 덮고 있는 겨울 산을 떠올려 본다.

가을 산에 올라보시라

태풍 힌남노가 전국 곳곳에 아픈 상흔을 남기고 지나갔다. 그 소란함 속에서도 한가위 명절을 보내고, 생채기가 못내 미안했던지 힐끔힐끔 뒤돌아보며 9월도 그렇게 가버렸다. 그리고 '시월상달'이라 불리는 10월이 어김없이 찾아왔다. 감회가 새롭다. 산행을 즐겨하는 나에게 가을산은 그저 산행이 아닌 안식과 평안을 만끽하게 한다. 여름 내내 까맣게 태웠던 얼굴을 청량한 바람에 식히며 산을 오르노라면 지난여름 무더위와 좋고 나빴던 이런저런 일들도 단풍처럼 좋은 추억으로 물들어 버린다.

그러나 곱게 물들어 가는 단풍이 화려하지만 한편으론 스산함마저 느끼게 하는 가을 산은 새삼 시간의 흐름을 깨닫게 하며, 덧없는 세월에 안타까운 마음을 갖게도 한다. 하지만 그 망연함 속에서도 우리는 삶에 대한 새로운 애착을 갖게 되며 도전의 용기를 내게 된다. 산마루에 앉아 물 한 잔을 마시며 저만치 산 아래 정경을 내려다보고 있노라면, 새삼 자신의 존재가 지극히 왜소함을 느끼게 된다. 도로를 달리는 자동차들도 마치 장난감처럼 보이지 않는가. 어쩜 이 시간만이라도 겸손해지는 나를 의식하게 된다.

秋山樵路轉추산초로전	가을 산 오솔길을 굽이굽이 돌아
去去唯靑嵐거거유청람	가도 가도 푸르스름한 안개뿐
夕鳥空林下석조공림하	저녁 새, 빈 숲속으로 날아 내릴 제
紅葉落雨三홍엽낙우삼	붉은 단풍잎 두세 잎 떨어지나니

— 김숭겸金崇謙(조선 숙종대), 「추경秋景」

여기서 제아무리 붉게 물든 고운 단풍이라도 살짝 소슬바람 불면 속절없이 춤추듯 하늘거리며 떨어지고 말거늘…. 마지막 연에서 눈길을 뗄 수가 없다. 새삼 미미하기 짝이 없는 내 존재를 의식하며.

그런데 요즘 집 밖의 세상은 말이 많아 탈도 많다. 특히 사회 각 분야 중에서도 가장 선도적 입장에 있어야 할 정치계 사람들이 가장 후진성을 보여주고 있어 안타깝다. 말로는 백성들이 잘 살 수 있게 하는 '민생'을 외치면서 정작 행동은 차라리 없는 편이 나을 법한 '민폐'의 극치를 달리고 있으니 말이다. 서로 앞장서 다투듯 훌륭한 정책을 계발하여 국태민안國泰民安에 힘써도 모자랄 판에 여與는 집안싸움으로 날 새는 줄 모르고, 야野는 저들이 했던 일들은 잊은 채 낯 뜨거운 반대를 위한 반대로 정부의 발목을 잡기 일쑤로 국민들을 짜증나게 할 뿐이다. 그들은 쉽게, 또 함부로 말들을 한다. 그러곤 아무도 책임지는 이가 없다.

"강변하는 자는 잘못을 가려 꾸미느라고 허물을 고칠 수 있다는 사실을 모른다. 귀로 들었어도 눈으로 직접 보지 않은 것은 덩달아 말해서는 안 된다. 유언비어는 대중을 미혹시킬 수 있다(流言惑衆). 말을 많이 해서 이득을 얻음은 침묵하여 해가 없음만 못하다."

송나라 때 이방헌이 엮은 『성심잡언』에 나오는 말들이다.

사람의 정체된 기氣를 바로 잡아주는 좋은 장소가 바로 산이다. 욕심을 버리고 천천히 산행을 지속적으로 실시하시라. 참선하듯 걷는 것이 좋다. 산행을 하다 보면 마음이 맑아지고 무념상태가 된다. 곧 산행은 참선이고 무아의 경지에 진입하는 가장 효과적인 방법 중 하나다. 다변多辯이 늘 문제이다. 말이 말을 낳게 되는 이 어지러운 현세에 산행을 통해 묵언수행으로 성찰의 시간을 가져보시라. 하여 오늘 같은 날은 가을 산에 올라보시라.

다시 오르고 싶은 인왕산

나는 등산 마니아일 정도로 산을 좋아한다. 한국전쟁 때 개성 들머리인 장단長湍에서 피란 나와 지금의 고양시에서 초등학교 졸업 때까지 살았다. 일요일이면 동네 애들과 마을을 에워싸고 이어진 산으로 올라갔다. 이 능선 저 능선으로 이어 달리곤 해서 산은 곧 우리들의 놀이터였다. 산토끼라도 만나면 잡아보겠다고 뛰다가 넘어지고 뒹굴어도 마냥 재미있었다.

내가 가장 많이 오르내린 산은 서울 인왕산이다. 서울의 중학교로 진학하면서 아버지가 가산을 정리해 인왕산 아래 동네로 옮겨 와 살기 시작했다. 인왕산도 지리산 천왕봉처럼 일제 강점기에 왕王 자 변에 일日 자를 붙여 '인왕산仁旺山'이라 불려오다 1995년에서야 비로소 '일日' 자를 뺀 원이름 그대로 '仁王山'으로 되돌려 놓았다. 곳곳에 스며든 일제의 간악함을 엿볼 수 있다. 정상이라야 338m로 높지 않은 화강암으로 이루어진 암산巖山이지만 옛날엔 호랑이가 살았다고도 한다.

　인왕산엔 크고 작은 사암寺庵뿐만 아니라 무당들의 '굿당'도 많았다. "고소한 튀각 사려, 튀각이요!" 새벽이면 그곳에 튀각 팔러 다니는 아주머니의 탁한 음성이 단잠을 깨우기 일쑤였다. 나는 학교 갔다 오면 책 한 권 들고 인왕산으로 올라가 해가 질 무렵에나 내려오곤 했다. 지금처럼 무더운 여름날에는 저녁 식사가 끝나면 형들과 다시 인왕산으로 올라갔다. 8부 능선쯤 되는 곳에 집채 같은 큰 바위 두 개가 얼싸안듯 머리를 맞댄 모양으로 우뚝 서 있는데, 하늘을 향해 치솟았다고 해서 천향암天向巖이라 했다. 그 바위 밑에 사람 하나 들어앉을 만한 작은 웅덩이가 있었다. 오랜 세월 바위 사이에서 떨어지는 물이 만들어낸 것이다. 웃옷을 벗고 물 한 바가지 떠서 등목하면 얼마나 차가운지 한여름이지만 좁쌀알 같은 소름이 돋는 한기에 온몸이 오싹했다. 형들이 짓궂게도 뭐가 차갑냐며 계속 찬물을 뿌려대는 바람에 나는 바지를 적시며 도망치기도 했던 일이 어제만 같다. 등목을 마치고 바위에 걸터앉아 시원한 밤바람을 맞으며 내려다보는 서울 시내 야경은 장관이었다. 저 멀리 한강을 사이로 마주한 용산과 노량진 쪽은 깜박이는 전등불로 맞닿은 듯 그야말로 불야성을 이루고 있었다. 그 명멸하는 불빛만큼이나 내 꿈도 컸었는데⋯.

　천향암에서 서쪽 건너로 마주 보이는 너럭바위를 일명 '치마바위'라

했다. 어린 나이에 왕이 된 중종과 왕비에 오른 지 며칠 만에 조정 신하들의 암투에 희생양이 되어 졸지에 폐비로 전락한 단경왕후 신씨의 애끓는 생이별 일화가 서린 바위다. 친정으로 돌아간 폐비 신씨가 중종이 있는 경복궁에서 잘 보이도록 너럭바위에 자신이 입고 있던 치마를 널어놓아 서로의 마음을 나누려 한 슬픈 사연을 담고 있다.

인왕산을 배후로 태어난 인재들이 많다. 본래 인왕산은 경복궁의 서쪽에 있다고 해서 서산西山으로 부르다가 고려시대 인왕사라는 사찰에서 유래하여 조선 초기부터 인왕산이라 불리게 되었는데, 인왕산 자락(지금의 통인동 일대)에서 세종대왕이 태어났다. 세종의 셋째 아들 안평대군(1418~1453)은 수성동 계곡에 '비해당匪懈堂'이라는 별장을 짓고 살았으며, 안평대군을 비롯한 당대 문인들은 비해당 안팎에 펼쳐진 자연의 아름다움에 심취해 「비해당사십팔영시」를 남겼다. 또한 조선 후기 천재화가 겸재 정선(1676~1759)은 경치를 직접 보고 그린 진경산수화의 대가로 인왕산 인근(종로구 청운동)의 양반가에서 태어났다. 그의 대표작 「인왕제색도」는 국보 제216호로 지정된 걸작으로 지금의 효자동 방면에서 인왕산의 동쪽을 그린 작품이다. 그리고 경치가 수려한 인왕산 자락 옥류동에 살던 평민시인 천수경(1758~1818)은 '송석원松石園'이라는 집을 짓고 시사(시인들의 문학단체)를 열었다. 중인의 시사였지만 높은 문학 수준으로 조선시대 예술의 꽃이라 불리며 위항문학*의 전성기를 열었다. 천재시인 이상(1910~1937)과 구본웅(1906~1953)은 종로 토박이다. 이상은 사직동, 구본웅은 필운동, 두 사람 다 인왕산 자락에서 태어나 누상동 신명학교를 함께 졸업한 친구이다. '한국의 로트레크'로 불린 구본웅은 이상의 초상화를 그렸고, 이상은 구본웅을 위해 시를 썼다. 이 밖에 '황소화가'로 불리는 이중섭(1916~1956)은 가난 때문에 가족들과 떨어져 인왕산 근처에서 혼자 살며 개인전을 준비했다. 개인전만 성공하면 가족들과 함께 살 수 있다는 꿈으로 매일 아침 수성동 계곡에서 목욕하고 진종일 그림을 그렸다.

서울 종로구에서는 2009년 7월 윤동주 시인의 문학정신을 기리기 위해 인왕산 자락 청운공원을 '시인의 언덕'으로 명명하여 조성했다. 시인은 연희전문학교 재학시절 인왕산 기슭에서 하숙했는데, 이곳을 거닐며 대표작인 「서시」 등을 구상하였다고 한다. "나는 무엇인지 그리워 이 많은 별빛이 내린 언덕 위에 내 이름자를 써보고 흙으로 덮어버리었다."고 말했다던 시인 윤동주의 별 헤던 언덕이 이곳일지도 모르겠다는 상상을 해본다. '시인의 언덕'에서 자하문 쪽으로 조금 이동하면 윤동주 문학관이 있다. 청운아파트가 철거되면서 사용치 않던 수도가압장과 물탱크를 활용해 조성한 이 문학관은 시인 윤동주의 문학적 열정과 작품세계를 널리 알리기 위해 열린 공간으로 재탄생했다. 제2의 윤동주를 꿈꾸는 문학인들과 시민들이 즐겨 찾는 명소로 거듭나고 있으며, 2015년 국가보훈처 현충 시설로 지정되어 체계적인 보존과 관리가 이루어지고 있다. 문학평론가로 유명한 문학지 『창작산맥』 발행인 김우종 교수와 문학인들이 매년 봄이면 이곳에 와서 시인을 기리는 행사를 열고 있다.

이렇듯 그 업적을 일일이 열거할 수 없는 성군聖君 세종대왕을 비롯한 많은 예술인의 요람인 인왕산의 상징은 인仁의 동물 호랑이다. 호랑이는 재미 삼아 사냥하지 않고 배가 부르면 먹잇감이 코앞에 보여도 신경 쓰지 않는다. 수호랑이는 사냥하면 가장 어린 새끼와 암컷부터 챙겨 먹이고 자기는 맨 나중에 먹는다. 강하고 부드러운 호랑이는 인仁의 동물이다.

나는 중학교 1학년부터 결혼해서 분가할 때까지 인왕산 아래 동네에 살았으니 제2의 고향이나 다름없다. 그 서울을 벗어나 의정부에서 오랫동안 살다가 이제는 충남 천안으로 내려와 벌써 4년 차다. 그런데 주말이면 하던 산행을 이곳으로 내려와선 단 한 번도 하지 못했다. 그래서 인왕산 시절이 더 그립고 다시 오르고 싶은 마음이 간절하다. 내일이라도 배낭을 메고 서울행 전철이나 기차에 몸을 실어야겠다.

산

산을 건성으로 바라보고 있으면
산은 그저 산일 뿐이다.

그러나 마음을 활짝 열고
산을 진정으로 바라보면
우리 자신도 문득 산이 된다.

내가 정신없이 분주하게 살 때는
저만치서 산이 나를 보고 있지만

내 마음이 그윽하고 한가할 때는
내가 산을 바라본다.
— 법정 스님, 『영호남수필 7집』(박갑순 편집장), 2023. 7월호

*위항문학委巷文學: 사내부층士大夫層과 일반 평민 사이에 위지하는 향리鄕吏·아전·중인中人 출신의 시인. 현실에 불만을 품고 시주詩酒로 그들의 반항적인 기분을 나타냈는데, 이들의 문학을 위항문학이라 함. 16~17세기에 많이 나타났음.

볼 수 있는 것, 그것만으로도 큰 행복

　지난달 아내가 딸과 함께 서울 종로에 있는 안과에 다녀왔다. '건성 황반변성'이라는 진단이었다. 뚜렷한 치료 방법은 없다고 해서 매우 충격적이었다. 바로 인터넷 검색을 해본즉, 노화로 인해 색소 상피층에서 일어나는 시세포의 식識 작용이 원활히 일어나지 않아 망막에 '드루젠'이라는 갈색 침착물이 쌓여 망막과 맥락막의 위축이 발생해 시각 문제를 유발하는 질환으로 특별한 치료법은 없으며 병의 진행을 늦추는 데 힘써야 한다는 것이었다. 의학 전문용어라 무슨 말인지는 정확히 모르겠으나 '치료 방법은 없고 병의 진행을 늦추는 데 힘써야 한다.'는 말만 눈에 들어왔다. 정기적으로 안과 검사를 받고 있지만 말 그대로 더 악화되지 않게 할 뿐이다. 여러 해 전 심한 골다공증과 무릎관절염을 시작으로, 최근엔 허리디스크에 역류성 식도염증까지 아내는 그야말로 종합병동이 되어버렸다. 잘 보살피지 못한 자책감에 그저 유구무언일 뿐이다.

그러고 보니 우리 부부는 둘 다 장애인이 된 셈이다. 나는 몇 년 전에 청각장애 5등급을 받았다. 수필 강의를 하고 있으니 부랴부랴 보청기를 마련해 도움을 받고 있지만, '싼 게 비지떡'이란 옛말처럼 집안 누님들이 보청기를 사용하는데 '싸고 좋다'는 말만 믿고 간 것이 잘못이었다. 그곳에서 간단한 청력검사 후 구매해 사용 중이지만, 내게는 잘 안 맞는지 신통찮아 바꿔야겠다.

오늘 아침 신문을 보다가 유난히 내 눈길을 끄는 기사가 있었다. '여섯 식구의 애달픈 사연'이란 제목의 기사였다. 캐나다의 여섯 식구가 1년 예정으로 세계여행을 다니고 있다는 이야기이다. 부부와 5~12세의 네 남매가 지난해 3월부터 아프리카의 나미비아, 잠비아, 탄자니아를 시작으로 최근엔 몽골과 인도네시아를 거쳤다. 말을 타러 가고 싶다는 맏딸의 바람에 이어 낙타 등 위에서 주스를 마시고 싶다는 막내아들 소망까지 아이들의 버킷 리스트를 채워가는 중이다.

어찌 보면 한가로운 듯한 이 가족의 여행 가방에는 애절한 사연 꼬리표가 달려 있다. 네 남매 중 둘째 아들을 제외한 열두 살 큰딸과 일곱 살, 다섯 살인 셋째·넷째 아들이 희소 유전병으로 시각장애인이 될 운명에 처해 있다. 둘째만 이상 없다는 진단을 받았을 뿐 세 남매는 '망막색소변성'이라는 희소 질병으로 30대 이전에 시력을 잃게 될 것이라는 진단이었다. '눈'이라는 신체 부위 한 곳에 참으로 희한한 병명도 가지가지다.

금융업계에서 일하던 엄마와 아빠는 곧바로 휴직계를 냈다. 세 남매가 시각장애인이 되기 전에 그들의 기억을 가장 아름다운 모습들로 채워주기 위해서였다. 시각적 기억 저장고를 만들어 주라는 의사의 권고를 따르기로 했다.

망막색소변성이란 시각세포가 망가지면서 점차적인 시력 악화를 초래하는 희소병이다. 밤이 되면 잘 안 보이기 시작하다가 시간이 지나면서 급속히 나빠지는 병이란다. 외출은 물론 TV 시청 때도 안경을 써야 하는 아내의 증상과 비슷하여 나를 더욱 긴장시킨다.

이 가족들도 현재로선 치료법이 없다. 맏딸은 일곱 살 때인 2018년, 두 아들은 이듬해에 같은 질병 진단을 받았다고 한다. 여섯 식구의 세계 여행은 정해진 일정이 없다. 2020년 7월 러시아와 중국 횡단 여행으로 시작하려 했으나, 그마저 코로나19로 보류됐다. 그러다가 아이들이 '코끼리 다리 만지기'라는 소리를 듣지 않게 하려고 지난해 3월 아프리카로 향했다. 그 여정이 최근 인도네시아까지 이어졌다. 엄마, 아빠는 요즘 부쩍 호기심 많은 '질문 폭탄'이 된 다섯 살 막내의 많은 물음에 가슴이 미어진다. 피할 수 없는 인생 현실이라는 것까지는 설득했는데, 매번 말문이 막힌다.

"그래서, 시각장애인이 되면 어떻게 되는 건데? 자동차 운전은 할 수 있는 거지?"

애들 부모의 마음이 어떨까 하는 것은 굳이 말이 필요치 않을 것이다.

이 글을 쓰면서 안타깝기도 하고 궁금한 마음에 내게 수필 쓰기를 배워서 등단한 한 분에게 전화로 안부를 물었다. 여러 해 전에 지인이 친구라면서 데리고 온 여자 분이었다. 그날은 신입 수강생들을 대상으로 무료 공개 강의를 하던 날이었다. 모자를 쓰고 단정한 차림이었는데, 짙은 선글라스를 쓰고 있었다. 그런데 모두에게 인사를 하고 강의하는 내내 선글라스를 벗지 않고 있었다. 그럴 수도 있겠지 하고 나는 괘념치 않고 강의를 계속했다. 그런데 강의가 끝난 후, 차담을 나누는 시간에 그녀가 일어나서 모자를 벗고 머리 숙여 인사를 하더니 선글라스를 벗어 보이며 자초지종을 얘기했다. 몇 년 전에 갑자기 잘 보이지 않아 안과에 갔는데, '습성황반변성'이라는 진단을 받았다는 것이다. 그 후로 시력이 급격히 나빠져서 신문이나 책도 눈에 닿을 정도로 가까이 대야만 보인다고 했다. 그런데도 글을 써보겠다고 온 것만으로도 나는 감동했다. 그러고 보니 그녀의 오른손에 가벼운 흰 알루미늄 지팡이가 들려 있었다.

처음에는 너무 충격을 받아 극단적인 생각까지 하였으나, 남편이 다니던 직장을 그만두고 하루 내내 옆을 지키며 수발을 들어주는 성성에 감읍하여 생각을 바꿨다고 했다. 그녀는 열심히 출석했고 습작품도 내곤 했다. 나는 어떻게 하든지 성심껏 지도하여 꼭 등단해서 당당한 '수필

문학 작가'로 활동하도록 해주겠다고 다짐했다. 그녀에게 주는 공부 자료는 활자를 20포인트로 크게 출력하여 읽기에 조금이라도 쉽게 해주었다. 내 기대에 어긋남 없이 그녀는 열심히 공부하여 드디어 등단의 관문을 통과하였다.

　몇 년이 지난 지금, 하늘도 야속하게 그녀의 상태가 점점 나빠져서 모든 활자를 볼 수가 없게 되었다. 그래서 간간이 보내주던 책도 이제는 그러지 말아야 해서 마음이 매우 아프다. 오늘 나는 내 문하생인 그녀와 캐나다인 가족들을 위해 하느님, 부처님 그리고 모든 신들에게 가호를 내려주십사 매달리고 싶은 심정이다. 그리고 지금 나는 난청으로 불편한 점이 많지만, 그래도 볼 수 있는 것만으로도 큰 행복이란 생각으로 사람들이 "언제나 환한 미소가 선생님 트레이드마크예요."라고 하는 말대로 늘 밝게 살고자 한다.

따뜻한 미소 짓는 사람들과의 대화 1.

 '늦은 새벽 편의점에서 너와 같이 맥주 한 캔 마시며 이야기하고 싶다.' 내 마음은 이럴지 모르지만, 아마도 몇십 년 뒷걸음질 쳐간 그 나이쯤에나 타당한 말일 것이다.

 지금 창밖엔 엊그제부터 오락가락하며 때 아닌 장맛비처럼 비가 내려 거실 대형 유리창에 수많은 물방울을 수놓듯 남기고 있다. 언젠가 인사동 갤러리 전시회에서 본 물방울을 화폭에 담은 그림들을 떠오르게 한다.

 이렇게 비가 오는 날엔 누군가 그리워진다는데, 그 말이 맞는가 보다. 어제도 그랬으니까. 하늘이 어둑해지고 곧 비가 내릴 거라는 신호를 보내올 때, 그리고 머지않아 비가 내리면 나는 누군가에게 전화하고 싶고, 받고 싶기도 하다. 그때 거짓말처럼 내 전화기가 울렸다. 이럴 때 텔레파시가 통했다고 하는 걸까?

"오빠! 비가 많이 오는데 괜찮아요? 언니는 병원에 계세요, 퇴원했어요?"

작은 문학동아리에서 함께 활동하는 작가인 '여동생'의 안부 전화였다. 아장아장 걸음마 할 때 나쁜 병마가 데려간 친여동생이 환생한 것처럼 가끔 안부를 물으며 챙겨주는 참으로 고마운 누이다.

"아니, 이번 주말에 퇴원했다가 며칠 후에 다시 입원할 거야. 병원 규칙이 그렇다는데 좀 번거롭네. 누이는 괜찮지?"

"네, 전 잘 지내요. 오빠 파주에 간다고 안 했어요? 그 먼 델 뭘 가세요. 그냥 메일로 보내 달라고 하시지. 전철 갈아타며 오가자면 서너 시간은 족히 걸릴 건데, 오빠 힘들어 안 된당게."

곧 수필집 내려는 친구가 원고 교정 좀 봐달라 해서 가는데, 내가 힘들까 염려스러워서 하는 말이다.

"아냐, 괜찮당게로, 하하. 그 친구도 만나볼 겸 밥 먹고 차 마시며 얘기하다 오려고 일부러 가는 거야."

"알았어요, 조심히 다녀가세요. 건강하세요, 오빠! 또 연락드릴게요."

이렇게 짧은 전화 한 통화가 기분을 좋게 만든다.

우리는 살아가며 많은 사람과 만나고 헤어지기도 한다. 어떤 이는 차가워 보이는 첫인상에 다가가기조차 어려웠지만 의외의 귀엽고 명랑한

구석이 있어 한 번, 따뜻함을 가진 사람이라 또 한 번, 이렇게 눈길이 가고 마주치는 시간이 늘어가며 친근하게 이어져 좋은 인간관계가 성립된다. 그리고 상대가 궁금해지고 자기 생각에 대한 확신, 가벼워 보이지 않는 모습에 끌려 이 핑계 저 핑계로 연락하게 된다.

처음엔 단순한 호기심, 혹은 나이와 상관없이 좋은 친구, 나처럼 글 쓰는 사람이라면 문우文友가 되어 서로 글도 교환하며 읽고 난 후 각자의 생각들을 나누는 보람으로 이어지면 더욱 좋기 때문이다. 또 서로가 중요하게 여기는 가치관을 통해 같은 마음이라서 더 알고 싶은 사람이 되고, 그것을 위해 노력하며 살아가는 사람인 걸 알면 더욱 신뢰하게 된다. 또는 이야기를 진지하게 들어주는 모습에 상대방이 나를 알고 싶어 하면 좋겠다고 생각한다. 하지만 때로는 내 마음을 무작정 말해버리면 상대방이 어떻게 생각할지 모르기에 조심스럽기도 하다.

나는 좋은 의미로 한다고 해도 상대방의 생각이 중요하기에 무작정 들이대는 것도 예의가 아니기에 신중할 필요가 있다. '손바닥도 마주쳐야 소리가 난다.'라는 속담처럼 서로의 지향점이 같아야 한다. 그래서 말을 섞어보지 않고선 서로를 알 수가 없다. 처음엔 누구나 쉽게 다가설 수 없는 사람일 수 있다. 나처럼 턱이 없는 문지빙을 가진 사람이거나 서로가 나눠 마신 커피 잔이 쌓여갈수록 서로의 색이 비슷하다는 걸 알게 된다. 그러면서 울타리는 허물어지고 섞어진 말들이 서로를 감싸고 기댈 수 있는 두툼한 벽이 된다. 서로를 제일 잘 아는 사람이 되기까지 입술에서 떨어지는 무수한 말이 있었음을 느낀다.

어떤 경계를 넘지 않는 선에서 유지되는 관계, 흐릿하게 그어놓은 선을 지키며 안부를 묻고 이야기를 나누는 것이 좋다. 살아온 날에 비해 살아갈 날이 턱도 없이 짧은 이 나이에 무슨 다른 생각이 있을 수 있겠는가. 그저 좋은 사람이 되어 어떤 구분 짓지 않는 지금의 고요하고 평안한 마음이 좋다. '누이', '누님', '형님', '아우님'이란 호칭을 즐겨 부르는 이유가 여기에 있다. 하지만 이것도 꼭 그래야만 한다는 것은 아니다. 아무개님, 아무개 선생님이나 글을 쓰는 문인이라면 그저 아무개 문우님 하면 좋을 듯싶다. 남녀노소 구분 없이 문학을 얘기하고 때로는 일상의 안부를 물으며 지내는 사이면 족하다.

아침 산책길에 떠오르는 해를 보고 저녁 서재 창가에서 지는 해를 바라보며 서로를 생각하고 따뜻한 미소를 짓는 그런 사람들과의 대화가 더없이 좋다. 내가 요즘 푹 빠져 있는 '평론 수업' 시간을 어린 시절 소풍 가는 날 고대하듯 기다리는 이유가 여기 있다. 지긋한 나이에 여러 문우와 스승을 모시고 함께 수학할 수 있다는 것이 더없이 행복하다.

대화 2.

'대화對話'란 국어사전적 의미로 보면 '마주 대하여 이야기를 주고받음. 또는 그 이야기'로 되어 있다. 물론 상대가 있어야 하지만, 어떤 때는 혼잣말 할 때도 있다. 내가 어떤 실수나 일을 깜빡 잊고 하지 못했을 때 내 머리에 꿀밤을 먹이며 자신에게 하는 말이다. 이런 경우는 나에게 국한된 일이라 가볍게 넘어갈 수 있지만 다른 사람과의 관계에서라면 신중해야 한다.

나는 성격이 내성적이라 말없이 가만히 듣는 편이다. 하지만 사람 만나는 걸 좋아한다. 늙어갈수록 자주 만나는 친구가 많아야 좋다는 신문기사가 눈길을 끌기도 한다. 그러나 코로나 사태로 집에 갇힌 듯 보낸 나날들이 참으로 길고 힘들었다. 더구나 아내가 긴 병으로 부병 중이라 전처럼 자주 나갈 수도 없었다. 이것은 코로나가 주춤해진 지금도 마찬가지다.

나는 누구랑 이야기하는 것이 좋다. 그렇다고 내가 달변가는 아니다. 학창 시절 군내 초등학교 웅변대회, 그리고 군대 시절 대대大隊 웅변대회에 나갔던 일은 있지만. 그저 간간이 머리를 끄덕이며 상대방 이야기를 가만히 듣는 것을 좋아한다. 나와 전혀 다르게 사는 이라도 상관하지 않는다. 그가 진솔하게 하는 이야기를 듣는 것은 퍽 흥미가 있다. 그리고 내가 미처 몰랐던 일을 알게 되고 내 삶에 접목하면 좋겠단 생각을 할 때도 많으니까.

나는 지금까지 살아오면서 단 한 번도 말 잘하는, 즉 대화를 잘하는 방법을 깊이 생각해 본 일이 없다. 내가 대화에 능숙해서가 아니다. 인간은 대화를 통해 서로를 이해하고 파악한다는 것을 몰라서도 아니다. 어떤 대화는 달콤한 애정을 낳고, 또는 축축하게 슬픔에 젖게도 한다. 그런가 하면 거친 화를 불러오기도 한다. 때론 한마디 말이 사람의 생명을 해치기도 하니 대화가 두려울 때가 있다. 비단 남들과의 대화에서만 아니라 스스로와의 대화에서도 익숙하지 못한 것을 나는 잘 안다. 긴 병에 장사 없다는 말처럼 여러 해를 병마에 시달리는 아내를 보며 내 가슴이 더 아파 우울증에 허덕이며 알 수 없는 웅얼이로 불안감에 휩싸일 때도 그것이 내 자신에게 보내는 구조신호였음을 알지 못했다.

혼자여서, 혹은 혼자가 아님에도 외로운 날이 있다. 그때가 나 자신과 대화하는 날인지도 모르겠다. 다른 사람의 이야기는 잘 들어주면서 정작 내게는 이야기하거나 설혹 하더라도 귀 기울여 듣지 않는 일은 하지 말아야겠다. 불편하고 어색하겠지만 나 자신에게 간간이 말을 걸어 볼 일이다. 어떻게 지내고 있는지, 지금 괜찮은지. 사람들과 어울리며 잘 지내는 것도 중요하지만, 결국 나 자신과의 관계가 가장 중요하니까.

친구들 모임에 갈 때마다 기다려지는 친구가 있다. 서울 근교 소도시에서 사는데, 지역 토박이로 그 지역 유지로 불릴 만큼 영향력도 있는 친구다. 그는 유난히 목소리 톤이 높다. 그리고 투박스럽다. 간혹 육두문자도 약방의 감초처럼 섞일 때가 있다. 친구들이라 별로 개의치 않지만, 주변에 낯선 사람들이 앉아 있을 땐 마음 졸일 때도 있다. 그런데 그가 시치미 뚝 떼고 툭 던지는 말 한마디가 그렇게 유머러스할 수가 없다. 모두 배꼽을 잡고 파안대소한다.

대화는 꼭 만나서만 하는 것은 아니다. 핸드폰 너머로 들려오는 정 넘치는 목소리도 참 좋다. 마음이 답답할 때 문득 전화해서 이런저런 이야기를 나누는 것도 마음에 쌓인 먼지를 말끔히 씻어주는 청량제가 된다. 긴 병으로 고생하는 아내를 위해 내가 할 수 있는 일이라곤 매일 아침저녁으로 머리에서 시작해 발끝까지 맨손 지압을 해주는 것밖에는 아무것도 없어 안타까울 뿐이다. 내 친구들이나 문학농아리 문우들이 나의 이런 사정을 잘 알고 있기에 가끔 전화로 안부를 물어주곤 한다. 그때마다 얼마나 고마운지 모른다. 어떤 이는 짧게 또 어떤 이는 길게 이야기를 끝내고 나면 이내 정적이 뒤를 잇는다. 나는 그 정적마저 고맙다.

말수가 많은 것은 아니지만, 간혹 나는 한 얘기를 또 할 때가 있어 곤혹스럽기도 했다. 문학동아리에서 어떤 공통 주제로 돌아가며 소견 발표하는 과정에서 한참 이야기하다 보면, 문득 언젠가 내가 한 얘기인 듯해서 "아차, 이 말은 내가 언젠가 하지 않았나?"라고 물으니, "네, 대大오라버니, 전에도 그 말씀은 하셨어요. 하지만 뭐 한 번 더 하시면 어때요."

모임의 크고 작은 일들을 도맡아 하는 이가 일깨워주었다.

"진작 말해주지 않았어? 이러다 나 더 나이 들어가면서 했던 얘기 또 하고 그러면 어떡하지? 치매 걸릴까 두렵네."

내가 말하자 "아, 형님, 뭘 그러면 좀 어때요? 그럴 수도 있는 거지."

나이로 바로 내 아래인 동생이 하는 말이 그렇게 따뜻하고 고마울 수가 없었다. 우리는 많은 인원은 아니지만 서로 호형호제하거나 언니 동생 하는 정말 친형제자매처럼 지내는 사이다. 나이만 제일 많이 먹었지, 오히려 늘 형님 같은 동생, 누님 같은 누이들이어서 내가 배울 점이 많다.

앞으로도 나는 이처럼 좋은 형제자매들과 단순하고 깨끗한 맛의 맥주로 목을 축이며 수다와 토론과 예찬과 다짐, 그리고 축하를 나눌 것이다. 때로는 했던 얘기를 또 하기도 할 테고, 축하를 받고 술이 약한 나는 먼저 곯아떨어지기도 할 것이다. 그래도 우리들의 우애 넘치는 대화는 계속될 것이다.

오늘도 나는 행복하다
불자의 눈으로 본 가톨릭 성지순례기
　　　　가경자 최양업 토마스 신부를 찾아서
　　　　천안 성거산 가톨릭 성지
테마기행-김대원의 사찰 로드 투어
　　　　호두나무 시식지 천안 광덕사 그리고 시인 운초 김부용
　　　　1,000억이 그의 시 한 줄만 못해-서울 삼각산 길상사
남도 기행
　　　　전남 신안군 다도해 기행

제4부
가경자 최양업 토마스 신부를 찾아서

오늘도 나는 행복하다

요즘 나는 짬을 내서 서재로 쓰고 있는 책방을 정리하고 있다. 다 보고 중요한 것은 오려서 스크랩까지 해놓고도 책을 버리지 못하고 계속 쌓아놓는 바람에 책장은 물론 방바닥까지 책이 여기저기 널려 있다시피 해서 이만저만 어수선한 게 아니다. 내가 유난히 책 욕심이 많아서 다 읽고 자료활용도 한 것들이라 버려도 좋으련만 계속 쌓아두고 있다.

집사람은 물론, 매달 한 번 정도 아들이 며느리와 손자를 데리고 오면 가까이 사는 딸과 사위도 와서 밤늦도록 술잔을 부딪쳐 가며 이야기 나누느라 시끌벅적하니 사람 사는 맛이 난다. 이럴 때면 나는 책방 문을 꼭 닫아둔다. 혹시 손자 녀석이 보기라도 하면 내 체면이 말이 아니다 싶으시다. 그래서 이번 주엔 마음잡고 버릴 건 미련 없이 치워가며 애들이 오는 토요일 전에 정리 정돈해 놓으려고 한다.

그런데 앨범 꾸러미도 이사 온 지 수삼 년 되었건만 묶음 그대로다.

나는 잠시 앨범 속 사진들을 하나씩 살펴보며 그 옛날로 돌아간다. 내 눈길이 오래 머물며 새삼 촉촉이 젖어오는 눈가를 장갑 낀 손 그대로 훔치고 있었다. 사진과 함께 메모지가 있어 읽어보노라니 그렇게 되었다.

너를 보내며

늙은 학은 저 하늘 밖으로 날아갔으니
구름산은 첩첩하기 몇만 겹인가.
그대에게 줄 것은 별다른 것 없고
여기 오직 지팡이 한 자루 남아 있을 뿐.
옛 한 선사禪師가 길 떠나는 제자를 보내면서
소중히 간직했던 것을 내주고 있다.
지팡이 한 자루….
이 얼마나 소박하고 절실한 마음이 다 낡은 이 지팡이에 어려 있음이니,
더없이 애틋한 이별의 장면인가.

헌데, 내 소중하고 사랑하는 딸아!
이 애비는 한낱 낡은 지팡이조차 네게 줄 것이 없구나.
그저 아직도 아장아장 걷던 네 어린 시절 그때처럼

변함없는 '무한 사랑' 한 묶음 마음의 꽃다발을 건네노니,
부디 날마다 건강하고 행복하게 살아다오.
그러면 이 애비는 지금까지 네게 미안했던
무거운 짐 벗으리라.

긴 가뭄 끝에 내린 단비에 돋아난 새싹이 더 어여쁘듯
너희들 긴긴 기다림 끝에 만났으니, 이 아니 좋은가.
너는 서방 얻어 좋고, 나는 아들 하나 더 생겨 좋고,
아, 좋다, 참 좋구나!

    딸이 시집가던 날 주례 없이 양가 부모가 덕담하기로 해서 내가 신랑 신부에게 해준 말이다. 내가 사업 실패 하는 바람에 딸이 혼기를 넘겨 늘 그 애에게 미안한 마음이 컸었다. 늦었지만 든든한 신랑을 맞아 나로서는 참으로 좋은 날이었다. 내 핸드폰엔 '든든한 사위', '예쁜 며느리'로 표시되어 있다. 며느리에게 전화하거나 며느리가 안부 전화를 해오면, "오, 우리 예쁜 며느리?" 하면, "네, 예쁜 며느리입니다." 하고 맞장구를 친다. 행복은 어디 멀리 있거나 큰 일이 아니다. 이렇게 소박한 일로도 스스로 행복하다 느끼면 되는 것이다. 오늘도 '예쁜 며느리'의 안부 전화에 나는 종일토록 행복했다.

불자의 눈으로 본 가톨릭 성지순례기

가경자 최양업 토마스 신부를 찾아서

2022년 임인년壬寅年 호랑이해를 맞아 떠난 첫 성지순례지는 충북 제천이었다. 전처럼 사위와 딸이 와서 우리 부부를 차에 태워 제천으로 달려갔다. 제천에도 다른 지역과 마찬가지로 가볼 만한 곳이 한두 곳이 아니었지만, 나의 목표는 '배론 성지'였다. 가는 길에 가족들을 위해 제천시 청풍면의 청풍명월로 불리는 제천 4경 청풍문화재단지에 들렀다. 아름다운 청풍호를 바라보는 것은 참으로 기분 좋은 일이지만, 충주댐 건설로 제천시 관내 5개 면과 61개 리에 3,301가구가 수몰되는 아픈 일도 있었다. 특히 눈에 띄는 것이 보물 제528호인 제천 청풍 한벽루寒碧樓였다. 고려 충숙왕 4년(117)에 청풍현이 군으로 승격되자 이를 기념하여 세웠다고 하는데, 독특한 양식의 부속 목조건물이고 당시 연회장소로 사용되었던 것으로 추정된다. 특히 누각에 올라갈 때 계단 역할을 하는 '익랑翼廊(문의 좌우 쪽에 잇대어 지은 행랑)'이 있으며, 조선시대 3대

익랑누각 중 하나로 현존하는 건축물로서 유일한 양식이고 현판 글씨는 우암 송시열의 친필이다. 또 팔영루八詠樓에 연관하여 팔영시八詠詩가 있는데, 이는 고종 때 부사 민치상이 청풍명월 팔경을 시제로 한 시이며 이로 인하여 본래 남덕문覽德門이었던 것을 팔영루라 부르게 되었다고 한다.

淸湖眠鷺청호면로　맑은 호수에 백로가 졸고 있는 모습이 아름답고
尾島落鴈미도락안　섬 끝에 기러기 내리는 모습이 일경이라
巴江流水파강류수　유유히 흐르는 물에 파도가 장관이요
錦屛丹楓금병단풍　비단 병풍을 두른 듯한 금병산 단풍이 절경이라
北津暮煙북진모연　북진나루에 저녁연기 피어오르는 것이 일품이요
霧林鐘聲무림종성　안개 숲 속에서 들려오는 새벽종소리가 좋고
中野牧笛중야목적　들 가운데서 목동들의 피리 소리가 유명하고
飛鳳落照비봉낙조　비봉산 해떨어질 무렵 일몰이 장관이어라

―「팔영시八詠詩」전문

팸플릿에 적힌 시를 눈길에 담으며 방향을 바꿔 이제 오늘의 목적지인 배론 성지를 향해 달려갔다. 배론 성지는 남쪽의 청풍면을 벗어나 원주시 쪽으로 올라가 백운면에 있다. 1801년 신유박해 때 이를 피해 천주

교인들이 모여 형성한 오랜 교우촌으로 그들의 은둔 생활지였다. 교우들은 화전과 옹기를 구워 생활하며, 궁핍한 가운데서도 하느님을 섬기고 서로 사랑하며 살았다. 이 마을 계곡이 배 밑창을 닮았다 하여 배론舟論이라 한다. 우리나라 최초의 근대식 학교인 성 요셉 신학교가 소재했던 곳으로 한국 천주교 역사에서 중요한 의미를 지니는 곳이기도 하다. 이곳 배론의 세 가지 보물로 불리는 곳이 있는데, 황사영 백서 토굴(천주의 신하가 되어 살았던 순교자 황사영 알렉시오가 흰 비단 위에 편지를 쓰며 지내던 곳), 성 요셉 신학당(1855년 세워진 한국 최초의 서양식 신학교), 그리고 가경자 최양업 토마스 신부 묘(그리스도인들의 모범인 순교자 최양업 신부의 묘)이다.

나는 우선 안내 팸플릿 1번부터 16번까지의 그림과 설명글을 보며 순례를 시작했다. 성지 입구의 문화영성연구소와 성물판매소를 지나 화장실에서 손을 깨끗이 씻고 나왔다. 맨 먼저 '마음을 비우는 연못'에 이르러 연못 앞에서 마음을 차분하게 비우고 연못 건너편의 예수님 상을 바라보며 잠시 묵상했다. 두 번째 무명 순교자 묘의 설명 글 "순교자들이여, 저희를 위하여 빌어주소서."를 읽고, 나는 '순교자님들이시여, 영원한 안락을 누리소서.' 하고 마음으로 빌었다. 한옥으로 지어진 누각 성당인 성 요셉 성당 앞에 서서 다시 팸플릿을 폈다. '성체 앞에 앉아 그분의 사랑을 느끼고 그분의 말씀을 들어봅니다.'라고 적혀 있다. 성체는 예수님의 거룩한 몸이다. 성체는 성당 앞의 감실(빨간 등 아래에 있는 금속함)에 모셔져 있다. 교인들은 감실 앞에 앉아 그분께 말을 건네고 그분의 말씀을 들어본다. 네 번째의 진복 문과 다섯 번째 순교자 황사영 알렉시오 현양탑을 거쳐 옹기가마 굴 앞에 다다랐다. 옹기가마에 불을 지피며 향주심덕(믿음, 희망, 사랑)의 불을 키워간 신앙 선조들의 신앙의 불꽃을 상상해 보는 곳이다. 다음은 배론의 세 가지 보물 중 한 곳인 '황사영 백서 토굴'이다. 1801년 신유박해가 일어나자 황사영은 8개월 동안 배론 마을 옹기 굴을 가장한 토굴 속에 머물며 중국 북경 교구장 구베아 주교에게 편지를 썼다. 이 편지의 소재는 명주 천으로 크기는 가로 62cm, 세로 40cm이며, 세필로 쓴 글자 수는 122행, 13,384자였다. 이 편지는 첫째 인사말, 둘째 신유박해의 진행 과정, 셋째 순교자 열전, 넷째 교회 재건과 신앙 자유를 얻기 위한 5가지 방안, 다섯째 관면寬免 요청과 맺음말로 되어 있다. 백서가 중국으로 전달되는 과정에서 편지 심부름을 맡았던 황심 토마스가 그해 9월 29일 배론에서 체포되어 서울로 압송되었고, 백서 또한 압수되었다. 결국 황사영도 체포되어 1801년 11월 5일 서울 서소문 밖에서 대역부도의 죄로 능지처참되었고, 6일 어머니 이윤혜는 거제도로, 아내 정난주(정명련)는 제주도로, 두 살 된 아들 황경헌은 추자도로 귀양을 갔다. 현재 백서의 원본은 로마 교황청, 바티칸 민속박물관에 보관되어 있다.

다음으로 들른 곳은 성 요셉 신학당(1855~1866년)이다. 1855년 프랑스 선교사 메스트르 신부가 설립했는데, 이때 교우촌 회장 장주기 요셉(1803~1866)이 자신의 집을 신학당으로 기꺼이 봉헌하였다. 1856년부터 푸르티에 신부(Pourthie, 1856~1866)가 교장으로, 프티니콜라 신부(Petitnicolas, 1862~1866)가 교수로 재직하였다. 신학교육은 라틴어과와 신학과로 나뉘어 있었고, 신학과에서는 수사학, 철학, 신학을 가르쳤다. 또한 두 서양 신부는 신학생들을 교육시키면서도 교리서를 번역하고 '라틴어-한국어-한문' 사전을 만들었다. 1866년 3월 2일 서울에서 남종삼 요한을 체포하러 온 포졸들이 신학교를 급습하여 두 신부를 체포하였고 이들은 3월 11일 서울 새남터에서 순교하였다. 장주기 요셉은 충남 보령 갈매못에서 3월 30일에 순교하였으며 사람들이 그때 흰 무지개 다섯이 하늘을 뚫고 올라가는 것을 보았다고 전해진다. 성 요셉 신학당은 한국 교회 최초의 신학교임과 동시에 조선 최초의 근대식 교육기관이었다는 데에 그 의의가 있다.

신학당을 나와서 지난해 전북 전주의 '치명자산성지' 순례 때 걸었던 '십자가의 길'을 이곳에서도 걸었다. 예수님의 고난과 죽음을 14곳으로 나누어 예수님 조각상 앞에서 잠시 묵상의 시간을 가지며 걷는 길이다. 성직자 묘지도 전주 치명자산 성지처럼 조성되어 있는데 이곳에는 원주교구 초대 교구장이었던 지학순 다니엘 주교님과 교구 사제들이 잠들어 있다. 나는 잠시 두 손 모으고 목례했다. 성직자 묘지를 뒤로하고 길을 따라가니 드디어 우리나라에서 두 번째로 사제가 된 최양업崔良業 (1821~1861) 토마스 신부 묘지에 다다랐다. 최양업 신부는 1821년 3월 1일 충청도 홍주 지방 다래골에서 태어났다. 그의 아버지 최경환(프란치스코, 1805~1839) 성인과 어머니 이성례(마리아, 1801~1840) 복자 사이에서 여섯 형제 중 장남으로 태어났다. 새터로 불렸던 그곳에서 어린 시절을 보낸 그는 신앙 때문에 자주 이사해야 했던 부모님을 따라 여러 곳으로 옮겨 다녔고, 1836년 모방 신부가 신학생으로 선발한 뒤 김대건, 최방제 등과 함께 15세 때 중국 마카오로 유학 가서 그곳에 있는 외방 전교회 경리부와 요동, 몽고 땅 소팔가자 교우촌 등지에서 신학교육을 받았다.

    1844년 소정의 신학 공부를 마친 최양업과 김대건은 페레올 주교로부터 삭발례에서 부제품까지 받았지만, 교회법이 요구하는 만 24세가 되지 못해 사제품은 받지 못했다. 1846년 1월부터 네 차례나 입국을 시도하다가 실패하고 상해로 돌아와 1849년 4월 15일 드디어 사제품을 받았다. 서품 후 육로 입국을 시도하기 위해 요동으로 갔지만 요동교구 부주교인 베르뇌 신부의 뜻을 따라 사목활동을 하다가, 1849년 12월 혹독한 추위로 보초병의 감시가 소홀한 틈을 타 변문을 통과하여 꿈에도 그리던 고국 땅을 밟았다. 그러나 그의 앞에는 더욱 험난한 상황들이 기다리고 있었으니, 조선 팔도에 유일한 방인 사제로서 자신의 관할 구역을 사목하기 위해 해마다 5,000리가 넘는 먼 길을 순회해야 했다. 그는 귀국 후 11년 6개월 동안 산간 오지에 있는 교우들을 방문하며 목자의 삶을 살았다. 그가 사목하는 구역은 전라도, 경상도, 충청도 등 5도로서 6천여 명의 신자들과 127개의 공소가 있었다. 이렇듯 교우촌을 순회하려다가 피로와 궁핍은 물론 추위와 체포의 위험, 외교인의 습격 등으로 죽을 고비를 수없이 겪으면서도 굴하지 않던 그는 1861년 6월 15일 경상도 전교를 마치고 주교에게 사목활동을 보고하기 위해 서울로 올라오던 중 과로로 문경새재에서 선종하였고, 그해 11월경 교구장 베르뇌 주교에 의해 당시 신학교가 있었던 이곳에 묻히게 되었다. 교구장 베르뇌 주교는 추도사 중에서 이렇게 말했다. "굳건한 신심과 구원을 위한 불같은 열심, 그리고 무한히 귀중한 일로는 훌륭한 판단력으로 우리에게 그렇게도 귀중한 존재였습니다. 그는 12년 동안 거룩한 사제의 모든 본분을 지극히 정확하게 지킴으로써 사람들을 성공적으로 구원에 이끌기 위해 힘쓰기를 그치지 않았습니다." 그때 그는 40세의 아까운 나이에 생을 마친 것이었다. 다시 그의 묘소 앞에 서서 두 손을 모으고 머리 숙여 예를 올리고 내려왔다.

다시 성지 입구에 도착하여 순례를 마치는 로사리오 길로 접어들었다. 최양업 토마스 신부의 일생을 묵상하며 돌아가신 분들을 위해 기도 하고 더불어 내 자신의 삶과 죽음도 묵상하며 맨 위쪽 최양업 토마스 신부 조각공원, 그 아래 최양업 토마스 신부 기념성당을 차례로 참배했다. 기념성당은 배론의 지형을 본떠 배 모양으로 지어졌으며 구원의 방주를 상징한다. 성당 내부에 있는 제대, 감실, 성인들의 유해와 성 미술품 앞에서 기도하며 하느님의 현존을 느껴본다. 그 아래쪽의 성모자상을 바라보며 로사리오 길을 걸어 내려와 은총의 성모 마리아 기도학교 앞에서 오늘의 가톨릭 성지 순례를 마쳤다. 로사리오 길은 성모님(엄마) 품속 같은 길로 성모님과 함께 예수님의 삶을 묵상하는 묵주기도를 바치며 걷는 길이다.

    차에 올라 돌아오는데, "하느님의 풍부한 자비심에 희망을 가지고 지극히 좋으신 아버지의 섭리에 저를 온전히 맡깁니다."라는 최양업 신부의 세 번째 편지글 중 한 구절이 그의 육성으로 들리는 듯 귓가에 맴돌았다.

불자의 눈으로 본 가톨릭 성지순례기

천안 성거산 가톨릭 성지

　서울에서 의정부로, 이제 나이 들어 천안으로 이사한 후부터 가보고 싶던 성지였으나 교통편이 여의치 못해 이제야 와보게 되었다. 서울에서와 같이 천안에서도 내가 운영하는 '하전수필문학아카데미'의 수강생 김나혜, 황현미 두 분이 고맙게 자동차로 함께 답사하게 되었다.
　절기로는 가을이지만 아직 가시지 않은 여름 무더위 끝자락이 여전해서 산길 오르내리기가 좀 힘에 겨웠다.
　경기, 충북, 충남 삼도 접도 구역에 자리 잡은 성거산 성지는 한국의 성지 중에서 보기 드문 해발 579m로 차령산맥 줄기의 빼어난 경관을 자랑하고 있는 천혜의 성지다. 배티성지에서 백곡면으로 나와 34번 국도를 타고 한참을 달리다가 23번 국도로 바꿔 입장면과 성거읍에 이르면 579m의 성거산이 앞을 가로막는다. 성거산에는 모두 74기의 순교자 무덤이 있다. 동쪽 계곡의 소학골과 남쪽 기슭의 서덜골에 살던 교우들이 대부분이다.

　1801년 신유박해로 충청남도 내포 교회가 큰 타격을 받고 1811~1813년에도 연이어 박해가 일어나면서 내포 지역에 거주하던 신도들이 인근 충청도와 경기도, 멀리는 서울과 경상도 지역으로 이주하기 시작하였다. 이렇게 박해를 피해 이주하기 시작한 신자들이 7개의 교우촌을 주변에 형성했고 그중에서 대표적인 교우촌으로 형성된 곳이 바로 이 '소학골'이다. 그러나 1866년 병인박해부터 1871년 무렵까지 순교사가 계속되었고 7개 교우촌이 모두 발각되어 23명의 순교자들이 발생했다.

　박해기인 1851~1866년 10월까지 이곳을 순방한 사제들은 한국인 사제 최양업 신부, 그리고 프랑스 선교사 다블뤼 신부, 메스뜨르 신부, 프티니콜라 신부, 조안노 신부, 페롱 신부, 니콜라 칼래 신부 등이다. 특히 소악골 교우촌은 칼래 신부가 사목 중심지로 삼아 활동하기도 했던 곳이다. 아홉 명의 프랑스 선교사가 한꺼번에 처형당한 병인박해 때 칼래 신부와 페롱 신부는 용케 살아남아 중국으로 탈출했다. 칼래 신부는 문경시 마성면 성내리에 있는 한실 교우촌에 있었는데, 박해의 칼날이 가까워지자 하루 백 리씩 걸어 연풍, 괴산, 진천을 거쳐 배티 삼박골도 왔다. 여기서 보름 남짓 머물다가 성거산 소학골로 거처를 옮겼는데 뒤늦게 도착한 페롱 신부와 함께 생활하다가 1866년 10월경 내포 앞바다에서 배를 타고 중국으로 떠났다. 이들 신부가 소학골로 숨어든 것은 산자락과 골짜기로 이어지는 배티의 삼박골 교우촌과 항시 연줄이 닿아 있었기 때문이었다. 칼래 신부가 파리신학교 교장 신부에게 보낸 서한을 본다.

　소학골은 독수리 둥지처럼 높은 곳에 자리 잡고 있으며 호랑이가 득실거리고 숲이 우거진 산들로 둘러싸여 있기 때문에 찾아가기 어려운 곳입니다. 그러나 조용히 숨어 살기에는 아주 좋은 피신처입니다. 마치 들짐승처럼 사방에서 쫓기는 선교사가 평화로운 이곳에서 만은 맑은 공기를 마시면서 어느 누구에게 들킬 염려 없이 초가집에서 나와 눈앞에 펼쳐진 자연의 아름다움을 만끽할 수도 있고 별들이 반짝이는 하늘을 감상할 수도 있습니다.

　이렇듯 평화로운 산골 마을에도 어김없이 박해의 회오리바람이 몰아쳤다. 두 신부가 탈출한 지 얼마 지나지 않은 때였다. 포졸들이 달려온다는 소식을 듣고 신자들은 뿔뿔이 흩어졌으나 최천여·종여 형제와 칼래 신부의 복사 배문호, 그리고 고의진, 최천여의 며느리 등은 마을을 떠나지 않아 체포되었고 공주로 압송되어 교수형을 받았다.
　시신은 훗날 신자들이 거두어 소학골에 안장했으나 배문호 외에는 무덤을 찾지 못했다고 한다. 후손들 대부분이 타지를 떠돌다가 돌아왔기에 어느 무덤인지 알 수 없었다.

현재 제1줄 무덤에는 병인박해 때 소악골에서 체포되어 충청감영에서 순교한 배문호 베드로와 최천여 베드로, 최종여 라자로, 고의진 요셉, 채씨 며느리, 이 5명의 유명 순교자 등 채씨 며느리를 제외한 4명의 순교자가 묻혀 있다. 그리고 성지 줄무덤 이장에 참여했던 분들과 순교자 후손들의 증언에 의하면 제1·2줄 무덤에 병인박해 때 순교한 200여 분의 무명 순교자들과 믿음의 조상들이 묻혀 있다고 한다.

오늘따라 서쪽 하늘을 붉게 물들이며 지는 해를 바라보며 순교자의 생애가 내 일처럼 아린 가슴을 안고 산길을 내려왔다.

테마기행 - 김대원의 사찰 로드 투어

호두나무 시식지 천안 광덕사, 그리고 시인 운초 김부용

한창 무더위가 기승을 부리는 오후였다. 간밤부터 내리던 비가 멈추자 광덕사廣德寺 취재를 위해 집을 나섰다. 천안으로 이사 와 바로 가보려던 절이었는데, 만 2년이 다 되어서야 발걸음 했다. 천안 시외버스터미널 앞에서 버스를 타고 생각 외로 한참을 달려서 절 입구에 도착했다. 절까지 오르는 길은 의외로 멀지 않았으며, 길 아래로 계곡물에 발을 담그고 더위를 식히는 이들이 간간이 보였다. 일주문 앞쪽 현판엔 '泰華山 廣德寺태화산광덕사'. 뒷면엔 '湖西第一禪院호서제일선원'이라 적혀 있는 걸 보니 예전엔 광덕산을 태화산이라 불렀었나 보다.

광덕사는 우리나라에 처음으로 호두나무를 심어 키운 곳으로 널리 알려진 절이다. 오가면서 보니 마을마다, 그리고 도로 가로수까지 온통 호두나무들이어서 천안이 호두과자로 유명한 이유를 말해준다. 언제인지 기억이 나지 않을 만큼 오래전에 불교 산악회 회원들과 갔었고, 2011

년 745군데 전국 전통 사찰 기행 때 다녀간 후, 오늘 세 번째로 다시 찾아간 것이다. 그때 쓴 전통 사찰 기행기 책을 열어보니, 글과 함께 게재된 사진 하단에 적혀 있는 날짜가 2011년 7월 22일이었다. 바로 오늘이 2022년 7월 22일이니 우연의 일치이지만 참으로 신기했다. 11년 만이니 감회가 새로웠다.

광덕사는 대한불교 조계종 제6교구 본사 마곡사의 말사로 광덕산 중턱에 자리 잡고 있다. 사찰 사적기寺蹟記에 의하면 자장율사慈裝律師가 창건하고 진산화상珍山和尙이 중창 불사를 하였다고 전한다. 화엄華嚴의 묘의妙意를 통달했던 자장율사는 신라 선덕여왕(643) 때 스님으로 당나라에서 7년간 불경을 공부하고 돌아와 우리나라 여러 곳에 절을 지어 불교계의 일대 부흥을 일으켰던 인물이다.

당시 광덕사는 자장율사가 당나라에서 가져온 진신사리 10과, 법의, 화엄경, 불치(석가 사리), 은중경恩重經 등을 봉안, 창건하였다. 그 후 흥덕왕 7년(832)에 진산 화상에 의해 대가람으로 계승되었는데, 당시 광덕사의 규모는 많은 전각殿閣과 89개의 암자가 있는 충청, 경기 일대에서 가장 큰 사찰이었다고 한다. 그 후 고려 충혜왕 5년(1334)에 삼중창 했다고 전해진다. 고려 충렬왕 16년(1290) 9월에 당시 외교적 수완이 뛰어나 왕의 총애를 받았던 영밀공 류청신柳淸臣 선생이 중국 원나라에 갔다가 임금의 수레를 모시고 돌아올 때 어린 호두나무와 열매를 가져와 나무는 광덕사 안에 심고, 열매는 그의 집 뜰 앞에 심었다고 전해진다. 현재 절에는 호두나무 거목이 있는 곳에 '유청신선생호두시식지柳淸臣先生胡桃始植地'란 표지석이 세워져 있으며, 700여 년 된 호두나무는 고사했고, 현재 400여 년 된 나무는 천연기념물 제398호로 지정되어 있다. 높이는 18.2m이며, 지상 60cm의 높이에서 두 개의 줄기로 갈라져 가슴둘레가 각각 2.62m, 2.50m이다. 고목 줄기를 따라 낀 파란 이끼가 세월의 풍상을 말해주고 있다. 그 옆으로는 보호수로 지정된 느티나무 거목과 감나무 고목도 정답게 이웃해 있다.

현재의 광덕사는 현 주지 지공 철웅 스님이 마곡사에서 수행 중이던 시절 1972년도에 광덕사에 와 보니 폐사 상태로 방치된 것을 목격하고 뜻을 세워 자청해 이곳으로 왔다고 한다. 1976년도부터 4년간 대대적인 복원 불사를 시행한 후, 갑사 등 타 사찰에 계시다가 25년 만인 2010년 8월에 다시 부임해 왔다고 한다. 절 앞으로 개울물이 흐르고 뒤로는 산자락이 안온하게 감싸 안은 배산임수背山臨水의 지형이 눈길을 사로잡는가 하면, 광덕사는 법당 앞마당에 잔디가 깔린 드문 절집이다. 짙푸른 잔디와 백일홍 등 주변의 꽃들이 어우러져 아름다운 풍경을 연출하고 있다. 특히 광덕사는 강원도 철원 심원사, 전북 고창 선운사와 더불어 우리나라 3대 천년 지장 도량으로 유명하다. 1872년(고종 9년)에 중건했던 것을 1983년에 해체하고 전의 모습대로 재현한 대웅전과 다른 전각들을 참배하고 경내를 돌아 나와 광덕사 들머리에 있는 극락전極樂殿을 본전으로 한 고즈넉한 암자 안양암安養菴을 참배했다. 이곳에도 배롱나무(백일홍)의 붉은 꽃이 한창 흐드러지게 피어 있었다.

다시 광덕사 옆으로 산길을 오르면 여류시인 운초 김부용의 묘가 있다. 내가 시인으로도 활동하고 있어서일까, 올 때마다 꼭 들러보던 곳이다. 이름은 부용芙蓉, 호는 운초雲楚이다. 별호別號로 추수秋水, 추랑秋娘으로도 불렀다. 그녀는 1812년 평안남도 성천에서 무남독녀로 태어났다. 4세 때 벌써 글을 배우고 10세에 사서삼경을 통달했다고 한다. 그해에 아버지를, 다음 해 어머니마저 여읜 후 한 퇴기의 수양딸이 되어 12세에 기적妓籍에 올랐다. 그리고 15세에는 시문詩文과 노래, 춤에 능통했으며, 다음 해 성천 백일장에서 장원을 했다. 그러다가 드디어 개성의 황진이, 부안의 매창과 함께 조선시대 3대 시기詩妓로, 허난설헌, 신사임당과 함께 3대 여류시인으로 꼽혔다.

한 가지 눈에 띄는 것은 퇴계退溪 이황李滉과 당시 시와 서예, 그리고 가야금에 능했던 18세의 관기 두향杜香의 사이처럼 운초 김부용과 김이양의 나이를 초월한 사랑이다. 안동 김씨 김이양(1755~1845)은 천안 광덕 출신으로 눌째 아들이 순조의 딸 명온 공주와 혼인해 동녕위에 봉해졌다. 김이양은 나이 마흔에 생원으로 급제한 뒤 함경도 관찰사(1812)가 되어 고장 주민들의 민생고 해결에 주력했다. 그 후 예조판서,

이조판서에 이어 호조판서가 되어 세제 및 군제의 개혁, 화폐제도의 개선을 주창했다. 이에 머물지 않고 홍문관 대제학, 판의금부사를 거쳐 좌참찬에 올랐다. 만 90세(1844)가 되어 궤장几杖*이 하사되었고 다음 해 세상을 떠났다.

운초 김부용이 이러한 김이양을 만난 나이가 19세였다고 전해진다. 김이양이 평양감사로 부임하자 성천부사는 그를 환영하는 자리에 운초를 데리고 갔다. 각기 시문에 뛰어나 잘 어울릴 것이라 여겼다. 운초 역시 이미 김이양의 시문에 빠져 존경하고 있던 차였다. 성천부사가 김이양에게 운초를 거둬줄 것을 권하자 김이양은 자신의 나이를 들어 거절했다. 그런데 운초 부용은 "뜻이 같고 마음이 통한다면 연세가 무슨 상관입니까? 삼십 객 노인도 있고 팔십 객 청춘도 있습니다."라며 『성수패설醒睡稗說』에 나오는 「노랑유부老郎幼婦」를 읊었다.

二八佳人八九郎이팔가인팔구랑　열여섯 아리따운 신부에 일흔둘 신랑
蕭蕭白髮對紅粧소소백발대홍장　호호백발과 붉은 단장 마주하네
忽然一夜春風起홀연일야춘풍기　홀연히 한밤에 봄바람 일어나더니
吹送梨花壓海棠취송이화압해당　하얀 배꽃 날아와 붉은 해당화를 누르네

이에 김이양이 "나는 팔구랑八九郎보다 다섯 살이나 많다."라고 하니

운초가 "소첩도 이팔가인二八佳人보다 세 살이 많사옵니다. 붉은 꽃이나 하얀 꽃이나 봄을 맞아 새롭게 피는 꽃은 다 같은 꽃이옵니다."라고 하며 원앙금침에 들었다고 한다. 그 후 김이양이 운초를 기적에서 빼내어 양인의 신분으로 만들었다. 서울로 돌아간 김이양은 운초를 소실로 맞이한 후 남산 아래 '녹천당綠泉堂'을 지어 운초와 시문을 지으며 살았다.

광덕사를 바라보고 오른쪽 산길 초입에 운초의 묘가 800m로 표시가 되어 있는데, 은근히 가파른 길이어서인지 꽤나 멀게 느껴졌다. 거기다 여름이라지만 오후 5시가 넘은 시각이라 햇빛이 차단된 숲길이 어두움마저 느끼게 했다. 온몸이 땀범벅이 되어서야 묘소에 다다랐다. 크지도 작지도 않은 무덤을 호위하듯 빙 둘러선 노송들이 호젓함을 덜어주는 느낌이었다.

1844년 2월, 김이양은 회방回榜(과거급제 후 60년이 된 해)에 고향인 천안 광덕사 경내에 있는 자신의 장원莊園에 조상들의 성묘를 위해 부용을 동반하고 순행했다. 그 이듬해 두 사람이 깊은 인연을 맺은 후 15년 만인 1845년 김이양은 92세로 사망했는데, 부용의 나이 33세였다.

十五年來今日流십오년래금일류   십오 년 정든 님 오늘도 눈물짓네,
    峨洋一斷復誰栽아양일단부수재   끊어진 우리 인연 누가 다시 이어줄꼬.

김이양 사후에 부용은 자신의 방에 제단을 모시고 밤낮 가리지 않고 고인의 명복을 빌며 위와 같이 애통한 심정을 시로 읊었다. 일체의 외부 교류를 끊고 이렇게 16년을 더 살고 그녀도 녹천당에서 눈을 감았다. 임종에 임해 "내가 죽거든 대감님이 계신 천안 태화산 기슭에 묻어 달라."고 유언을 남겼다. 49년의 짧은 생애 동안 그녀는 『운초시집』과 『오강루五江樓』등의 문집에 한시 350여 수를 남겼다.

무덤은 조촐하지만 지금도 시인 묵객들의 발길이 이어진다고 하니, 사랑이 많은 이는 죽어서도 그 사랑이 끊이지 않는 것일까. 솔바람 소리 청아한 솔숲, 그녀의 무덤을 휘감는 솔내음이 향긋했다.

*궤장几杖:국가에 공이 있는 대신이나 중신重臣이 늙어서 벼슬을 그만둘 때 임금이 하사하던 물건인 궤几와 지팡이.

테마기행- 김대원의 사찰 로드 투어

1,000억 원이 그 사람 시 한 줄만도 못해
- 서울 삼각산 길상사

어느 날 자주 들르는 종로서점에 갔다. 백석白石 시집 『사슴』이 눈에 들어왔다. 1936년 100부 한정판으로 펴냈던 초판본을 오리지널 디자인으로 요즘 다시 펴낸 시집이다.

당시 조선을 방랑하며 평안도 사투리 그대로 쓴 것이던 백석의 시에는 정답고 그리운 그의 고향 평안도의 모습이 담겨 있다. 또한 남북이 분단되어 멀어지고 사라진다. 시인 윤동주가 필사하고 당대의 시인들이 가장 소장하고 싶어 했던 시집. 조선과 만주를 떠돌며 작품을 발표했고 잊힌 우리의 전통과 문화가 그때 그 시절과 같이 생생한 언어로 고스란히 남아 있다.

시집 발행의 안내문을 읽고 나는 주저하지 않고 책을 집어 들고 계산

대로 향했다. 그리고 『여행문화』의 이번 사찰 기행 연재는 백석의 사랑 이야기가 얽힌 서울 삼각산 길상사吉祥寺로 정했다.

서울 성북동. 전에도 그랬지만 지금도 그곳은 부촌으로 알려진 동네다. 집이라고 하기보다는 저택이라는 말이 제격이다. 하나같이 높은 담장의 집들이 대부분이어서 위압감마저 들기도 한다. 그 동네에 지금은 누구나 자유롭게 드나들 수 있는 쉼터이자 기도 도량인 길상사라는 절이 있다. 길상사 하면 우선 떠오르는 이가 법정法頂 스님이고, 그 절을 시주한 김영한(법명:길상화) 보살일 것이다.

이러한 사연은 1987년 공덕주 김영한 보살이 법정 스님께 요정이었던 대원각을 청정한 불도량佛道場으로 만들어 주기를 청해서 시작되었다. 1995년 법정 스님은 그 뜻을 받아들여 대한불교 조계종 송광사 말사 대법사로 등록하였으며, 2년 후인 1997년 2월에 '맑고 향기로운 근본 도량 길상사'로 변경하여 오늘에 이르고 있다.

내가 창립회장이 되어 만든 동기동창 불자회 법우들과 한동안 이곳 길상사에서 정기법회를 열었었다. 서울 번화한 도심에서 그리 멀지 않은 성북동에는 오래되지도 않은, 그렇다고 스님이 직접 뜻을 갖고 창건한 것도 아닌 절집 같지 않은 절집이 하나 있다. 짧은 역사와 더불어 더없이 애틋한 창건의 사연을 담고 있는 이 절집의 이름은 길상사다.

지하철 한성대역에서 내려 산책하는 마음으로 천천히 길을 걷는다.

길상사의 일주문. 예의 절집들 같지 않게 솟을대문 형태를 한 길상사의 대문이 그래서인지 낯설기는 해도 오히려 반갑기만 하다.

길상사는 1995년 탄생한 젊은 사찰이다. 하지만 건물들까지 그때 만들어진 것은 아니다. 기존에 있던 것을 절집으로 바꾼 것인데 이 예사롭지 않았을 건물들은 무슨 용도였을까? 놀랍게도 삼청각, 청운각과 함께 국내 3대 요정으로 꼽혔던 대원각이었다는 점이 시사하는 바가 크다. 대원각을 운영하던 김영한 여사가 법정 스님의 '무소유' 철학에 감명받아 1,000억 원이 훨씬 넘는 재산을 선뜻 불교에 내놓은 것이다. 요정이 길상사라는 이름의 절로 바뀌던 날, 요정 주인 김영한도 길상화 보살로 새롭게 태어났다. 그녀의 바람대로 본당인 극락전에도 석가모니 부처님 대신 아미타불을 모셨다. 극락세계를 관장한다는 아미타 부처님. 그녀는 길상사가 시민들 누구나 와서 걱정을 내려놓고 쉬어가는 절이 되기를 바랐다고 한다. 그곳이 극락 아니겠는가?

그러나 무엇보다 김영한 여사의 애틋한 사연은 젊은 시절 근대 시인 백석과의 사랑 이야기 때문에 더욱 깊고 아련해진다. 천재 시인이라 불렸던 백석의 시집은 우리 시대 시인들에게 가장 지대한 영향을 끼친 시집으로 꼽히기도 했다. 하지만 광복 뒤에 이어진 분단으로 북한에서 활동하고 생을 마감한 월북 작가로 분류되어 한때 우리에게는 금서의 시집이기도 했다. 몇 년간 열애를 나누었던 두 사람, 당시 만주로 함께 떠나자는 백석의 제안을 거절한 김영한은 결국 살아생전 다시는 그를 만나볼 수 없었다. 그리고 평생 독신으로 살아온 김영한 여사는 자신의 모든 재산을 불교에 시주하기에 이른다.

그녀가 세상을 떠나기 얼마 전 어느 기자가 고령의 할머니가 된 김영한 여사에게 물었다.

"언제 그분 생각을 많이 하나요?"

"사랑하는 사람을 생각하는 데 때가 있나?"

"다시 태어난다면, 한국에서 태어나고 싶으세요?"

"나, 한국에서 태어나기 싫어. 영국쯤에 태어나서 문학 할 거야."

"그분 어디가 그렇게 좋았어요?"

"1,000억이 그 사람 시 한 줄만도 못해. 다시 태어난다면 나도 시를 쓸 거야."

그저 세상의 많은 변화가 놀랍고 신비롭기만 하다. 그래도 요정에서 절집이 된 길상사처럼 의미심장한 변화가 또 있을까 싶다. 고요한 경내에는 멀리 삼각산 자락을 휘돌아 오르는 자동차의 간헐적인 엔진 소음만 아련하게 전해져 왔다. 요정을 가득 채웠을 웃음들은 모두 흔적도 없이 사라졌고, 이제 그 자리에는 아미타불의 엷은 미소만 남았을 뿐이다.

열다섯에 시집갔다가 남편을 여의고 청상靑孀이 된 김영한은 '진향眞

香'이라는 기명妓名으로 가무는 물론 시·서·화에 뛰어난 당대 최고의 기생으로 이름을 날렸다. 조선의 많은 지식인은 그녀를 연모했다. 스무 살 되던 해 그녀의 뛰어난 재주를 아까워하던 사람들의 지원을 받아 일본으로 유학길에 올랐다. 그즈음 그녀의 강력한 후원자였던 혜관 신윤국 선생이 조선어학회 사건으로 투옥되자 은인의 옥바라지를 위해 함흥으로 돌아왔다.

함흥에서 영생여고보 영어 교사였던 백석 시인을 주석酒席에서 만났다. 진향의 미모와 총명함에 반한 백석은 첫 만남의 자리에서 귓속말로 이렇게 말했다고 한다.

"오늘부터 당신은 나의 영원한 마누라야. 죽기 전에 우리 사이에 이별은 없어요."

둘은 만난 지 하루 만에 동거를 시작해 석 달간 꿈같은 시간을 보냈다. 네 살 위였던 백석은 그녀에게 '자야子夜'라는 아호를 지어주었다. 하지만 호사다마라고 그들의 꿈결 같은 사랑은 비극을 몰고 온다. 백석의 아버지는 아들을 기생 출신 여인과 떼어놓고 다른 여자와 강제 혼인을 시켰다. 백석은 혼인한 날 밤 도망쳐 먼저 서울로 와 있는 자야와 만나 다시 동거에 들어갔다. 그러나 그 행복도 잠시, 자야는 젊은 백석의 앞날을 걱정해 이별을 고했고 백석은 함께 러시아로 떠나자고 졸라댔다. 자야가 몸을 숨기자 백석은 홀로 러시아로 떠났고, 그렇게 둘은 영원히 헤어지고 말았다.

해방 이후 백석은 북한으로 돌아갔다. 자야는 다시 기생이 되어 서울에서 요정을 열어 큰돈을 벌었다. 그녀가 죽기 전 여든넷의 나이에 발간한 에세이 『내 사랑 백석』은 애절하고 정열적인 옛사랑을 가슴으로 쓴 유작이다.

"1,000억 원이 그 사람 시 한 줄만 못해."라고 말하며 마지막 눈을 감을 때까지도 백석을 향한 애정의 끈을 놓지 않은 그녀다.

백석이 읊은 둘만의 사랑 노래다.

가난한 내가 아름다운 나타샤를 사랑해서, 오늘 밤은 푹푹 눈이 나린다. (중략) 나타샤와 나는 눈이 푹푹 쌓이는 밤, 흰 당나귀를 타고 산골로 가자, 출출이 우는 깊은 산골로 가 마가리에 살자
— 「나와 나타샤와 흰 당나귀」 중에서

"사랑하는 사람을 생각하는데 때가 있나요?" 그 말이 긴 여운으로 남는다. 이제 공덕주 김영한 여사는 그 많은 재산을 다 내어놓고, 빈주먹으로 태어날 때처럼 빈손으로 1999년 11월, 나무들도 옷을 벗는 늦가을이 이울고 겨울이 오는 길목에서 사랑하는 사람 백석을 찾아 떠나갔다. 어디 그뿐이랴, 우리 모두에게 무소유 정신을 일깨워 주신 법정 스님도

2010년 춘삼월에 홀연히 입적에 드셨고, 길상사 개원 법회 날 성북동 성당 수녀님들을 대동하고 오시어 축사해 주셨던 김수환 추기경님도 소천하셨으니 새삼 인생무상을 생각하게 한다.

경내에 줄지어 선 나무들의 초록 잎새에 초여름 햇살이 반짝인다. 개원 법회 날 법당에서 뵈었던 그분들의 모습이 눈앞에 보이는 듯해 나도 모르게 두 손을 모아 예를 올렸다. 그리고 다시 그 키 큰 나무 그늘에 앉아 파란 하늘을 올려다보는데, "모가지가 길어서 슬픈 짐승이여, 언제나 점잖은 편, 말이 없구나…." 그 유명한 노천명의 시 「사슴」의 첫 구절이 떠오른다. '사슴'은 바로 백석 시인을 지칭한 것이라고 한다. 숱 많은 머리를 치켜올린 갸름한 얼굴에 목이 길어 보이는 백석의 사진을 보니 고개가 끄덕여진다.

그들의 애달픈 사연에 아린 가슴으로 산문山門을 나섰다.

남도기행

전남 신안군 다도해 기행

내가 수필 강의하는 '하전수필문학아카데미' 문하생 중에 전남 신안군과 무안군이 고향인 사람들이 각각 한 사람씩 있다. 세상은 넓고도 좁다더니 제1기생으로 온 분과 제2기생으로 온 분이 고등학교 선후배 사이였다. 참으로 놀랍고 기이한 일이었다. 나는 살아오면서 사람과 사람 간의 인연을 매우 소중히 여겨오며 살고 있다. 그래서 이 두 분의 만남을 누구보다도 기뻐하며 박수로 반겼다. 두 분은 또 똑같이 교육계에 몸담고 있다가 정년퇴직하고 서울과 인천으로 이사해 살고 있으며, 내가 안국동 조계사 앞 대로에 걸어놓은 '수필 쓰기 수강생 모집' 현수막을 보고 온 분들이다.

나는 평소 여행을 좋아하지만 실제론 많이 다니지는 못했고, 불자佛子라서 오래전에 745곳의 전국 전통 사찰을 돌아보고 책으로 펴낸 일이 있을 뿐이다. 그래서 강의하다 쉬는 시간에 차담茶談 중에 신안을 비롯한 남도로 문학기행을 가자고 얘기를 나누었고, 이번에 1차로 2박 3일 일정으로 다녀왔다.

전부터 TV에서 방영하는 여행 프로를 빼놓지 않고 보는 편이었는데 이번에 다녀온 남도 지방 곳곳을 유심히 시청하기도 했다. 서점에 갈 때마다 여행 서적 코너에 들러 그쪽 관련 책들을 펼쳐 보기도 했으며, 여행 기사가 실린 신문을 스크랩해 두었던 것들로 미약하지만 예비지식을 조금은 알아보았다. 그렇지만 무엇보다도 그곳에서 자란 두 교장 선생님이 현장을 돌며 들려준 자상한 전언이 큰 힘이 되었음을 밝힌다.

계절이 바뀐 줄도 모르고 바쁘게 살다가 어느 날 훌쩍 떠나고 싶을 때가 있다. 바야흐로 가을바람에 괜스레 마음이 흩날린다면 신안 바다로 떠나보시라. 흰 돛과 바람만 있다면 어디든지 갈 수 있는 여행이 그곳에서 기다리고 있다.

과거 섬은 고립과 단절을 의미하곤 했다. 과거엔 육지와 섬을 이어주는 건 다리뿐이었다. 뭍과 섬, 섬과 섬을 연결하는 다리가 늘어나면서 차를 타고 갈 수 있는 섬도 많아졌다. 우리나라의 섬은 3,300개가 넘는다. 신안군에 속한 섬은 그중 3분의 1 정도에 이른다. 그래서 신안 앞바다에서 섬들은 외롭지 않다. 옹기종기 모여 있는 섬들의 천국이다.

섬과 섬을 잇는 다리

지난 2019년 봄날, 4월 4일 신안 압해도 송공리와 암태도 신석리를 잇는 다리가 개통됐다. 천사섬 신안을 대표하는 '천사대교千四大橋'다. 우리나라에서 건설된 연도교 가운데 영종대교, 인천대교, 서해대교에 이어 네 번째로 긴 해상교량이다. 덕분에 목포와 압해도, 암태도, 자은도, 안좌도, 팔금도, 자라도, 추포도, 박지도, 반월도 등 신안 중부권 섬들이 하나로 이어졌다. 이로써 배 대신 차를 타고 신안의 여러 섬을 구석구석 둘러볼 수 있게 되자 신안을 찾는 사람들이 늘어났으며, 일례로 개통 200일 만에 오간 차량만 180만 대에, 섬을 찾은 관광객이 380만 명이 넘었다고 한다. 압해도와 연결된 신안 중부권 섬 주민은 다 합쳐도 당시 기준 1만 명이 안 됐다.

압해도는 신안군청 소재지로 목포와는 압해대교로 연결돼 있다. 우리 일행도 목포에서 1박하고 압해대교를 지나왔다. 암태도는 자은도, 팔금도, 안좌도, 자라도, 추포도, 박지도, 반월도 등 크고 작은 섬과 연륙교와 연도교로 이어져 있다. 천사대교가 생기기 전까지는 압해도와 암태도를 잇는 뱃길이 유일했다. 압해도 송공항港에선 30분, 목포에선 1시간이 넘게 걸렸단다. 날씨라도 험하면 이 뱃길마저 끊기곤 했다. 천사대교가 놓이면서 두 섬은 차로 15분 거리가 됐다. 천사대교가 묶은 건 두

섬만이 아니다. 신안 중부권 섬들이 육지와 하나로 이어졌다. 어디서든 차를 타고 섬 여행을 즐길 수 있게 된 것이다.

우리 일행은 이번 여행의 일등 공신 천사대교를 먼저 찾았다. 총길이 10.8km로 국내에서 네 번째로 긴 해상교량이다. 다리 하나를 현수교와 사장교 두 가지 방식으로 건설했다. 바다를 가로지르는 위풍당당한 천사대교를 한눈에 담을 수 있다. 밤이면 오색으로 불 밝힌 천사대교의 야경을 즐기기에도 좋다고 옆에서 신안 토박이 박영득 교장 선생님이 일러주었다. 천사섬으로 불리는 신안에는 실제로 유인도 72개와 무인도 953개를 포함한 1,025개 섬이 있다. 쪽빛 바다에 섬들이 보석처럼 흩뿌려져 있는 '섬들의 고향'이다. 우리의 일정상 그 좋은 볼거리인 천사대교의 야경을 못 보고 가는 것을 못내 아쉬워하며 천사대교를 배경으로 기념사진을 찍고 오는 것으로 만족해야 했다.

섬은 섬으로 또다시 이어진다. 섬과 섬을 잇는 다리 덕분이다. 안좌도 퍼플교는 섬 여행에서 색다른 경험을 안겨준다. 퍼플교는 안좌도 두리마을과 박지도, 반월도를 잇는 보행교步行橋이다. 바다 위에 세운 이 목교木橋는 '걸어서' 건너야 한다. 물때에 따라 바닷물이 오가며 다른 무늬를 보여준다. 천천히 걷거나 앉아서 쉬어가며 주변 풍경과 여유를 즐기기 좋다.

보랏빛 다리, 보랏빛 섬이 있기까지

한국은 물론 해외여행자들의 큰 사랑을 받는 보랏빛 다리인 '퍼플교'는 평생 박지도에서 살아온 김매금 할머니의 "두 발로 걸어서 육지로 나오고 싶다."라는 소망에서 시작되었다. 할머니의 소망을 접한 신안군은 2007년 안좌면 두리선착장과 박지도, 박지도와 반월도를 연결하는 총 길이 1.46km의 목조교木造橋를 놓았다. 목조교가 완공되면서 어떻게 하면 특색 있는 섬으로 만들 수 있을까를 고민했다. 마침 그때 섬에는 왕도라지 꽃, 꿀풀꽃 등 보랏빛 꽃이 지천으로 피어 있었다. 섬 주민들은 "우리 섬을 보라색으로 특색 있게 꾸며보겠다." 하고 신안군과 머리를 맞대어 힘을 모았다. 보라색 섬으로 특성화하겠다는 제안으로 2016년 전라남도의 '가고 싶은 섬' 사업에 응모하여 선정되었다. 2018년부터 본격적으로 주민들은 섬마을 지붕을 보라색으로 예쁘게 색칠한 것은 물론 2019년부터는 보라색 꽃길을 만들기 시작했다. 박지도와 반월도 두 개 섬 주민들은 서로 힘을 모아 약 4천 평의 대지에 4만 주의 라벤더를 심어 '라벤더 정원'을 만들었다. 반월도 주민들은 1.5km에 이르는 섬 길에 보라 루드비키아 6만 주와 접시꽃 6만 주를 심어 '보라 꽃섬'을 만들었다. 박지도 주민들은 보라 국화인 아스타 2만 7천 주로 1.8km에 달하는 보랏빛 섬 길을 만들었다.

섬마을 사람들의 보랏빛 꿈이 입에서 입으로 소문이 나면서 많은 이들이 찾아왔다. 2007년에 완성된 목조교가 10년이 넘어 노후해져서 2019년부터 2020년에 걸쳐 반월도·박지도를 상징하는 보라색으로 다리를 전면 교체하고 도색도 했다. 신안군은 여행자들이 반월도·박지도 두 보랏빛 섬을 아주 편리하게 여행할 수 있게 2020년 두리마을의 단도와 반월도 간에 380m 부교浮橋인 '문 브릿지(moon bridge)'를 새로 놓았다. 이로써 두리마을-반월도-박지도-두리마을로 연결되는 다리 길이가 1,842km로 늘어났다. 언제부터인가 사람들은 이곳을 '퍼플섬과 퍼플교'라고 부르기 시작했다. '퍼플(purple, 보라색)교'라는 이름만큼 주변 마을풍경도 독특하다. 퍼플교로 연결된 안좌도 두리마을과 박지도·반월도의 건물 지붕은 온통 보라색이다. 섬을 오가는 마을버스, 쓰레기통마저도 보랏빛이다. 지나는 길에도 역시 보라색 글씨의 반월도 표지석과 유래를 새겨놓은 오석烏石이 나란히 세워져 있다. 섬 모양이 반달처럼 생겼다고 하여 '반월도半月島'라고도 하고 '반들리'라고도 부른다.

『세종실록지리지』를 보면 반월도는 1450년 전라도 나주목 영광군에 편입되었으며 당시 조정에서 이곳에 사람을 정착시켜 말 40여 필을 관리하도록 하였다는 기록이 있다. 현재 반월도에는 55가구에 주민 100여 명이 살고 있으며 안 마을(內村)에는 인동 장씨, 밀양 박씨, 전주 이씨 등이 거주하고, 토촌兎村에는 나의 본관이기도 한 김해 김씨가 주로 집

성촌을 이루며 살아오고 있다. 나도 본관이 김해 김씨인데, 다음에 개인적으로 다시 온다면 토촌에 가서 종친들을 만나보고 싶다는 생각에 혼자 웃었다. 안 마을 입구에는 주민들의 평안을 기원하기 위해 제사를 지내던 당 숲이 있고 그 안에는 400년 이상 된 팽나무와 느릅나무 등이 군락을 이루고 있다.

박지도와 반월도엔 청도라지와 보라색 꽃, 과실이 많이 난다. 전라남도의 '가고 싶은 섬' 프로젝트의 하나로 보라색을 섬을 상징하는 색으로 정했다. 2019년 지붕을 그 색으로 칠했고 라벤더 같은 식물을 심었다. 작은 섬마을이 보랏빛으로 물들면서 퍼플교를 찾는 사람들이 점점 늘고 있다고 한다. 우리 일행도 천천히 보랏빛 다리를 걸어서 건너며, 차 없이 직접 걸어서 건널 수 있는 다리가 기억에 남을 것이라고 이구동성으로 말했다. 물론 보라색 다리와 마을풍경도 색다른 아름다움으로 잊지 못할 것이다.

2019년 9월에 개통되었다는 '무한의 다리'는 둔장 해변과 구리도, 고도, 할미도를 잇는 길이 1,004m의 보행교다. 바다 위를 걷는 것 같은 기분으로 갯벌과 작은 무인도를 돌아볼 수 있는 탐방로이기도 하다. 한국의 대표 조각가 박은선 작가와 스위스 출신의 세계적 건축 거장 마리오 보타가 이름 붙인 '무한의 다리'는 섬과 섬이 다리로 연결돼 있는 연속성과 끝없는 발전이라는 뜻을 담았다고 한다. 무한의 다리와 함께 고즈넉한 둔장 해변을 따라 섬 여행의 여유를 만끽할 수 있다.

예술의 섬

　천사섬이 가지고 있는 매력 중 하나가 소박하지만 알찬 예술 여행을 즐길 수 있는 점이다. 암태도 기동 삼거리는 천사대교와 자은도, 팔금도, 안좌도를 오갈 때 한 번은 지나게 되는 길목이라고 한다. 이곳엔 여행객의 눈길과 발길을 붙잡는 벽화가 있다. 동백나무 파마머리 벽화, 동백파마머리 벽화, 파마머리 벽화···. 사람마다 부르는 이름은 다르지만, 집주인 부부의 얼굴을 그린 벽화라 한다. 동백나무를 머리 삼아 담벼락에 그린 부부 얼굴이 인자하기 그지없다. 뽀글뽀글한 파마머리처럼 보이는 동백나무에 웃음이 나온다. 이 벽화는 암태도의 대표 포토존이 됐다. 사진 찍는 사람들 얼굴에 웃음이 떠나질 않는다. 이 또한 재미있는 벽화 덕분에 우리 일행들과 한참 웃으며 기념사진을 찍었고 이번 섬 여행의 색다른 추억이 될 것이다. 벽화가 있는 삼거리는 비교적 교통량이 많은 곳이다. 사진 찍는 사람들을 배려해 서행하는 모습에 마음이 흐뭇했다.

　신안 안좌도는 한국을 대표하는 추상화가 김환기의 고향이다. 안좌도 읍동리엔 세계적 예술가를 낳고 키운 생가가 있다. 천사대교 개통으로 안좌도 김환기 고택을 찾아가는 길이 편해지면서 여행의 필수코스가 되었다고 한다. 우리 일행도 당연히 이 고택을 찾아갔다. 남아 있는 건 비록 집 한 채뿐이지만 잠시나마 그의 흔적을 느끼기에 충분했다.

추상미술 거장인 수화樹話 김환기(1913~1974)는 사후 반세기가 지난 근년에 그 주가가 더 높아지고 있다. 국내외 아트페어에서 한국 대표 작가로 빠짐없이 소개되고, 각종 경매에서도 작품 인기가 뜨겁다. 그 이유가 무엇일까. 미술 전문가마다 그 답이 다르지만, 서구 모더니즘에 한국적 서정을 접목한 작품 세계가 융합 시대에 통한다는 것은 공통적이다. 이번 2022년 가을 서울에서 열리는 세 개의 전시는 김환기가 왜 21세기에 더 주목받는지를 헤아릴 수 있게 해준다. 1950년대 「달항아리」부터 1970년대 전면 점화까지 아우르고 있다. 특히 「우주」는 2019년 크리스티 경매에서 당시 환율로 약 132억 원에 낙찰돼 한국 미술품 경매 사상 최고가 낙찰 기록을 세운 작품이다. 이번 전시는 국내 수집가 12명이 소장품을 무상으로 대여해서 이뤄졌는데, 그런 화제성과 더불어 세계 속에서 한국 미술의 정체성을 끊임없이 탐색한 김환기의 작품을 단계별로 살펴볼 수 있다는 점에서 의미가 있다. 이처럼 김환기 작품이 점점 더 주목받고 있는 것은 "독창적 미술 세계를 가꾸면서도 쉬운 언어로 표현해 대중성을 갖췄기 때문"이라는 박미정 환기미술관 관장의 말로 대변할 수 있겠다. 이번 여행을 같이 한 일행과 함께 관람하면 좋겠다.

김환기 생가의 너른 마당에 서서 잠시 김광섭의 시 구절에서 제목을 붙인 김환기의 유화 「어디서 무엇이 되어 다시 만나랴」를 떠올렸다. 담장에 피어난 작은 들꽃마저도 예술처럼 느껴지는 고택을 둘러보고 나왔다.

시간이 넉넉했으면 섬에 문을 연 작은 미술관들도 둘러보았으면 좋았으련만 아쉬운 발길을 돌려야 했다. 암태도에 문을 연 에로스서각박물관은 색다른 예술작품을 만날 수 있는 곳이라고 한다. 글씨나 그림을 나무나 기타 재료에 새겨 넣는 것을 서각書刻이라 하는데, 현대 조각법과 우리 고유의 전통 기법이 결합한 독특한 작품, 에로스와 결합한 예술을 이곳에서 만날 수 있다. 일부 작품은 미성년자 관람 불가다. 폐교를 활용한 미술관 풍경도 정겨워 보여 좋다고 한다.

우리 일행은 천사섬 분재공원을 찾아갔다. 압해도 송공산 기슭 10만 ㎡에 조성되어 있다. 다도해가 내려다보이는 분재공원에는 분재원과 삼림욕장, 잔디광장, 유리온실뿐 아니라 저녁노을 미술관과 북카페도 있다. 분재공원을 돌아보는 동안 수많은 수종樹種의 나무들이 다양한 모습을 보여주고 있어서 감탄을 금할 길 없었다. 그중에서도 눈에 들어온 것은 안내판에 수령樹齡이 무려 1,500년이고 분盆생활 45년이라고 적혀 있는 주목朱木이다. 가격은 10억 원으로 적혀 있다.

아주 오래전 산악회 멤버들과 태백산에 올랐을 때 만났던 주목 군락지가 떠올랐다. '살아 천년, 죽어 천년'이라 불리는 주목은 높은 산 숲속에 자라는 키 큰 침엽수로 가지는 넓게 퍼지며 굵은 가지와 줄기가 붉은 빛을 띠기 때문에 주목朱木이라 부르고 있다. 그 주목을 천사섬 분재공원에서 분재 형태로라도 다시 보게 되니 무척 반가웠다. 하지만 한편으로 사람들의 눈을 즐겁게 하려고 인위적으로 몸통을 꼬이게 하거나 나뭇가지를 철사로 묶어 고정하는 등, 말 못하는 나무라 한들 그 고통이 얼마나 심했을까, 분재를 볼 때마다 드는 이중적인(?) 생각이다.

태평염전 · 태평염생식물원 · 소금박물관

신안군 증도에는 전국 최대 규모의 소금 생산지 태평염전(등록문화재360호)이 있다. 태평염생식물원은 태평염전의 습지에 자연적으로 형성된 염생식물 군락지다. 염생식물원은 유네스코 생물 다양성 보전지역으로 지정된 갯벌습지다. 11만㎡에 증도의 특산물인 퉁퉁마디와 칠면초, 나문재, 해홍나물 등 염생식물 70여 종이 군락을 이루고 있다. 붉게 물든 염생식물과 뒤섞여 울긋불긋해진 식물원의 가을 풍경이 이색적이다. 220m 탐방로를 따라 걸으며 다양한 염생식물을 찬찬히 감상해 볼 일이다. 연중무휴 무료로 개방하고 있다.

염생식물원을 둘러본 뒤엔 소금박물관으로 향한다. 태평염전과 소금의 역사, 소금이 만들어지는 과정과 염전, 갯벌의 정보가 가득하다. 국내 유일의 석조 소금 창고를 리모델링한 건물도 유심히 살펴봐야 한다. 염생식물원과 태평염전, 증도 일대를 조망할 수 있는 소금밭 낙조 전망대도 놓치면 아쉽다. 염전을 붉게 물들이는 낙조를 감상할 수 있는 포인트인 만큼 일몰 시각을 확인해 두는 것이 좋다. 신안 남부권의 신의도新衣島에도 신의염전이 있는데, 국내 최대 천일염 주산지이다. 김장철이면 소금 수요가 많은데, 신안 소금이 인기를 끄는 이유를 알겠다.

순례자의 섬, 한국의 섬티아고!

신안군 증도면 기점·소악도는 대기점도-소악도-진섬-소기점도-딴섬 모두 다섯 개의 크고 작은 섬으로 이루어진 곳이다. 섬과 섬 사이를 잇는 길을 '노두길'이라고 부르는데, 오래전 주민들이 갯벌에 돌을 던져 넣어서 만든 길이다. 돌로 만든 징검다리 위에 지금은 시멘트 포장이 되어 있다. 특이한 것은 하루에 두 번씩 이 노두길이 사라졌다 생겼다 한다. 밀물이 되면 바닷물이 차올라서 길이 사라지고 약 4시간 뒤에 썰물이 되면 길이 나타난다. 길이 사라졌을 때 건너가면 매우 위험하다. 이때는 느긋하게 주변을 산책하면서 기다려주는 것이다.

1번 작품부터 12번까지 약 12km를 걸어야 한다. 가고 싶은 섬, 기점·소악노는 '자발적 가난, 즐거운 불편'이 콘셉트이다. 중간에 게스트하우스가 있다. 순례길 곳곳에 지어진 열두 개의 작은 건축미술 작품을 순서대로 만나는 재미가 크다. 여행자 누구나 들러서 묵상, 기도, 쉼, 명상을 할 수 있는 공간이다.

　기점·소악도를 좀 더 알아보면, 지난 2018년 전라남도 '가고 싶은 섬'으로 지정되어 섬마을 가꾸기가 진행되었다. 넓은 갯벌과 낮은 언덕, 야산으로 이루어진 섬 4곳(대기점도-기점도-소악도-진섬)이 노두길로 이어져 물이 차고 빠짐에 따라 길이 사라졌다가 다시 보이는 신비한 풍경을 가졌다 해서 '기적의 순례길'이며, 길은 바닷물이 가득 차면 수평선이었다가 물이 빠지면 지평선이 된다.

　1번 '건강의 집(베드로)'에서 12번 '지혜의 집(가롯 유다)'까지 12km. 3시간 남짓 걸리는 거리를 싸목싸목 걷다 보면 곳곳의 작은 둠벙도 만나고 갯벌에서 자유롭게 뛰노는 짱둥어, 농게, 칠게 무리를 만날 수 있다. 순례길을 따라 각각 다른 모양으로 지어진 12개의 건축미술 작품은 한두 명이 들어가서 기도, 묵상, 명상을 할 수 있는 세상에서 가장 작은 공간이다. 꼭 예배당이라고 부르지 않아도 되며 종교인 비종교인 상관없이 누구나 편안하게 들렀다 가는 공공의 건축미술 작품이다.

　기점·소악도 마을은 공간적 범위로 전라남도 신안군 증도면 병풍리 기점·소악도(대기점도, 소기점도, 소악도, 진선, 딴섬)이다. 대기점도 교회와 소악도 교회가 있으며 주민의 90%가 교회에 다니고 있다. 주요 농산물로는 마늘, 양파, 참깨, 고추, 팥, 고구마 등이 있고, 수산물은 김, 낙지, 감태, 새우, 숭어, 망둥어 등이 있다.

순례섬이 된 이유를 알아보면, 기점·소악도에 속하는 신안 증도면은 주민 90% 이상이 기독교인이다. 일 년에 아홉 켤레 고무신이 닳이질 정도로 섬을 돌아다니며 전도한, 한국 기독교회 역사상 첫 여성 순교자인 문준경 전도사가 있었기 때문이다. 증도면에 '문준경 전도사 순교 기념관'이 있다.

세계적으로 유명한 '산티아고' 순례길을 벤치마킹해 '섬티아고'로 이름 지은 순례 코스를 보면 다음과 같다. 12개의 건축미술 작품들은 12사도 이름을 따서 지었다.

① 건강의 집(베드로)은 대기점도 선착장에 지어졌다. 그리스 산토리니풍의 둥글고 푸른 지붕, 흰 회벽으로 이국적 감성을 자아내며, 종을 한 번 치고 순례를 시작하고 건강한 몸과 마음으로 임하자는 의미를 가졌다. ② 생각하는 집(안드레아)은 북촌 노두길 입구에 있다. 길고양이들을 섬의 상징으로 하고 밀물과 썰물을 해와 달로 해석하여 공간을 구분, 돌절구와 여물통 등 주민의 삶과 풍경을 작품에 담았다. 발굴된 유물로 보이는 십자가 등을 설치하여 사유하는 작은 공간으로 꾸몄다. ③ 그리움의 집(야고보)은 북촌 저수지 위에 지어졌다. 논둑길을 따라 작은 호수 주변 숲속의 작은 예배당이다. 심플한 디자인에 로마식 기둥을 입구 양쪽에 세워 안정감이 돋보인다. 숲속의 오두막을 연상케 하며 성덕대왕 신종의 비천상에서 영감을 받은 부조를 설치했다. ④ 생명 평화의

집(요한)은 남촌마을 입구에 있으며, 전체모형은 남성을, 출입구는 여성을 상징하는 모형이다. 뒤로 뚫린 긴 틈새로 보이는 무덤까지 연결된 삶과 죽음이 멀지 않다는 것, 우리가 사는 동안에 뭇 생명들을 존중하고 더불어 평화롭게 살다 가자는 메시지를 담고 있다. ⑤ 행복의 집(필립)은 기점-소악 노두길 입구에 지어졌다. 전통적인 프랑스 남부의 건축양식이며, 지붕의 바람 창은 주민들의 절구통을 뚫어서 활용했다. 철탑에는 물고기 조형물이 달려 있어 이곳이 바다와 더불어 사는 섬이라는 것과 주민들의 생업을 표시한 작품이다. 이상 ②~⑤는 모두 대기점도에 있다. ⑥ 감사의 집(바르톨로메오), ⑦ 인연의 집(토마스)은 소기점도에 있고, 여기에는 게스트하우스와 식당이 있는데, ⑥은 기점도 저수지에 설치됐다. 누워서 하늘을 바라볼 수 있도록 물결 모양의 마루가 있다. 태양광 패널이 설치되어 한낮의 빛을 모아 밤에는 은은한 빛을 밝힌다. 낮과 밤 모두 아름다운 자연의 빛과 색채에 감사하게 되는 곳이다. ⑦은 소기점도 게스트하우스 뒤에 세워졌으며, 왼쪽 벽엔 오병이어 부조가 있고, 신비한 빛깔의 푸른색 안료顔料는 모로코에서 가져왔다. 별들이 내려와 박힌 듯한 구슬 바닥과 푸른 문이 인상적이다. ⑧ 소기점도와 소악도가 이어진 길 중간의 소악도 갯벌 위에 기쁨의 집(마태오)이 있다. 금빛 양파 모양의 돔은 섬 주민들의 일상과 삶에 경의를 표하고자 했다. 밀물 때 고립되고 썰물이 되어 다시 일상의 기쁨이 반복된다. ⑨ 소원의 집(작은 야고보)은 소악교회가 있는 소악도 둑방길에 있다. 유럽의 바닷가에 어부의 기도소祈禱所가 있듯, 기점소악도 어부의 집으로 구성되어 있다. 바다를 상징하는 파도와 커다란 물고기를 전면에 배치했다. 건물 옆 마당 가에 기점소악도의 돌이 설치되어 있는데, 이를 쓰다듬으며 소망을 기원하도록 한 작품이다. ⑩ 칭찬의 집(유다 타대오)은 소악도 노두길 삼거리에 지어졌다. 진섬의 큰길이 모이는 이곳에서 각기 다른 지붕의 내부가 하나의 공간이듯, 모두 다르게 살아가는 사람들이 여유를 가지고 서로를 칭찬하고 배려하는 하나의 마음을 가지길 바란다.

⑪ 사랑의 집(시몬)은 소악도 진섬 끝에 있다. 반쯤 감긴 눈의 졸고 있는 하트는 완성된 사랑을 의미한다. 연인들에게는 사랑의 개선문이 되고, 사랑의 상처가 있는 이에겐 치유의 공간이 되기를 기원한다. 마지막 ⑫ 지혜의 집(가롯 유다)은 이름도 특이한 송악도 '딴섬'에 있다. 12개의 작품을 지나오는 동안 힘들었을 마음을 종탑에서 종을 천천히 치며 하나씩 허공에 날려버리고, 새로운 마음으로 지혜를 얻기를 바란다.

중노두 전설

위에서 언급된 '노두길'이 흥미로워 그 내력을 알아보았다. 노두길은 섬과 섬, 바다와 육지를 잇는 옛길로 갯벌 위에 차근차근 디딤돌을 놓아서 만들었다. 썰물이면 갯벌이 드러나고 밀물이면 물속으로 사라지는 돌로 만든 길이다. 박지도와 반월도는 호수 같은 바다를 사이에 두고 마주 보고 있다. 두 섬 사이를 잇는 (지금은 희미하게 흔적이 남아 있는) 노두길에 옛날부터 전해 내려오는 이야기가 있다.

그리 멀지 않은 옛날, 박지도 산속에 조그마한 암자가 있었고, 반월도 뒷산에도 아담한 암자가 하나 있었다. 지금도 암자 터가 남아 있고 우물이며 깨진 기왓장이 보인다. 박지도 암자에는 젊은 비구니 스님 한 분이, 반월도 암자에는 비구 스님 한 분이 살았다. 서로의 얼굴을 본 적은 없지만 박지도 스님은 멀리 건너편 암자에서 어른거리는 반월도 스님을 사모했다. 반월도 비구 스님도 건너편 암자를 오가는 비구니 스님의 모습을 보며 그리워하고 연모했다. 바다 건너 무언의 연서가 달빛으로 오가고 밀물과 썰물이 교대로 다녀가며 서로의 마음을 전했다. 그러나 그리움만 가득할 뿐, 밀물이면 바닷물이 가로막고 썰물이면 허벅지까지 빠지는 갯벌이 가로막아 가까이 다가갈 수도, 서로의 안부를 물으며 오고 갈 수가 없었다. 달 밝은 밤이면 휘영청 밝은 달빛을 타고 반월도 암자에서 불공드리는 비구승의 목탁 소리가 갯벌 건너까지 어렴풋이 들려왔다. 희푸른 새벽안개가 바다 위에 어리는 시간이면 박지도에서 울리는 낭랑한 새벽 예불 소리가 갯벌을 건너 반월도에 선명하게 와 닿았다. 보이지 않아서 더욱 그리운 마음은 사모의 정으로 날마다 깊어졌다. 그렇게 시간이 흐르던 어느 날 반월도 비구 스님은 망태에 돌을 담아 박지도 쪽을 향하여 부어나가기 시작했다. 건너편에서 그것을 지켜보던 비구니 스님도 산돌을 차곡차곡 주워 모아 갯벌 위에 디딤돌을 놓기 시작했다.

그렇게 섬과 섬을 잇는 돌무더기를 놓기를 1년, 2년이 지나고도 몇 년이 더 지나갔다. 반월도를 향하여, 박지도를 향하여 양쪽에서 시작된 돌다리는 사랑의 실핏줄처럼 조금씩 조금씩 가까이 다가가고 있었다. 한 망태기라도 내가 더 놓아야 저 사람이 덜 힘들겠지. 둘은 똑같은 마음으로 쉼 없이 돌무더기를 날랐다. 젊은 스님은 어느덧 중년이 되고 꽃 같은 나이의 박지도 비구니도 어느덧 중년의 여인이 되었다. 겨울이 와서 찬 눈보라가 갯벌에 몰아칠 때도, 염천의 불볕더위가 작렬하는 눈부신 날에도, 산벚꽃이 난 분분 흩날리는 날에도, 낙엽이 암자 지붕을 덮는 가을날에도 사랑의 돌무더기는 날마다 앞으로 앞으로 그리운 사람을 향하여 놓여갔다.

마침내 양쪽에서 시작된 노두길이 갯벌 가운데서 연결되던 추운 겨울의 어느 날, 마침내 두 사람은 이어진 노두길 가운데에서 마주 섰다. 미지믹 한 무너기의 돌망태기를 남은 한걸음에 쏟아붓고 둘은 한참 동안 장승처럼 굳어서 마주 바라보았다.

어느새 늘어난 잔주름살 위로 굵은 눈물방울이 후드득 떨어졌다. 돌을 나르느라 거칠어진 서로의 손을 어루만지고, 갯바람에 터진 서로의 얼굴을 쓰다듬고, '여기까지 오느라 참으로 애썼소, 고생 많았소.' 서로의 고단한 어깨를 끌어안고 쓰다듬으며 석양이 뉘엿하도록 둘은 그 자리에서 움직일 줄 몰랐다. 너무 먼 곳까지 들어온 것일까, 바다는 밀물 때를 만나 물이 차오르기 시작했다. 찰랑찰랑 노둣물을 어루만지던 바닷물은 급격한 속도로 불어나기 시작하여 수위는 자꾸 높아져 갔다.

어느새 발목을 넘는 바닷물을, 너무 멀리 떠나와 버린 섬을 돌아본 두 사람은 돌아갈 길이 사라졌다는 것을 알았다. 바닷물은 멈추지 않고 불어나 갯벌을 덮기 시작했다. 바닷물이 정강이까지 차고 허벅지를 휘감고 허리까지 차올랐다. 이제 두 사람은 망망한 바다 한가운데 한 몸처럼 서 있게 되었다. 박지도 사람들과 반월도 사람들은 바닷가에 모여 잠겨가는 두 사람을 바라보며 발을 동동 구르다 양쪽에서 배를 띄우고 노를 저어 바다 가운데로 나왔지만 이미 바닷물은 두 사람의 그림자마저 삼켜버리고 자잘한 파도만 가쁜 숨결처럼 찰랑이고 있었다.

다시 썰물이 되어서 바닷물이 빠져나간 갯벌에는 돌무더기 길만 박지도에서 반월도까지, 반월도에서 박지도까지 이어져 있을 뿐, 두 스님의 모습은 끝내 찾을 길이 없었다고 한다. 지금도 그 노두길의 흔적이 흐릿하게 갯벌 위에 남아 있다. 그 갯벌에 돌무더기로 이어진 길을 '중노두길'이라고 부른다. 전설인지 실화인지 구분이 애매한 이 이야기를 마을 사람들은 지금도 기억하고 있다.

가고 싶은 섬

1004섬 신안의 큰 안내지도를 보면【가고 싶은 섬】이라고 별도로 표시되어 있어 눈길을 끌었다. 신안 섬의 어디라도 다 가고 싶은 곳들인데 고개를 갸웃하며 자세히 들여다보았다.

제일 위쪽부터 보면 먼저 선도가 눈에 들어온다. 이번 여행을 기획, 안내를 맡은 교장 선생님 출신인 박영득 선생님의 고향이기도 한 곳이다. 그의 수필집에도 선도의 이야기가 나온다.

> 내 고향은 먼 남쪽 바다의 작은 섬이다. 보석 같은 1,000여 개의 섬들이 옹기종기 모여 있는 한반도 끝자락 신안에 자리하고 있다. 그 수많은 섬 중에서도 모둠발로 훌쩍 뛰면 뭍으로 건널 수 있을 듯 육지 가까이에 다소곳이 앉아있다. 그 형태가 매미를 닮았다 하여 매미섬, 선도蟬島라 부른다.
> 어릴 적 고향은 노란 유채꽃이 지천으로 피어났었다. 육칠십 년대 유채 재배가 한창이던 시절, 봄이면 온 섬이 노란 물결을 이루었다. 마치 바다에 둥둥 떠 있는 노란 풍선 같은 섬이었다. 재 넘어 다니던 학교에서 수업을 마치고 돌아오는 길에 뒷동산에 올라 들판을

내려다보면 노란 천 조각을 덧붙인 듯 온 들판이 유채꽃밭으로 이어져 있었고, 그 사이로 띄엄띄엄 초록 보리밭들이 마치 고운 천 조각을 이어 붙인 밥상보처럼 고향의 봄 들판은 그림처럼 예뻐 보였다. 해가 정수리 위로 올라올 정오쯤이면 노란 유채꽃이 피어있는 들판 너머로 뱃고동 소리와 함께 하얀 연기를 내뿜으며 여객선이 숨 가쁘게 달려갔었다. 그 여객선을 볼 때면 괜스레 내 가슴도 울렁거렸다. 언젠가 나도 저 배를 타고 한 번쯤은 뭍으로 나가 보리라는 마음이 불쑥불쑥 꿈틀거렸었다.

고향 선도가 땅속 깊은 잠에서 깨어나는 매미처럼 다시 노랑 색깔 섬으로 우화羽化한다는 소식이다. 고향 선도에서 '수선화 축제'를 한다는 뉴스를 TV 방송이 대대적으로 홍보하고 있다. 수선화가 활짝 핀 감태나루 언덕과 파란 고향 바다가 TV 화면에 선명하다. 이 선도가 수선화의 섬이자 '올해의 찾아가는 아름다운 섬'으로 선정되었다. 이것은 우연이 아니었다. '현복순'이라는 할머니의 수선화 사랑이 선도를 '수선화의 섬'으로 바꾸어 놓은 것이다. 앞마당에 심어 이른 봄날 피어나는 수선화가 섬사람들의 눈길을 사로잡았다. 30여 년의 세월을 작은 섬에서 홀로 외롭게 살면서도 극진한 수선화 사랑으로 그 지독한 외로움을 달랠 수 있었으리라. 섬을 찾는 사람들은 수선화를 보기 위해 할머니 집에 일부러 들른다. 그의 외로움을 함께 나누고

싶은 심정에서 일 게다. (생략)

— 수필가 박영득, 『내 고향 섬마을 선도蟬島』 중에서

수선화뿐만 아니라 선도에는 둘레길도 조성되어 있다니 다음에 느긋한 일정으로 한번 다녀오자고 우리 일행들에게 제안해야겠다.

'가고 싶은 섬'으로 표시되진 않았지만, 선도에서 대각선 방향에 있는 '병풍도'엔 맨드라미 공원이 조성되어 있으며 맨드라미축제가 열린다. 이 섬은 내가 함께 활동하는 수필문학작가회 서울·경기·인천 지역 지부장이며 해맑은 미소가 트레이드마크인 최미아 작가의 고향이기도 하여 관심이 깊어졌다.

다음 '가고 싶은 섬'은 병풍도 아래로 이어진 12사도 순례길이 조성된 대기점도, 소기점도, 소악도이다.

또 다른 '가고 싶은 섬'은 온통 보라색으로 뒤덮인 '반월도'와 '박지도'이다. 반월당 숲과 박지당 숲이 눈길을 끈다. 그 유명한 '퍼플교'가 있음은 물론이다. 그래서 지도에도 'UNWTO 세계최우수관광마을. 한국관광의 별'이리 표시되어 있나.

반월도 아래쪽으로 '기상관측 발상지' 작은 섬 옥도가 있다. 마지막으로 '우이도'인데, 본섬 우이도와 동 소우이도, 서 소우이도로 나뉘어

있는 섬이다. 모래언덕(풍성사구), 돈목해수욕장, 홍어장수 문순득 동상 등이 있다. 그런데 '가고 싶은 섬' 기준이 무엇인지 모르겠지만, 내가 보기엔 신안의 모든 섬이 다 특색 있어 보여 모두 가고 싶은 섬이다. 미루어 짐작해 보면 아마도 비교적 규모가 작아도 볼거리가 있는 섬들을 선정한 게 아닌가 여겨졌다. 특히 '김대중 대통령 생가'가 있는 유명한 섬 하의도, 홍도, 흑산도 등은 이미 잘 알려진 섬들이지만 나는 한 번도 가보지 못한 섬들이다.

김대중 전 대통령의 생가를 찾는 관광객들을 위해 건립한 하의면의 한옥 펜션 '인동초의 집'이 재정비를 마치고 지난 7월 재개장했다. 펜션 앞에는 아름다운 다도해가 펼쳐져 섬 여행의 즐거움을 느낄 수 있고, 인근 관광명소로는 김 전 대통령 생가와 하의 3도 농민운동 기념관, 큰바위얼굴 등이 있다. 장산도에는 독립운동가 장병준 선생 생가와 묘가 있으며, '장산 들노래 전수관', '도창리백제석실고분'이 있다.

「흑산도 아가씨 노래」로 유명한 흑산도黑山島는 한국 해양문화의 보고이며 다도해 해상국립공원에 속하는 지역으로 우리나라의 대표적인 해상관광지이다. '정약전사촌서당과 유배문화공원', '면암 최익현선생 유허비', '흑산도 아가씨 노래비'와 '흑산도 아가씨 동상', '무심사지 석탑과 석등' 등이 있다. 환상의 섬 홍도紅島는 섬 전체가 천연보호구역과 다도해 해상국립공원으로 지정된 곳이다. 섬 주위에 펼쳐진 크고 작은 무인도와 깎아지른 듯한 절벽들은 오랜 세월의 풍파로 형언할 수 없는 절경을 이룬다. 홍도 등대, 남문바위, 홍도원추리를 비롯하여 제1경에서 9경까지의 아름답고 신기한 풍광을 볼 수 있다. 그런가 하면 가거도可居島는 '가거도 우체통'과 '섬등반도(명승 제117호)'를 비롯하여 참식나무군락, 붉은 가시나무군락, 후박나무군락지가 유명하다. TV 방송프로「1박 2일」「삼시세끼」팀도 반한 가보고 싶은 섬 만재도晩財島는 아침 바다 풍경이 절경이다.

다도해의 장관

섬과 섬을 잇는 다리를 건널 때마다 바다 넘어 끝없이 펼쳐진 섬들이 눈에 들어왔다. 다도해多島海라는 말이 실감이 날 만큼 많은 섬이 모여 있는 천사섬의 진풍경을 보고 싶었다. 팔금도 선학산 '채일봉 전망대(159m)'까지 오르려면 가파른 산길을 올라야 한다. 그러나 수고한 만큼 흡족한 전망을 선사한다. 꼬불거리는 임도는 산악자전거 코스로도 이용된다고 한다. 360도 전망을 즐길 수 있는 전망대에선 셀 수 없이 많은 섬이 바다에 떠 있는 다도해의 장관과, 차를 타고 돌아본 섬들을 한눈에 볼 수 있다. 멀리 천사대교와 함께 암태도와 팔금도를 잇는 중앙대교가 손에 잡힐 듯하다. 섬이지만 농업이 발달해 황금빛으로 물드는 들판도 감상할 수 있다. 또 나처럼 산행을 즐기는 이들은 자은도의 두봉산

(364m)과 암태도의 승봉산(356m)을 코스에 넣어도 무리는 아니겠다. 산 위에서 보는 다도해와 천사대교의 장관을 제대로 즐길 수 있다.

    섬이 많은 만큼 천사섬에는 해변도 많은데, 이름 없는 해변이 더 많은 게 특색이다. 자은도의 '분계해변'은 그 무수한 해변 중에서도 아름다우며 쭉 뻗은 해변이 차분하면서 아늑한 느낌을 준다. 또한 해변을 따라 이어지는 해송海松 숲도 일품이다. 조선시대부터 방풍림으로 조성한 해송 숲엔 아름드리나무가 즐비하다. 그중에 '여인 송'이라는 나무는 연인들의 사랑을 이루어준다는 전설이 있어 찾는 사람이 많다고 한다. 해송 숲길을 따라 야트막한 응암산(122m) 꼭대기에 오르면 분계해변과 방풍림이 한눈에 들어온다. 정상 부근이 좀 가파르긴 해도 가볍게 오를 수 있다. 분계해변 너머로 양산해변과 바다로 뻗어나간 해안선 절경을 눈에 담을 수 있는 것은 보너스다. 기대하지 않은 새로운 풍경을 만나고 새로운 곳을 발견하는 것이야말로 섬 여행의 재미이자 매력이다. 섬과 섬은 다시 이어질 것이다. 다음 여행에선 또 다른 풍경과 마주할 것으로 기대된다.

천사섬 여행 색다르고 편리하게 즐기기

    천사섬 여행을 색다르고 편리하게 즐기는 방법도 있다. 신안에는 총 연장 500km의 자전거길이 조성되어 있다. 라이더라면 압해도·암태도·증도·임자도·비금도·흑산도·하의도 등 경관이 수려하고 규모가 큰 섬들을 중심으로 조성된 8개의 코스를 선택해 신안 섬 여행을 즐겨볼 만하다. 자전거 페달을 밟으며 산과 바다, 숲과 갯벌을 한꺼번에 즐길 수 있는 코스가 있다는 것은 행운이다.

중부권에는 자은도와 암태도를 잇는 4코스와 팔금도와 안좌도를 잇는 5코스가 있다. 코스마다 인증센터가 있으며, 스마트폰에서 '신안섬자전거투어' 앱으로 간편하게 인증이 가능하다. 신안군은 자전거 여행 활성화를 위해 운영하는 인센티브 제도가 있다. 5인 이상 동호회나 관련 단체라면 식대나 숙박비를 지원받을 수 있다. 신안군청 문화관광 홈페이지(tour.shinan.go.kr)에서 인센티브 지원 신청 방법과 자전거길 코스 등을 확인할 수 있다.

요트를 타고 즐기는 섬 투어도 색다르다. '신안세일요트'는 암태도 오도선착장에서 출발해 암태도와 당사도, 천사대교를 둘러보는 코스를 운항한다. 한 시간 정도 바다 위에서 천사대교와 섬 풍경을 가까이 만날 수 있다. 이국적인 요트 투어의 낭만도 덤으로 즐길 수 있다. 시원하게 뻗은 천사대교를 타고 바다 위를 나르듯이 달려 암태도에 도착하면 오도선착장 옆으로 하얀 돛이 멋들어지게 펼쳐진 요트가 시선을 사로잡는다. 신안군이 지방자치단체로는 처음으로 천사대교 개통에 맞춰 출시한 세일 요트 투어를 즐길 수 있는 곳으로 요트 위에서 낭만적인 바다 여행을 만끽할 수 있다. 아쉽게도 우리 일행은 일정상 요트 투어를 못 하고 왔지만, 다음을 기약하며 발길을 돌렸으나 그래도 미련이 남아 궁금하긴 했다. 돛에 한가득 바람을 안고 바다를 미끄러져 달리는 요트 투어는 평소에 경험하지 못한 여행이다 보니 휴가철에는 연일 매진될 정도로 인기가 높다고 한다. 암태도 오도 선착장에서 출발하는 요트는 일반 투어와 낙조 투어로 운항한다. 계절별로 시간 변동이 있지만 통상 오전 10시부터 시작한다. 일반 투어는 1시간 코스로 낮 동안에 세 차례 운항하고, 낙조 투어는 오후 5시부터 6시 사이에 출발해 1시간 30분 동안 바다에 머문다. 최근 야간에도 가능해져서 마지막 요트투어는 밤 8시에 출항한다. 요트는 천사대교를 지나 인근 초란도와 당사도까지 갔다가 돌아오는 코스로 운영된다. 무엇보다 요트 위에서 빨간 해가 바다로 떨어지는 모습을 지켜보는 낙조 투어는 진짜 영화의 주인공이 된 것처럼 가슴 뛰는 추억을 선사한다.

투어 상품으로 인기 있는 '요트스테이'는 요트에서 1박 2일 동안 머물며 해상관광과 선상낚시를 하고 선내 침실에서 숙박하는 프로그램이다. 요트 투어와 숙박을 동시에 즐길 수 있는데 먼저 1시간 동안 바다 항해를 마친 후, 계류장에서 선박을 정박한 상태로 하룻밤을 보낸다. 55ft급 요트는 먼바다 항해가 가능한 선실과 엔진을 갖추고 있어서 최대 47명이 승선할 수 있다. 중앙 홀에서 노래를 부르거나 영화를 감상할 수 있고, 지하 선실에는 침실, 샤워실, 주방을 완비하고 있다.

한편으로 시티투어버스를 이용해 편리하게 여행을 즐길 수도 있다. '천사섬 시티투어'는 매주 금요일~일요일 목포에서 시작된다. 천사대교를 건너 자은도 분계해변, 안좌도 김환기 고택, 암태도 에로스 서각박물관 등 신안 중부권 핵심 코스를 둘러본다. 동승한 문화관광 해설사가 투어를 안내한다.

신안은 신비의 섬이다. 그만큼 이야기도 많은 섬이다. 짧은 시간에 그야말로 '수박 겉핥기'식으로 다녀와서 기행문을 쓴다는 것이 무리이란 걸 잘 안다. 그래서 신안으로 다시 가고 싶은 마음이 급하다. 하여 더 알차고 재미있는 '천사의 섬, 신안 탐방기'를 꼭 다시 쓰고 싶다.

구시화문口是禍門
그는 갔다, '타는 목마름'도 '저항'도 없는 곳으로
영원한 '뒷것', 그가 떠나가 버렸다
긴 겨울밤 시詩야, 수필과 놀자
매월당 김시습의 불교와 문학

제5부
매월당梅月堂 김시습金時習의 불교와 문학

구시화문口是禍門

얼마 전의 일이다. 내가 한 말이 상대방에게는 언짢게 들릴 수 있다는 점을 새삼스레 반성하는 계기가 있었다. 사람을 좋아하고 서로 짬이 나면 마주 앉아 차담 나누면서 잠깐의 편안한 시간을 갖기를 좋아하는 내 성격 탓이다. 아마도 내 사정상 그런 시간을 갖기 힘든 상황이어서 더 그랬지 싶다.

우리나라 속담에 '말 한마디에 천 냥 빚을 갚는다.'라는 말이 있다. 하지만 때론 그 말 한마디로 몰락하는 사람도 있고, 사람 관계에도 적잖은 파장을 끼치기도 한다. 말한 이는 대수롭잖게 한 말이라도 그것이 상대방의 자존심을 크게 건드려 부메랑이 되어 돌아오는 경우를 종종 본다. 그래서 '구시화문口是禍門'이라고 한다. '입은 불행을 초래하는 문'이라는 뜻이다. 고려 말 야운野雲 스님의 『자경문自警文』에 나오는 사자성어로, 말조심을 이르는 말이다. 화종구생禍從口生, 즉 재앙은 입에서 나온다는 말과 같은 뜻이다.

> 말을 많이 하지 말고 가볍게 행동하지 말라(口無多言, 身不輕動). (중략) 입은 재앙을 불러들이는 문(口是禍門)이니 반드시 더욱 엄하게 지켜야 한다. 그리고 몸은 온갖 재앙을 일으키는 근원이므로 함부로 행동하지 말라. 자주 날아다니는 새는 그물에 걸릴 가능성이 높고, 잘 뛰어다니는 짐승은 화살에 맞는 재앙이 있게 된다.
> ― 야운 스님, 『자경문』 중에서

 말, 언어는 그 사람의 인격을 가늠하는 잣대다. 그러므로 한번 잘못된 습관이 몸에 깃들면 빠져나오기 힘들다. 더구나 주변 사람들이 박수치며 추켜세우기라도 하면 목에 힘이 들어가 큰 병이 될 수 있다. 곧 착각 또는 환상이라는 병이다. 그래서 가능하면 경솔한 말, 남을 헐뜯는 말보다는 덕담, 적당히 칭찬하는 말을 해야 한다.

 『논어』에는 언행의 적절성을 '과유불급過猶不及'이라고 했다. '지나침은 미치지 못한 것과 같다.'라는 뜻인데, 언행이 상황에 맞아야 함을 가리키는 말이다. 칭찬도 너무 지나치면 비아냥으로 들릴 수 있기 때문이다.

 믿음을 주는 것은 '말'이다. 사람과 사람 사이에 믿음을 주고 믿음을 받는 낱낱의 연모는 말일 수밖에 없다. 언어도단이라고 한다. 말이 안 된다는 뜻으로 쓰이는 이 말은 본디 선불교에서 나온 것이다. 깨침을 얻기 위해서는 말길이 끊어져야 한다는 말이다. 말길만 끊어져서는 안 되고, 심행처멸心行處滅, 곧 마음길까지 없어져야 한다.

말이 없으면 살 수가 없다. 따라서 말처럼 귀한 것이 없다. 말을 제대로 할 수 있어야만 비로소 사람일 수 있는 것이다. 말이 많은 세상이다. 말로써 모든 걸 다 할 것처럼 말들이 많지만, 그러나 말 다짐을 지키는 사람은 그렇게 많지는 않다. 그래서 세상은 더욱 어려워지고 있다.

"물고기는 언제나 입으로 낚인다. 사람도 역시 입으로 걸려든다."

『탈무드』에 적힌 경구를 다시 한번 음미해 본다.

그는 갔다, '타는 목마름'도 '저항'도 없는 곳으로

민주화 열망을 노래한 시 「타는 목마름으로」로 큰 진동을 울렸던 그가 떠나갔다. 전남 목포에서 태어났고 본명은 김영일金英一이다. 인간의 자유의지와 강렬한 민족의식을 바탕으로 한 격렬한 저항시를 쓰며 반제·반파쇼 투쟁을 벌여 10여 년간 감옥생활을 했다.

민청학련사건으로 구속됐던 김지하 시인은 당시 광고 탄압을 받고 있던『동아일보』에 1975년 2월 「고행… 1974」라는 수기를 3회에 나누어 연재했다. 나도 그때 광화문 네거리 동아일보사에 직접 가서 광고란이 백지로 인쇄된 신문 후원금을 내고 신문팔이 소년에게 신문을 사 들고 와 읽었던 기억이 생생하다.

김지하 시인은 인혁당 피고인 하재완과 통방通房으로 나눈 대화로 인혁당 관련자들이 받은 고문의 실상을 폭로했다.

"인혁당 그거 진짜입니까?"

"물론 가짜입니다."

"그런데 왜 거기 갇혀 계슈."

"고문 때문이지러."

"고문을 많이 당했습니까?"

"말 마이소! 창자가 다 빠져나와 버리고 부서져 버리고 엉망진창이었습니다."

김지하는 경북대학생 이강철 씨가 "나는 인혁당의 '인' 자도 들어보지 못했는데, 그것을 잘 아는 것으로 시인하지 않는다고 검사 입회하에 전기고문을 수차례나 받았다."라고 법정에서 또렷하게 진술했다고 썼다. 김 시인은 「고행… 1974」를 쓰는 이유로 형집행정지가 취소돼 다시 교도소로 들어갔다.

『신동아』 2002년 11월호에 실린 글이다. 동아일보 황호택 논설위원이 한상범 의문사 진상규명위원회(의문사위) 위원장과 나눈 이야기인데, 한 위원장은 말했다.

"인혁당 사건 관련자 중에 유신을 노골적으로 반대한 사람은 없습니다. 그들은 대개 성향이 천진난만하다고 할까, 순진하다고 할까 하는 지식인들이서든요. 혁명가도 아니었습니다. 매카시즘적 눈으로 보면 좌파적이라고 할 수도 있겠지요. 설익은 프로그레시브(진보적) 지식인이라고 할 수 있지요."

어찌 '인혁당'뿐이겠는가. 이른바 '법'이라는 것이 만들어지면서 그 법으로 억울하게 죽어간 이들이 하늘의 별처럼 많다고 한다. 법이란 것은 권력과 금력 가진 자들이 자기들이 가지고 있는 따놓은 자리를 지켜내기 위하여 쳐놓은 그물망과 같은 것이다. 그 그물에 걸리면 법 때문에 죽을 수밖에 없었다.

지금 우리 문단의 원로이자 내 개인적으로는 스승으로 가까이 모시고 가르침을 받는 임헌영, 김우종 두 교수님도 1974년 어이없게도 '문인간첩단 조작 사건'으로 투옥되었었는데 오랜 세월이 지나서야 무죄 판정을 받았지만, 그간의 말할 수 없는 고초를 생각하면 할 말을 잊는다. 임헌영 교수님뿐만 아니라 사모인 고경숙 교수님까지 '고문 소굴'로 악명 높던 보안사 서빙고분실로 끌려가 수차례나 뺨을 맞는 치욕을 당하셨고, 김우종 교수의 사모님은 그 충격으로 끝내 사망하셨으니, 이 통한을 어찌하랴. 2021년 10월 8일 출간된 임헌영 교수님과 유성호 교수의 대담집 『문학의 길 역사의 광장』을 읽으면 마치 내가 그 현장에 끌려가 고문당하는 착각에 빠진다. 다행히 김우종, 임헌영 두 교수님 모두 지금도 강의하며 후학을 기르고 계시니 우리에게 홍복洪福 중 홍복이다.

신새벽 뒷골목에 네 이름을 쓴다. 민주주의여
내 머리는 너를 잊은 지 오래

내 발길은 너를 잊은 지 너무도 너무도 오래

오직 한 가닥 있어 타는 가슴 속 목마름의 기억이

네 이름을 남몰래 쓴다. 민주주의여

(중략)

숨죽여 흐느끼며

네 이름을 남몰래 쓴다

타는 목마름으로

타는 목마름으로

민주주의여 만세

— 김지하, 「타는 목마름으로」

민주화의 열망을 담은 이 시는 1970년대의 대표적 저항시로 10월 유신의 비상 체제하에서 질식할 듯한 시대적 상황을 개인적 서정으로 육화시켜 문학적 감성을 선명하게 집약시킨 사회참여 시이다. 김지하를 한국 민주화 운동의 상징적 존재로 자리매김한 계기를 만든 시이기도 하다.

시내의 불의에 맞선 '저항시인' 김지하가 초록의 푸른 세상 5월이 열리는 8일(2022년) 여든 고개를 갓 넘은 81세로 '타는 목마름' 같았던 생을 마감했다. 그는 1970년 재벌과 국회의원, 고급 공무원과 장성, 장·

차관을 을사오적에 빗대어 부정부패와 비리를 질타하는 저항시 「오적五賊」으로 필화사건을 겪고, 1974년 민청학련사건 배후 혐의로 사형 선고를 받는 등 1970년대 저항문학의 상징이었다. 당시 그가 풍자적 의미로 쓴 「오적」은 지금도 사회적 병폐를 풍자하는 상징적 언어가 되고 있다. 투옥을 거듭하는 중에도 그의 절창絶唱은 대학가와 저항 세력 사이에서 시와 노래로 은밀하게 지속적으로 불려 나갔다. 그의 시에 곡조를 붙인 「타는 목마름으로」와 「새」 같은 민중가요가 대표적이다. 1975년 옥중에서 '제3세계의 노벨문학상'으로 불리는 아시아 아프리카 작가회의 '로터스' 특별상을 받기도 했다.

역설적으로 그가 유불선儒佛仙과 동학사상, 생명론에 경도되기 시작한 것도 투옥 시절이었다. 옥중에서 수많은 서적을 탐독하며 생명 사상을 깨친 그는 1980년대 이후에는 이를 정립하는 데 힘을 쏟으며 활발한 저술 활동을 펼쳤다. 이때 나온 책들이 『살림』『생명』『동학이야기』이며, 2002년에는 사회·철학·미학 사상을 총정리한 『김지하 전집』이 간행됐다.

그는 민주화 운동의 상징적 인물이었으나 1990년대 이후 여러 차례 논란에 휩싸이기도 했다. 1991년 명지대생 강경대의 죽음 이후 일부 학생 운동권이 반독재 투쟁을 이유로 분신이라는 극단적 방식을 택하자, 그는 운동권 세력들이 자살을 조장하고 있다고 비판하며 신문에 「젊은 벗들! 역사에서 무엇을 배우는가」라는 제목으로 칼럼을 썼다. '죽음의 굿판을 당장 걷어치워라.'라는 부제副題가 더 유명한 문장으로 큰 반향을 일으켰다. 당시 그는 "자살은 전염된다. 당신들은 지금 전염을 부채질하고 있다."라며 생명을 경시하는 투쟁 방식을 정면 비판했다. 이미 발표한 5월 5일까지 분신한 학생이 3명이었고, 그해 5월 분신으로 목숨을 끊은 시민과 학생이 모두 8명, 칼럼이 나간 뒤로도 5명이 더 죽었다. 1991년 5월 18일 전남 보성고 3학년 김철수라는 고등학생까지 학교 운동장에서 분신자살을 시도하는 지경에 이르렀다. 김지하 시인이 왜 그런 칼럼을 썼는지 그 이유가 분명함을 짐작할 수 있는 대목이지 싶다.

이는 그가 자신의 저항문학 근간을 향해 칼날을 세우게 된 결정적 사건으로, 이후 진보 진영으로부터 '변절자'로 낙인찍히게 되었다. 2012년 대선 당시엔 박근혜 새누리당 후보 지지 의사를 밝혔다가 철회하며 또다시 논란에 올랐다. 훗날 그는 "나는 우파도 좌파도 아니오. 중간파도 아니고, 새로운 길을 찾아가는 걸 내 사명으로 하는 사람이오."라고 입장을 피력했다.

정치적으로 다소 혼란스러운 행보를 보여온 그이지만, 절제된 내면의 세계를 담은 시 창작은 변함이 없었다. 『중심의 괴로움』(1994), 『비단길』(2006), 『새벽강』(2006), 『못난 시들』(2009), 『시김새』(2012) 등 시집을 꾸준히 펴냈으며, 2018년 등단 50주년을 기념한 시집 『흰 그늘』과

산문집 『우주 생명학』을 발표한 후 절필을 선언했다. 그는 산문집에서 "나는 이제 어릴 적의 한恨 '그림'으로, 그리고 저 산으로 돌아가는 것 그 것뿐!"이라고 말했는데, 절필 후 실제로 수묵화전을 열기도 했다.

그는 1941년 전남 목포에서 태어났다. 서울대 미학과를 졸업한 뒤 1969년 『시인』지에 「황톳길」 등 5편의 시를 발표하며 정식 등단했다. 유신 독재에 저항하는 민주화의 상징이자 민족 문학 진영의 대표 문인으로 주목받았던 그는 후일 아이러니하게도 민족문학작가회의로부터 제명당하기도 했다. 하지만 그는 "나는 작가회의에 아예 가입한 적이 없다."라고 받아쳤다고 한다. 훗날 '박정희 독재 시절에는 민주화 운동으로 수형생활을 했고, 좌파 진영이 극단적이던 시절에는 그들에 대한 비판을 서슴지 않았다. 좌우로부터 지독한 비판을 받는다는 사실 자체가 그가 중용의 길을 걷고 있다는 방증'이라는 재평가를 받았다.

아주 오래전 그가 감옥생활을 할 때 가장 견디기 힘들었던 고문이 "사람이 발을 뻗고 누울 수도 없이 앉은 자세로만 있어야 하는 좁디좁은 방에 온통 하얗게 칠을 해놓고 하루 종일 백열등을 밝혀놓아 잠을 못 자게 한 것이었다."라고 한 말이 지금도 내 귓가에 맴돈다.

1999년 3월 23일 그가 환경운동연합에서 '동강 댐 백지화' 기자회견을 하는 당시 사진을 신문에서 보았다. 내가 그를 처음으로 만나 악수하며 인사를 나눈 것도 그 무렵 '지리산 댐 건설 반대' 운동할 때였다. 나는

그는 갔다, '타는 목마름'도 '저항'도 없는 곳으로

불교 환경연대 지도위원 직함으로 남원 실상사實相寺에서 집결하여 댐 건설 예정지를 답사하고 경남 산청에서 열린 지리산 댐 건설 반대 문화제에 참석했는데 거기서 김지하 시인을 만났다. 그는 시를 낭송하였는데 제목이 「그냥 그대로 놔두어라」였다. 그 후로 김지하 시인하면 그날 아주 근엄한 표정과 단호한 어조로 생명과 생태를 언급하며 시를 낭송하던 모습이 떠오르곤 했다.

한편, 고인은 2018년 절필 후 수묵화 전시를 여는 등 시가 아닌 다른 예술 활동을 하며 여생을 보냈다. 유작에서 "그림에 전념하겠다. 다시는 안 쓴다."라고 한 말 그대로 살다 생을 마감했다.

"김지하 시인의 위대함은 체제에 저항하는 참여 시인을 넘어 인류 보편적 가치인 자유와 생명의 가치를 위해 사상의 지평을 확대하고 직접 발언한 데 있다."(윤석열 대통령 당선인)

"한때 시대의 뜨거움이었고 돌파구였으며 모두가 우러른 시詩의 산맥이었다. (김민웅 전 경희대 미래문명원 교수)

"진영 논리 따위는 모르겠다. 탁월한 서정 시인으로 기억한다."(류근 시인, 논설위원)

특히 김지하 시인의 부고에 문단 및 문화계 인사들은 큰 안타까움을 표했다.

"한때 헹가래 받았다가 떨어져 냉담한 대접받는 사람 돼"(이문열), "민족예술 1세대의 대부"(유홍준), "詩로 현실 문제 적극 대응"(정과리) 등 추모의 물결이 이어졌다.

이제는 우리가 죽어 없어져도
상여로도 떠나지 못할 저 아득한 산

— 김지하, 「빈 산」

이제 그는 '빈 산'으로 돌아가 장모인 『토지』의 소설가 박경리(1926~2008) 선생과 그분의 외동딸이자 아내인 김영주(1946~2019) 전 토지문화재단 이사장을 만나 '타는 목마름'이 없는 세상에서 영면에 들었을 것이다.

나는 조석예불 때마다 지리산 댐 건설 반대 문화제에서 만났던 그를 떠올리며 극락왕생 발원 기도 하는 것으로, 그에 대한 아쉬움과 조의를 대신하였다.

영원한 '뒷것', 그가 떠나가 버렸다

"서러움 모두 버리고 나 이제 가노라." '아침 이슬'처럼 떠난 김민기, 노래로 세상을 바꿀 수 있다고 믿었던 사람이 73세를 일기로 우리 곁을 떠났다.

그의 주요 연보를 살펴본다. 1951년 전북 익산 출생(3월 31일). 의사 아버지와 산파 어머니 사이 10남매 중 막내로 태어났다. 1969년 서울대 미술대학 회화과 입학 다음 해인 1970년에 화제작인 「아침이슬」을 작곡했다. 1971년 데뷔 음반 「김민기」 발표. 1973년 김지하의 희곡 『금관의 예수』 제작 참여. 1977년 봉제공장에서 일하며 「상록수」 작곡. 1984년 민중가요 노래패 '노래를 찾는 사람들'(일명 '노찾사') 결성. 1991년 대학로에 소극장 '학전' 개관. 1994년 한국 뮤지컬 기념비적 작품 「지하철 1호선」 초연. 2024년 '학전' 33년 만에 폐관. 바로 그가 태어난 3월이었다.

지난 7월 21일(2024) 지병인 위암을 극복하지 못하고 '배움의 밭'(학전學田)을 일궜던 낭만 가객 김민기가 끝내 천상天上으로 떠나갔다. 안타깝고도 안타까운 일이었다.

한국 포크음악과 민중음악의 선구자이자 전 학전學田 대표였던 그는 73세라는 너무 이른 나이에 세상을 떠났지만, 그의 삶 전체가 우리에게 던지는 이야기 중에는 현재의 문화예술계가 귀 기울여 들어야 할 것들이 적지 않다. 그는 떠났지만, 그의 노래「아침이슬」처럼 여전히 우리의 기억 속에 남아 있다. '나 이제 가노라'라며 '저 거친 광야'로 떠난 그는 이제야 좀 '서러움 모두 버리고' 갈 수 있었을까. 그의 생애를 쫓다 보면 시대의 아픔이 곳곳에서 느껴진다. 스무 살에 내놓은「아침이슬」이라는 곡 하나만 두고 봐도 그렇다. 1971년에 낸 데뷔 앨범에 든 그 곡은 김민기의 의도와 전혀 상관없이 유신정권 반대 시위 현장에서 울려 퍼졌다. 결국 당시 정권에 의해 금지곡으로 지정된 그 곡은 김민기 평생 꼬리표처럼 따라다녔다. 내가 겪은 일화 한 토막을 여기 적어본다.

언제인지 정확한 날짜는 기억나지 않지만, 내가 젊었을 때였다. 당시는 TV 방송이 없던 때였던 것으로 기억한다. D 라디오 방송 프로 중「3시의 다이얼」이라는 음악방송 프로그램이 있었다. 진행자(DJ)는 최동욱이었다. 목소리 톤이 굵고 해박한 음악 지식으로 원곡 가수, 작곡자며 그 노래의 탄생 배경 등을 물 흐르듯 막힘없는 멘트로 전해 시청자들의 인기가 대단했었다. 당시 이 분야엔 유명한 DJ로 이종환, 황인용 등 3인방이 자웅을 겨루는 양상이었다. 물론 KBS를 거쳐 MBC로 옮겨 라디오의 심야시간대에 「한밤의 음악 편지」를 진행한 여성 아나운서 임국희를 빼놓을 수 없다.

　나는 마침 외출에서 돌아와 쉬며 라디오를 앞에 두고 「3시의 다이얼」을 청취 중이었다. 마침 그때 최동욱 DJ가 노래 신청자와 전화 연결 중이었다. 그때 신청곡이 바로 「아침이슬」이었다. 신청자는 흥분된 목소리로 "지금 청계천 도로를 꽉 메운 채 광화문으로 데모대가 행진 중인데 신청곡을 틀어…." 여기서 DJ가 서둘러 전화를 끊어버리고 「아침이슬」이 아닌 다른 신청자의 노래로 대체해 방송했다. 그 짧은 시각이었지만 DJ와 데모대원 남자 신청자의 긴박했던 대화가 귀에 쟁쟁하다.

　물론 김민기 역시 시대의 아픔 한가운데서 노래를 불렀다는 사실을 당시 그의 활동들을 통해 알 수 있다. 독재정권과 정면 대결을 벌였던 시인 김지하를 만나고 일찍이 야학에 뛰어들었으며 연보에 나와 있지만, 1973년 김지하가 쓴 희곡 『금관의 예수』 공연 참가자로 주제가인 「주여, 이제는 여기에」를 작곡했던 김민기이다. 군 생활 이후에는 인천 부평 봉제공장에 취직해 공장 노동자들을 위한 야학에서 활동하며 『공장의 불빛』 같은 음악극을 만들었다. 우리에게는 운동가요의 대명사처럼 불리며 광장에서 울려 퍼졌던 「상록수」는 사실 공장 노동자들의 합동결혼식

축가였다. 『공장의 불빛』 제작으로 중앙정보부에 연행되기도 했던 김민기는 10.26 사태 이후에는 농부로서의 삶을 살기도 했고 탄광에서 일하기도 하며 노동자들의 삶을 몸소 살았던 터이다. 우리네 현대사의 아픈 구석들을 들여다보면 그의 노래가 떠오르는 건 우연이 아니다. 그 삶이 그 시대의 아픔들을 정면으로 응시하고 있었기 때문이다.

"검푸른 바닷가에 비가 내리면 어디가 하늘이요 어디가 물이요/그 깊은 바닷속에 고요히 잠기면 무엇이 산 것이고 무엇이 죽었소."

김민기가 쓰고 만든 곡 「친구」는 고등학생이 썼다고는 믿기지 않을 정도로 절창이다. 가사는 시詩이고, 곡 또한 단순하지만 한번 들으면 잊히지 않을 정도로 강렬한 인상을 남긴다. 실제 친구의 죽음을 경험하고 썼다는 이 곡을 보면 싱어송라이터로서의 김민기의 면모가 일찍이 드러난다. 거기에는 문학이 있고 음악이 있다. 그는 노래도 만들고 불렀으나 음악극도 했다. 연극 또한 직접 만들었다.

김민기는 1969년 서울대학교 미술대학 회화과에 입학했으나 붓 대신 마이크를 잡았고, 1학년 1학기를 마친 뒤 고교 동창 김영세와 포크송 듀오 '도비두'로 활동하며 가수 인생을 시작했다. 「아침이슬」은 1970년 명동 '청개구리의 집'에서 공연하며 작곡했다. 유신정권이 서슬 퍼렇던 1972년 '유신반대'를 외치던 시민들은 김민기의 「아침이슬」을 시간과 장

영원한 '뒷것', 그가 떠나가 버렸다

소를 가리지 않고 불러댔고, 1971년 발표한 데뷔 음반『김민기』는 발매 직후 압수당하며 그는 '금지곡 가수'로 낙인찍혔다.

　1991년 대학로에 개관한 소극장 학전은 김민기의 '뒷것' 정신이 구현된 공간이다. 고故 김광석을 필두로 들국화, 안치환, 장필순, 이소라, 윤도현, 나윤선 같은 '앞것' 음악가들이 배출됐다. 1994년 독일 원작(『Line 1』)을 번안해 올린 록 뮤지컬『지하철 1호선』은 사회적 고민을 가미한 작품으로 2023년까지 8,000회 이상 공연돼 70만여 명이 넘게 봤다. 설경구·김윤석·황정민·장현성·조승우는 이 소극장이 배출한 스타, '학전 독수리 5형제'로 불린다. 이들도 모두 김민기의 호칭으로 보면 '앞것' 배우들이다. 뮤지컬『의형제』(2000),『개똥이』(2006)는 물론 어린이극『우리는 친구다』『고추장 떡볶이』까지 지평을 넓히려 애썼다. 더 이상 감당하기 어려워지자, 그 흔한 '정부 지원'을 받지 않고 지난 3월 15일 개관 33년 만에 문을 닫았다.

　김민기를 운동권, 저항가수로 가두지 말았으면 좋겠다. 그는 항상 가수와 배우들을 '앞것'이라 칭하고 자기는 '뒷것'을 자칭하며 전혀 앞에 나서지 않는 '천재 아티스트'였음을 우리 모두 기억했으면 한다. 나는 이 짐에서도 김민기라는 사람의 겸손과 배려심을 배웠다.

　김민기 노래 중「봉우리」를 보자.

　"우리 땀 흘리며 가는/여기 숲속의 좁게 난 길/높은 곳엔 봉우리는

없는지도 몰라/그래 친구여 바로 여긴지도 몰라/ 우리가 오를 봉우리
는."

"나는 뒷것이야, 너희는 앞것이고." 그가 학전을 개관하며 했던 일들
은 그가 생전에 한 이 말 하나로 설명된다. 그는 뮤지컬, 아동극, 가수들
의 공연 등을 무대에 올리는 역할을 뒤에서 하는 자신을 '뒷것'이라 칭했
다. 이는 스포트라이트를 예술인들에게 내려주고 자신은 무대 아래서
그걸 비춰주는 역할을 자임한 그의 삶을 말하는 것이기도 하다. 학전이
라는 이름 자체에 나서지 않고 묵묵히 예술가들의 못자리가 되어주겠다
는 의지가 담겼다.

결국 김민기의 생애는 개관 후 33년이나 버텨왔지만 재정난으로 지
난 3월 폐관한 학전과 거의 닮았다. 건강 악화로 지난해 가을 위암 진단
을 받고 투병하면서도 끝까지 학전의 레퍼토리들을 다시 무대에 올리겠
다는 강한 의지를 내보였다고 한다. 안타깝게도 그 뜻은 이뤄지지 않았
지만, 그는 우리네 예술계에 영원히 든든한 '뒷것'으로 남았다.

모든 이들의, 그중에 나의 애창곡 중 베스트 애창곡인 「아침이슬」을
나지막이 불러보며 글을 마칠까 했는데, 이대로 끝내기엔 모두 다 아쉽
다. 비록 중언부언이 될지라도 나는 그를 더 붙잡아 두고 싶다.

긴 밤 지새우고 풀잎마다 맺힌

진주보다 더 고운 아침 이슬처럼

내 맘에 설움이 알알이 맺힐 때

아침 동산에 올라 작은 미소를 배운다

태양은 묘지 위에 붉게 떠오르고

한낮에 찌는 더위는 나의 시련일지라

나 이제 가노라 저 거친 광야에

서러움 모두 버리고 나 이제 가노라

김민기 작사, 작곡의 대표적인 민중가요. 1970년 8월 28일 노래를 만들었으나 무엇이 마음에 들지 않았는지 그는 악보를 찢어 쓰레기통에 버렸다. 가수 양희은이 김민기가 악보를 버리기 전에 노래를 듣고 마음에 들어서 그 찢어진 악보를 맞춘 다음 자신이 부르고 싶다고 청하자 그는 그것을 허락했다. 이후 1971년 발표한 이 노래가 히트 치자 김민기도 약 한 달 후에 그 노래를 불러 1집 앨범에 수록했다. 김민기의 버전은 피아노, 양희은의 버전은 기타 반주가 깔린다. 결국 양희은이 부른 「아침이슬」이 대중늘에게 더 유명하다.

고인의 서울대 후배인 이수만 전 SM엔터테인먼트 총괄 프로듀서가 고 김민기 유족 측에 많은 액수의 조의금을, 또 학전 폐관 시에도 1억 원을 기부해 폐관 비용에 보탰다고 한다. 그는 학창 시절 고인과 동아리 활동을 같이하는 등 오래전부터 인연을 쌓아왔다. 그는 평소 주변 사람들에게 "조용하며 나서지 않고, 나서야 할 때는 묵묵히 책임만 감수하는 순수하고 맑은 시인"이라며, "대한민국 가수들의 초석을 다진 매우 존경하는 분"이라고 말해왔다고 한다. 왜 아니겠는가, 나 같은 사람도 학전 공연장에서 먼발치에서 본 것이 전부라도 이렇게 가슴이 아프고 아쉽고 안타까움에 정신 나간 사람처럼 그저 멍~하기만 한데….

그저 나도 "역경과 성장의 혼돈시대, 대한민국에 음악을 통해 청년 정신을 심어줬던 고인에게 마음 깊이 존경을 표하며 명복을 빈다."

TV 화면을 통해 학전 독수리 5형제로 통하는 배우 장현성, 설경구, 황정민을 비롯한 학전 출신 연예인들이 고인의 마지막 가는 길을 끝까지 배웅하는 모습에 가슴 뭉클했다. 특히 장현성과 설경구는 계속 눈물을 참지 못하는 모습을 보며 나도 모르게 눈물을 흘렸다. 장지가 천안공원묘원이라니 시간을 내서 한번 가봐야겠다.

100세 시대라는데 더 오래 살며 좋은 노래와 뮤지컬 작품을 만들어 보통 사람 중 가장 보통 사람인 김민기를 좋아하는 수많은 팬의 희로애락을 보듬어 주면 좋을 것을. 천상의 팬들이 어서 오라는 성화에 못 이겨 이렇게 황망히 등 보이며 가버렸는가. 웃으면 눈을 감은 듯 눈동자가 보이지 않는 그가 저만치서 웃으며 손 흔들고 서 있는 것만 같다.

긴 겨울밤 시詩야, 수필과 놀자

어느새 12월이 찾아왔다. 나는 매년 한 장 남은 달력이 가로로 동글동글 이어진 철사에 매달리듯 걸려 있는 모습을 볼 때마다 나도 모르게 찬바람에 몸 가눌 수 없이 떨고 있는 몇 안 되는 나뭇잎을 떠올리곤 한다. 그리고 자연스럽게 미국의 유명 작가 O. 헨리의 단편소설 「마지막 잎새(The Last Leaf)」(1905)가 생각난다.

뉴욕 그리니치 빌리지의 아파트에 사는 무명 화가 존시가 심한 폐렴에 걸려 사경을 헤맨다. 그녀는 삶에 대한 희망을 잃고 친구의 격려도 아랑곳없이 창문 너머로 보이는 담쟁이덩굴 잎이 다 떨어질 때 자기의 생명도 끝난다고 생각한다. 같은 집에 살며 역시 그림을 그리는 늙은 화가가 나뭇잎 하나를 벽에 그려 심한 비바람에도 끄떡없이 견뎌내는 진짜 나뭇잎처럼 보이게 하여 존시가 삶에 대한 희망의 의지를 갖게 해준다. O. 헨리의 많은 작품 중에서도 대표작으로 인정人情과 애환이 깃들어 있다.

 이렇듯 소설이나 기타 문학작품을 읽는 것도 긴 겨울밤을 보내는 방법일 텐데, 나는 이번 겨울엔 '수필로 읽는 시'라는 테마를 설정해 놓고 있다. 주로 한시를 비롯해 임의로 선별한 시와 내가 즐겨 쓰는 짧은 시를 묶어 펴낸 졸저 '김대원의 단시집'『놀이』 중에서도 골라서 써볼 것이다.

 그 첫 번째로 겨울인 이 계절에 걸맞다 할 시를 골라보았다.

江流欲澌漁不起강류욕시어불기
                강물에 유빙이 흐르려 하니 물고기 뛰어오르지 않고
一簑猶釣寒蘆裏일사유조한로리
                찬 갈대 속에서 도롱이 걸치고 혼자 낚시하는 어부.
漁邨茫茫煙火微어촌망망연화미
        아득히 보이는 어촌에는 밥 짓는 연기 희미하게 피어오르는데
雪滿晚蓬人獨歸설만만봉인독귀
          해질 무렵 눈 가득 쌓인 거룻배 타고 어부 혼자 돌아가네.
                                      ― 고계高啓, 「조설탄조雪灘」

 지은이 고계高啓(1336~1374)는 원나라 말에서 명나라 초의 시인이다. 자는 계적季迪, 호는 청구자青邱子이다. 몇 차례 절강浙江 지방으로

여행한 것과 한때 남경에서 명 왕조의 관리가 된 것 외에는 일생을 소주蘇州에서 지냈다. 생애의 대부분을 소주를 본거지로 명과 항쟁한 장사성張士誠 정권 아래 있었고, 명 태조가 독재 지배를 확립한 뒤 태조의 정적이었던 장사성 정권과 가깝게 지냈다는 전력 때문에 억울하게도 39세 젊은 나이에 허리 잘리는 형벌을 받고 죽은 비운의 천재 시인이다. 짧은 생애에 2,000수 이상의 시를 남겼는데, 시체詩體가 청신淸新했다. 대표작인「청구자가靑邱子歌」는 자유분방한 환상을 엮으며 시인의 사명을 노래한 중국 문학사에 길이 남을 작품이다.

나는 이 시를 읽노라면 군대 시절의 한때가 생각난다. 맹호부대원으로 베트남 전쟁에 참전하기 위해 파병되기 전에 나는 포천 국립광릉수목원 입구 두 개의 큰 시냇물이 합해지는 곳에 주둔했던 부대에서 근무했다.

물론 냇가이니 이 시에서처럼 갈대가 무성했고 두 시냇물이 합수되는 곳은 물길이 세고 깊었는데, 그 위로는 넓고 긴 다리가 놓여 있어 낚시꾼들의 명당이었다. 그러나 내가 경험한 일은 이런 것이 아니고, 이 시의 제3연 '밥 짓는 연기 희미하게 피어오르는데'이다. 졸병 시절엔 부대의 중요시설 곳곳에 보초를 섰다. 특히 대대본부에서 아주 가까운 산 밑에 탄약고와 장교변소가 있었다. 탄약고에서 보초를 서면 바로 눈앞에 냇물이 흐르고 멀리 민가가 훤히 보였다. 그중에서도 냇물 건너 도로 양옆으로는 술집과 생필품 가게 등 상점들과 민가가 이어져 있었다. 그때는 연탄이나 나무를 때던 시절이어서 아침저녁이면 밥 짓는 연기가 모락모락 피어오르곤 했다. 그 모습을 보고 있노라면 지금쯤 집에선 어머니가 부엌에서 밥 짓고 계시겠지 하는 생각에 나도 모르게 눈물이 나며 "엄마!" 소리가 절로 나왔다. 그때는 정말 빨가벗은 알몸으로 집에 가라면 그렇게 할 것 같은 절박한 마음이었다.

고계의 이 시는 당나라 시인 유종원柳宗元(773~819)의 「강설江雪」을 떠오르게 한다. 고계의 시 앞의 두 구절은 유종원의 시 「강설」의 뒤 두 구절과 분위기가 아주 비슷하다. "도롱이와 삿갓 쓴 노인이 외로운 배를 타고, 눈발이 흩날리는 추운 강에서 홀로 낚싯대를 드리우네(孤舟蓑笠翁 獨釣寒江雪)." 이 얼마나 탁월한 표현인가. 이 두 시를 읊노라면 한 폭의 조설도釣雪圖가 눈앞에 어려진다. 하염없이 내리는 눈발 속에서 낚싯대를 드리우고, 속세의 잡사雜事를 초월하고 홀로 자연 속에 숨어들어 사는 은자의 여유로운 삶이 그려진다.

후대의 시인 고계가 당대唐代의 시인 유종원의 표현을 모방하지는 않았을 것이다. 시를 쓰다 보면 이처럼 흡사한 느낌이나 표현이 나오는 경우가 많고도 많다.

이제 나의 졸시 두 편을 소개한다.

솔가지에 얹힌 눈 한 줌
툭 떨어뜨리며 혼자 노는 밤바람.

— 김대원의 단시 「놀이」

폭설로 휘어진 노송老松 가지
바람도 숨을 멈춘 가지 끝 고요.

— 김대원의 단시 「정적靜寂」

김대원의 단시집 『놀이』에 대한 서문과 발문의 일부분을 싣는 것으로 평을 대신한다.

시집 『놀이』를 통독하고 나서 내 뇌리에 각인 된 것은 김대원이란 시인의 존재다. 그의 시심-시혼-영성의 높이는 너무도 맑고 너무도 고귀하다. 그렇다 하더라도 어떻게 그렇듯 콸콸 시의 샘이 솟구쳐 나오는가? 준비 안 된 시인에겐 그런 기적 같은 일이 절대로 일어나지 않는다. 그의 준비란 다름이 아니라 그가 평소에 자신의 영성을 부단히 갈고 닦고 있음을 의미한다. 그의 시집 권두를 장식하고 있는 두 편의 2행시 「놀이」와 「정적」을 보았을 때 나는 사실상 더 읽지 않아도 된다고 느꼈었다. 그가 시인으로서 더는 갈 데 없는 어떤 정점에 올라서 있음을 보았기 때문이다. 그런데 김대원의 '바람도 숨을 멈춘 가지 끝 고요'는 명구名句라 할 만하다. 아마 그런 표현의 묘미로 하여 이 시는 두고두고 독자에게 신선미를 잃지 않으리라.

— 박희진 시인(생전에 단시의 태두라 불렸음)

그의 시에는 선적禪的 고요가 있다. 정적靜寂이다. 그러나 솔가지의 눈을 툭 떨어뜨리는 밤바람의 놀이가 정적을 깬다. 이 시적 파격破格이 현상과 본체, 있으면서 없는 진공묘유眞空妙有의 깊은 이치를 전해준다. 무욕의 언어로 자연을 읽어 내는 하전거사의 시가 나로 하여금 정좌靜坐하게 한다. "겨울 산은 적막하다/화두話頭가 들렸나 보다."처럼. 풀밭에서 냉이꽃을 발견할 때의 기쁨을 나는 그의 시에서도 만난다.

— 맹난자(수필가)

간밤에 내가 사는 지역에 첫눈이 내렸고, 지금도 눈발이 어지럽게 흩날리며 내리고 있다. 내일이 대설大雪인데 그 전초전인가 보다. 오늘 밤은 또 어떤 시와 놀아볼까. 서가의 시집들이 눈 맞추자고 야단들이다.

매월당 김시습의 불교와 문학

1. 신동, 5세 김시습

매월당 김시습金時習(1435~1493)은 조선시대를 살다 간 천재 문인이자 불교 승려이다. 스스로를 '방외인方外人'이라 할 정도로 세상 격식으로부터 자유로웠으며, 생육신의 한 사람으로 절개를 굽히지 않은 조선의 선비였다. 그는 위험을 무릅쓰고 능지처참 된 사육신의 시신을 수습하여 노량진 언덕에 묻었다.

본관은 강릉이며 자는 열경悅卿이다. 호는 오세五歲·청한자淸寒子·동봉東峯·벽산청은碧山淸隱·췌세옹贅世翁·매월당梅月堂 등이다. 그는 태어난 지 여덟 달 만에 벌써 글을 알았다고 하며, 최치운崔致雲이 기이하게 여겨 '시습'이라고 이름을 지었나. 말은 느리지만 정신은 경민警敏하여 글을 보면 입으로는 읽지 못했지만 그 뜻은 모두 알았으며, 세 살에 시를 지을 줄 알았다.

다섯 살에는 『중용』과 『대학』에 통하였으며, 글짓기도 더한층 진보되었다. 이러한 그의 소문을 들은 정승 허조許稠가 그의 집을 방문하여 김신동의 실력을 시험해 보았다.

"애야, 나는 벌써 늙은 사람이라, 노老 자로 운韻을 달아 시 한 구절을 지어다오."

老木開花心不老 늙은 나무에 꽃이 피었으나 마음은 늙지 않았구려

세종이 그의 소문을 듣고 승정원에 분부를 내려 시습을 불러서 지신사知申事 박이창朴以昌으로 하여금 그의 실력을 시험케 했다.

"童子之學白鶴舞靑松之末(어린아이의 학문이 흰 학이 푸른 소나무 끝에서 춤추는 것 같아라)"고 운을 떼자, "聖主之德黃龍翻碧海之中(성스런 임금님의 덕은 누런 용이 푸른 바다 가운데서 번득이는 것 같아라)"라고 답하였다.

이를 전해 들은 세종이 비단 50필을 하사하되, 그의 앞에 포개어 두고 스스로 가져가게 했다. 어떻게 하는가 보았더니, 시습은 곧 어렵게 생각지도 않고 50필을 풀어 끝과 끝을 묶은 뒤 허리춤에 앞 끝을 묶어서 끌고 대궐 문을 나갔다.

21세 때 삼각산 중흥사重興寺에서 공부하던 그는 수양대군이 조카 단

종을 몰아내고 왕위에 올랐다는 소식을 듣고 통분하여 나흘 동안이나 두문불출 단식한 뒤, 읽던 책을 모두 불태워 버리고 삭발염의로 법명을 설잠雪岑이라 하고 긴 방랑길에 올랐다. 자신의 방랑을 호탕한 유람, 즉 탕유宕遊라 일컬었던 그의 놀 유遊 자를 붙인 네 권의 책이 『사유록四遊錄』이다.

有客淸平寺유객청평사	청평사에 찾아드는 나그네가 있어
春山任意遊춘산임의유	봄 산을 멋대로 노닌다.
鳥啼孤塔靜조제고탑정	산새 우짖는데 외로운 탑은 고요하고
花落小溪流화락소계류	꽃잎이 흘러내리는 작은 시내에 떨어지네.
佳菜知時秀가채지시수	보기 좋은 산나물이 때를 알아 부쩍 자라고
香菌過雨柔향균과우유	향기로운 버섯은 비 온 뒤라 보드랍네.
行吟入仙洞행음입선동	시를 읊으며 걷는데 신선의 마을로 들어서니
消我百年憂소아백년우	내 일생의 시름을 풀어보리라.

— 「유객有客」

전국 방방곡곡을 방랑하다가 오봉산 청평사에 이르러 쓴 시이다.

그는 자신의 이상인 충의를 지키기 위해 세상을 버렸지만, 결코 현실에 관심을 거둘 수는 없었다. 한 가지 사상에만 빠지지 않았던 김시습은 유교, 불교, 도교를 넘나들며 불교에 대한 비판도 서슴지 않았다.

우리나라 최초의 한문 소설로 평가되는 『금오신화』를 보면 「남염부주지」에서 송유이학宋儒理學의 입장에서 세속화된 기복 불교와 제례 중심의 불교를 비판하고 선불교의 높은 수행 단계를 추구했다.

2. 설잠 스님의 법성게法性偈 해

설잠 스님은 의상대사의 「화엄일승법계도」에 주병서註幷序를 달았다. 화엄의 종조 의상대사가 『화엄경』의 요지를 7언 절구 210개의 한자어를 회전·굴곡 시켜 원융한 법계의 하나인 해인海印 형태를 완성했다. 그것은 마치 대해大海 속에 일체 사물의 모습이 도장을 찍듯 선명하게 투영되어 있는 것처럼 맑고 고요한 삼매 속에 일체의 진상이 드러남을 뜻한다. 이 도인圖印은 '법성원융무이상'의 법에서 시작하여 '구래부동명위불'의 해인삼매 총상인總相印이 된다. 법성法性에 의한 해인삼매를 나타내는 시게詩偈이기 때문에 이를 법성게法性偈라고도 한다.

『화엄일승법계도주華嚴一乘法界圖註』를 보자.

"깨달음보다 더 나아간(向上) 길은 일천 성인도 전하지 못하니 이미 전하지 못하는 소식이라면 이러한 법계法界의 그림은 무엇으로부터 나온 것인가? 가령 종으로 횡으로 구불구불함과 글자와 점들이 얼룩덜룩한 것이 이 그림인가? (중략) 의상 법사가 마음을 쓰고 생각을 움직여가며 자비심을 드리워서 중생들을 이롭게 함이 이 그림인가? 가령 조짐이 아직 싹트지 않고 그릇이 미처 형상을 이루지 아니하였을 적에 벌써 이 그림인가?"

잠자코 있다가 이르되, "낚싯바늘 드리운 뜻을 알아차리고, 눈금의 표식을 오인하지 말라."고 하셨다. 나는 '조짐이 싹트지 않고 명기名器가 미처 형형을 이루지 아니하였을 적에 벌써 도인圖印 것인가.'에 이르러 이는 미발未發, 미생 전未生前의 '부모 미생 전 본래면목本來面目'의 자리를 물은 것이 아닌가 생각된다. 또한 낚싯바늘 드리운 뜻을 알아차리고 눈금의 표식을 오인하지 말라고 한 구절에서는 설잠 스님이 백담사에서 주註를 단 『십현담十玄談』의 「열경주悅卿註」와 동안 상찰 스님의 시구를 떠올리게 한다.

묻노니 심인心印은 어떻게 생겼기에/심인을 누가 감히 전수한다 하는 거냐. (중략)
무심無心이 곧 도道라고 이르지 말라./무심도 한 겹의 관문, 격隔하고 있느니라.

— 동안 상찰 스님의 「1. 심인」에서

동안 상찰 스님께서 무심의 집착을 경계한 것은 '눈금의 표식을 오인

말라.'라는 것과 궤를 같이한다. 노자의 도가도비상도道可道非常道처럼 무심이 본래 도道이건만, 도를 도라고 이르는 순간 그것은 머리 위에 머리를 다시 보태는 격이 된다. 모두 본질을 바로 보라는 말씀이다. '십현 +玄'이란 선禪의 오묘한 취지를 10가지 면에서 노래한 것으로 선시의 백미라 할 만하다. 스님의 높은 안목과 선지禪旨를 알 수 있는 대목이기도 하다.

그분은 59세에 부여 무량사에서『묘법연화경』발문을 쓰고 그곳에서 원적에 드셨다. 스님은 입적에 들면서 승려들에게 "내가 죽거든 화장하지 말고 땅속에 3년 동안 묻어둬라. 그 후에 정식으로 화장해 달라."고 당부했다. 그가 원한 대로 시신을 땅에 묻었다가 3년 후에 무덤을 파헤치니, 시신이 살아 있는 사람과 똑같았다고 한다.

단풍이 곱게 물들어 더욱 고즈넉한 절 무량사無量寺 일주문 앞에서 나는 합장한 채 걸음을 멈추었다. 천왕문으로 들어가는 계단에서 또 한 번 걸음을 멈추고 문안을 찬찬히 들여다보았다. 처마처럼 가지를 늘어뜨린 소나무 아래로 석등(보물 제233호) 등 국가 지정 보물들이 있지만, 나의 관심은 영정각에 있었다. 서너 번이나 무량사 탐방을 한 나는 늘 그랬었다. 영정각에 모신 초상은 가슴까지 그린 반신상인데, 머리에는 중절모처럼 생긴 검은 모자를 쓰고 있다. 시를 쓰는 사람으로 나는 대시인께 성심으로 합장배례를 드리고 무량사로 오르기 전, 부도浮屠들이 서 있는 무진암 쪽으로 갔다. 일제 강점기에 폭풍우로 나무가 쓰러지면서 이 부도 탑도 무너졌는데, 그때 나온 사리 1점은 지금 국립부여박물관에 보관되어 있다. 천왕문 밖 언덕에는 1983년 문인들이 세운 매월당 시비가 서 있다.

    시비詩碑 앞에 서니 그의 「낙엽」이라는 시 한 수가 떠올랐다.

떨어지는 잎이라고 쓸지를 마오/맑은 밤에 그 소리 듣기 좋다오.
바람이 불어오면 서걱서걱 소리 나고/달이 떠오르면 그림자 어수선해라.
창을 두드려 나그네 꿈 깨우기도 하고/섬돌에 덮여 이끼 무늬도 없애네.
빗줄기 선 듯하면 어찌할 수 없기에/먼 산에 그 모습 한껏 여위었어라.

    잎 지는 가을밤, 수척한 노사老師의 모습이 공적空寂하다. 바람에 서걱거리는 소리, "창을 두드려 나그네 꿈 깨우기도 하고/섬돌에 덮여 이끼 무늬도 없애네." 이 대목에서 나는 꿈 깬 자의 자각과 마음에 이끼 무늬도 없는 무심無心을 읽게 된다. 그분의 오도송같이 느껴진다. 청한淸寒 비구 설잠 시비 앞에서 그날 나는 쉽게 자리를 떠나올 수 없었다.

쪽 수필 1. 남은 시간이 많지 않다
쪽 수필 2. 아름답고 훌륭한 삶
고락상평苦樂常平
가외자언可畏者言
즐기는 모드
네 이놈 알츠하이머, 썩 물러가라
'짤 쉼'

제6부
짤 쉼

쪽 수필 1.
남은 시간이 많지 않다

'지구'라는 이름의 땅별은 앞으로 어떻게 될까? 이른바 과학자들이며 많이 배웠다는 든 사람들은 뭐라고 뭐라고 알아듣기 어려운 말들을 하고 있지만 절멸이다. 모조리 없어져 버릴 것이라는 말이다. 사람이라는 이름의 씨의 절멸과 땅별이라 이름하는 떠돌이별의 절멸이 그것이다.

오존층이 구멍 났고 그것이 시나브로 커지고 있다는 것이야 신문 줄이라도 읽는 사람이라면 다들 알고 있으면서도 짐짓 모른 체하고 있지만, 하늘에 뭉게구름이 일어나지 않는다는 것을 알고 있는 이들은 또 그렇게 많지 않은 듯하다. 갖가지 오염물질로 공기가 더럽혀져 구름이 뭉쳐지지 않기 때문인데, 우리나라만이 아니라 세계적으로 드러나고 있는 꼴이다. 어디 이뿐인가. 땅은 더럽혀져 한번 더럽게 된 것은 되실아닐 수 없는 땅속 물이 오염의 첫마디를 넘어서고 있으며, 바다에서 잡히는 물고기 가운데 종양, 곧 암에 걸려 있지 않은 것은 '스쿠알렌'이라는 타고난 항암제를 지닌 상어 말고는 없다. 하늘과 땅과 바다가 모두 망가져 버려 되살아날 싹수가 노랗게 되었으니, 그 사이에서 살고 있는 사람 또한 망가져 마침내는 사라져 버리게 될 것 또한 두말할 나위 없다.

섬진강 아랫녘에는 은어와 재첩이 보이지 않는 것이 어제오늘이 아니라고 어민들의 아우성이 내 귀를 맴도는 것 같아 안타깝기 그지없다. 광양만을 파재낀 인과응보로 바닷물이 밀고 올라옴으로써 맑은 물에서만 사는 은어가 사라질 수밖에 없다. 흑산도 앞바다에서는 홍어 어획량이 말할 수 없게 떨어져 시장에 나오는 것은 외국산이 대부분이라 한다. 이 밖에 연평도에서는 조기가, 동해에선 오징어가 잡히지 않는다는 언짢은 소식은 이미 오래되었다.

깊은 물속에는 물고기가 잠기지 않고 하늘에는 새가 없다. 그뿐인가. 벌이 사라져 사람이 붓으로 화분을 옮기는 어처구니없는 일이 벌어지고 있다. 지난봄에 과수원 길 산책하다가 본 광경이다. 끝없이 밀려드는 중금속에 숨 막혀 바다 밑으로 내려갈 수 없고 온갖 공해물질에 나래 눌려 날아오를 수가 없기 때문이다. 엄살이나 문학적 꾸밈말이 아니고 보이는 것들이 그렇다. 늦었지만 이제라도 정말 무엇을 어떻게 해야 하는지 머리로만 알고 있을 게 아니라 우리 모두 행동에 나서야겠다. 남은 시간이 많지 않다.

쪽 수필 2.

아름답고 훌륭한 삶

"요즘 세상을 참으로 살기 좋은 세상이라고 한다."라고 하면 많은 사람이 비하의 눈초리로 바라볼지 모르겠다. 이것은 이렇게 손쉽고 편한 '컴퓨터 세상'을 말하는 것이다. AI라는 형체가 없으니 볼 수도 없는 녀석임은 말할 것도 없다. 나는 아직 한 번도 해본 적이 없지만, 대신 글을 써달라면 금방 뚝딱 해치운다니 어안 벙벙할 수밖에.

우리가 알아야 할 것은 가장 걱정 없고 즐거울 때가 참으로 가장 바드러운* 때라는 것이다. 살 만하게 되자 죽을병에 걸리고, 봄인가 했는데 어느덧 겨울이다. 고르지 못하면 기울어지고, 가득 차면 넘치며, 피어난 꽃은 반드시 지게 마련인 것이 천지 만물의 짝수*이다. 태어나서 사나나가 늙고 병들어 마침내는 죽게 마련인 것이 사람살이의 싹수이니, 성주괴공成住壞空*이다.

저 갠지스강의 모래알보다도 작은 이 '지구'라는 이름의 땅별만이 아니라 우주에 있는 모든 게 다 이 법칙에서 벗어나지 못한다. 모든 게 다 공空으로 돌아간다. 그러나 그것으로 끝나는 것이 아니라 공에서부터 다시 비롯되어 끝없이 이어져 되풀이되니, 비롯됨도 없고 마침도 없는 것이 온 우주가 돌아가는 짝수인 까닭이다. 이러한 만고불변의 짝수를 틀림없이 깨쳐 되풀이되는 돌림의 쇠사슬에서 벗어나자는 것이 모든 걸 남김없이 밝게 깨치신 이의 가르침이었다.

무서운 세상이다. 이제는 '도인道人'들이 나와서 앞길을 가르쳐 주던 세상이 아니다. 스스로 찾아내서 스스로 걸어갈 수밖에 없다. 그야말로 어떻게 해야만 될까? 깊은 생각을 하는 이들은 하나같이 '끝'을 말하기도 하는 요즈음이다. 이른바 도인들이 말하는 '세상의 끝'이야 미루어 짐작하기 어려운 일이니 그만두기로 하고, 눈에 보이는 것들이 그렇다. 날로 생태계 파괴가 심각하다는 말이다. 자연생태계의 고리가 끊어져 돌고 도는 먹이사슬의 짜임새가 엉망진창이 되었다는 것은 사람 마음 생태계의 고리가 끊어져 버렸다는 것을 뜻한다. 손쉽고 편해서 즐겁게 살고자 하는 끝 모를 게염* 때문이다. 본래무일물本來無一物의 밑바탕 짝수를 깨달아 부질없고 덧없는 게염의 뿌리를 뽑아내지 않고서는 함께 나락奈落으로 떨어질 수밖에 없으니, 골칫거리는 가치관이다. 어떻게 사는 삶을 아름답고 훌륭한 삶으로 볼 것인가 하는.

欣奏累遣흔주누견　感謝歡招척사환초
기쁜 일은 아뢰어지고 근심은 내쳐지며, 슬픔은 사라지고 즐거움이 손짓하여 부른다.

몸을 감추어 세속잡사에 얽매이지 않는 사람은 늘 느긋한 마음으로 한갓지게 살아갈 수가 있음.
마음에 거리끼어 근심되는 일이 없으므로 즐거운 마음만 생김. 때를 못 만난 선비가 숨어 살며 스스로 달갑게 여기는 삶을 말하고 있음.

* 바드럽다〈~러우니, ~러워〉(형) 빠듯하게 위태하다.
*짝수; 턱, 갈피, 이치理致
* 성주괴공成住壞空: 불교의 시간관인 사겁四劫으로, 성겁成劫 · 주겁住劫 · 괴겁壞劫 · 공겁空劫을 줄여 말할 때 쓰는 말. 불교에서 우주가 시간 적으로 무한하여 무시무종無始無終인 가운데, 생성소멸 변화하는 것을 설명하는 개념으로 사겁四劫을 말하며 그것을 줄여서 성주괴공이라 한다.
* 계염: 부드러운 마음으로 새암하여 탐내는 욕심

고락상평 苦樂常平

"집안에 우환憂患이 있으면 편할 날이 없다." 어린 시절 시골에 살 때 이웃집에 아픈 사람이나 사고를 당한 일이 있었을 때 동네 어른들이 자주 하신 말씀이었다. 또 '긴 병에 효자 없다.'거나 '삼 년 간병에 불효 난다.'는 속담도 있다. 우리 집에도 아내가 오래도록 긴 투병생활을 하고 있어 본인의 고통이야 물론이지만, 이를 바라보는 나나 자식들도 늘 긴장에서 벗어날 수가 없다.

중년 시절 우리나라에 에어로빅댄스가 유행하면서 여성들의 건강에 좋다고 하여 나는 아내 몰래 3개월 치 회비를 미리 내고 등 떠밀다시피 해서 보냈었다. 몸도 날렵해지고 건강도 좋아져서 함께 등산 가면 나보다도 먼저 오르곤 했었다.

세월은 어쩔 수 없는 것인지 노년으로 접어들면서 차츰 기력이 떨어지더니 급기야 심한 골다공증에다 허리디스크에 무릎 통증, 역류성 식도염 등, 그야말로 종합병동(?)이 되고 말았다. 내가 곁을 지킨다고는 해도 넘어질까 노심초사하는 것 외엔 뚜렷하게 도움이 되는 게 없었다. 결혼해 천안에서 사는 딸이 사위의 배려로 매주 목요일이면 올라와서 제 엄마를 돌봐주었다. 사위가 토요일 밤에 올라와 다음 날 우리 내외를 데리고 드라이브도 시켜주고 점심까지 대접해준 후에 딸과 함께 내려가곤 했다. 고맙기는 했어도 미안한 마음이 더 컸다. 나중엔 딸과 사위 그리고 아들, 며느리가 의논하여 차라리 천안에 아파트를 마련해 엄마 아빠를 내려오시게 하자고 제안하기에 이르렀다. 그런데 문제는 바로 나였다. 서울을 근거지로 문학 활동과 수필 강의하는 것이 내게는 노년의 유일한 낙이었기에 결단 내리기가 쉽지 않았다. 하지만 아픈 사람을 생각해서 어쩔 수 없이 자녀들 제안을 수락할 수밖에 없었다. 딸도 하는 일이 있었지만 그래도 수시로 우리 집에 와서 아내를 돌봐주어서 안정감이 들어 편하기까지 했다. 그러나 나는 천안은 물론 이웃 도시라도 아는 이가 있으면 만나서 차 마시고 담소 나누며 지내다 보면 마음이 잡혀 정착하는 데 도움이 되었겠지만, 전혀 그렇지 못해 늘 불안정한 상태였다. 그러다 보니 시도 때도 없이 들끓는 감정 조절을 어찌할 바를 몰라 했다. 어린아이처럼 좀 괜찮다가도 금방 슬퍼시고 늘떴다가도 이내 시무룩해지고 말았다. 그러니 쌓여가는 것이 스트레스뿐이었다. 오래전부터 다니던 서울 삼육병원에 정기 검진차 갔더니 담당 의사가 깜짝 놀라며 전립선 수치가 갑자기 올라갔다며 하루 입원해서 MRI를 비롯해 여러 검사를 해 보자 했다. 결과는 암 2기라는 판정이었다. 누구나 몇 가지 암 유발 인자는 갖고 있는데 심한 스트레스를 받으면 바로 암으로 발전한다는 것이다. 다행히 전이가 안 되었으니 수술하면 깨끗해질 수 있다며 나를 안심시켰다. 그리고 최신 장비가 갖춰진 고려대 안암병원으로 가서 수술할 것을 권했다. 나의 70평생 처음으로 입원과 수술이란 걸 했다.

로봇수술로 깨끗하게 수술이 잘되었고, 별도로 항암치료도 할 필요가 없다고 집도의가 말해주었다. 그간의 불안과 초조함에서 벗어날 수 있어서 다행이었다. 입원해 수술하고 치료받은 지 일주일 만에 퇴원이 허락되어 집으로 돌아왔다. 이런저런 잡념에 빠지지 않기 위해 집 안에서라도 걷기를 게을리하지 않고 독서에 시간을 많이 할애했다.

다산 정약용도 유배지에서 이 같은 감정처리에 많이 고심했었다고 한다. 강진 병영에 근무했던 이중협李重協이란 사람이 적막한 다산초당으로 자주 찾아와 떠들썩한 자리를 만들곤 했었다. 그런 그를 다산도 싫지는 않았던 모양이다.

그렇게 왕래하기를 한 3년쯤 되었을 때였다. 어느 날 그가 풀죽은 목소리로 임기를 마치고 서울로 올라가게 되었다고 말했다. 한참을 말없이 듣고 있던 다산이 그를 위해 붓을 들었다.

즐거움은 괴로움에서 나오니 괴로움은 즐거움의 뿌리다. 괴로움은 즐거움에서 생겨서 즐거움은 괴로움의 씨앗이다. 괴로움과 즐거움이 생기는 것은 동정動靜과 음양陰陽이 서로 뿌리가 되는 것과 같다. 통달한 사람은 그 연유를 알아 기대고 엎드림을 살피고 성하고 쇠함을 헤아려 내 마음이 상황에 반응하는 것을 늘 일반적인 정리와 반대가 되게끔 한다. (중략)

다산의 말을 요약하자면 이렇다. 자네 있어 즐거웠고 떠난다니 서운하네. 늘 이리 지낸다면 각별하게 즐거운 줄 모르고 그러려니 했겠지? 헤어짐이 아쉽지만, 훗날 내가 귀양에서 풀린 뒤 자네가 불쑥 나를 고향 마을로 찾아와 주면 그 기쁨이 배로 될 걸세. 그러니 그간의 즐거움으로 오늘의 슬픔을 마주 가늠하세나. 일렁임 없이 내 자네를 보내려네.

고통과 기쁨을 나눠 평형을 유지하기가 그리 쉬운 일은 아닐지언정 다산의 말대로 괴로움은 즐거움의 뿌리이고, 즐거움은 괴로움의 씨앗임을 알아차리고 지낸다면 내가 처한 현실도 내 생각과 실행 여하에 달려 있음이라. 하여 '일체유심조一切唯心造'라 하지 않던가.

가외자언 可畏者言

요즘 말로써 세상이 시끄럽다. 특히 정계에서 그 정도가 가장 심하다. 얼마 전 대통령과 여당 대표 대행을 맡은 사람 간의 문자 교신이 외부로 노출된 사건은 정말 당혹스러웠다. 장마철도 지났건만, 계속된 폭우로 곳곳에서 물난리가 나서 가재도구며 추석 대목을 앞두고 쌓아놓은 상품이 다 못 쓰게 되어버렸고 수많은 이재민이 고통받고 있다. 이 와중에 수해 복구랍시고 여당 국회의원 여러 명이 수해 현장에 가서 일손을 돕다가 사진 잘 나오게 비라도 내렸으면 좋겠다는 절대로 해서는 안 될 말로 분노를 자아냈다.

특히 국회의원들이 장관을 비롯한 정부 고위직에 내정된 사람들을 상대로 청문회를 열 때, 또는 행정 관료들을 불러놓고 하는 정책 질의응답을 보고 있노라면 그 저속하고 수준 이하의 언행은 청소년들이 볼까 두렵기까지 했다. 이 나라 사회 지도층 품격의 현주소를 보는 느낌이어서 더욱 부끄러웠다. 변이에 변이를 계속하며 수그러들 줄 모르는 코로나에 설상가상으로 무더위와 폭우까지 덮쳐 온통 난리 상황에서 참으로 '어처구니가 없다'라는 말밖에 할 말이 없었다. 나는 신문 스크랩북을 열고 한참 전에 모 일간지에 발표된 고전문학 전공 대학교수의 글을 찾아 한 번 더 읽어봤다.

조선 후기 문신이자 세도 정치가였던 홍국영洪國榮(1748~1781)이란 정승政丞이 있었다. 그는 사도세자를 죽이는데 앞장섰던 '벽파僻派'들이 세손(정조대왕)까지 해하려 음모를 꾀하자, 이를 막아 후에 정조의 신임을 받아 도승지에 오르고 누이동생을 빈嬪(원빈)으로 입궐시켜 승승장구했으나, 빈이 급사하는 바람에 세도 정권을 이루려는 뜻을 접어야 했다.

이때 송덕상宋德相이란 신하가 올린 상소문 서두에 쓰기를 "원빈께서 훙서薨逝하시니 종묘사직이 의탁할 곳을 잃었다."라고 했다. 채제공이란 신하가 이를 읽다 말고 놀라며, "해괴하다, 원빈이 죽었는데 어째서 종묘사직이 의탁할 곳을 잃었단 말인가? 400년 종묘사직이 과연 일개 후궁의 힘에 의탁했더란 말인가? 게다가 후궁이 죽었는데 어째서 서거逝去라 히지 않고 '훙시'라 하는가?" 혼사 중얼거리듯 그가 말할 때 가까운 친지 두어 사람이 같이 있었다. 한동안 세월이 흐른 후에 채제공이 형조판서에 제수되어 입시했을 때였다. 정조(1752~1800)가 그에게 말하기를, "근래 시끄럽던 일 말고도 경이 또 위태로운 처지를 겪어 거의 면치 못할뻔했소. 내가 각별하게 보호한 덕분에 겨우 면한 것을 알고 있소?" 채제공이 영문을 몰라 "무슨 말씀이시온지요? 하자, "송덕상이 흉측한 상소를 올렸을 때 경이 그 상소문의 첫머리를 가지고 이러쿵저러쿵한 일이 있었소?" 하고 정조가 말했다. 채제공이 놀라 과연 그런 일이 있었다고 말하자 정조가 다시 말했다. "그날 해가 지기도 전에 그대가 한 말이 홍국영의 귀에 들어가, 그가 펄펄 뛰면서 들어와 온갖 방법으로 죄를 뒤집어씌워 분풀이하려는 것을 내가 간신히 말렸었소."

채제공이 이 말을 듣고 물러 나와 말했다. "아, 내가 이제껏 생각해봐도 누가 이처럼 쏜살같이 얘기를 전했는지 알 수가 없다. 두려워할 만한 것은 말이다(可畏者言也)."

예나 지금이나 말 간수를 잘못해 벌어지는 사달이 꼬리를 문다. 말이 참 무섭다. 무서운 것은 말뿐이 아니라 그 말을 듣고 어떻게 처리하느냐 하는 권력자의 품위 또한 중요하다. 이는 요즈음도 권력자 주변을 에워싸고 있는 정치인들의 잘못된 처신으로 세상이 어지러운 것을 보면 이 또한 예나 지금이나 판박이 꼴사나운 모습이다.

그들을 탓하기에 앞서 나 자신을 둘러보는 계기이기도 했다. 내가 무심코 던진 말로 상처받은 사람은 없었을까? 머리엔 흰 눈을 이고 이마엔 주름 골이 깊은 처지에 연상연하를 막론하고 주위 분들에게 말의 품격이나 제대로 지키고 사는지 새삼 나를 되돌아보게 한다.

유머랍시고 실없이 시시덕거리는 우스갯말로 좌중을 어색하게 하지는 않았는가. 입만 열면 가무나 여색에 대해 말하는 무리에 한 발을 담그지는 않았는지. 내가 이래 보여도 왕년에는…운운하며 자신을 과시하려 들지는 않았나. 그 자리에 없는 이를 대상으로 이러쿵저러쿵 비방하며 헐뜯는 일에 맞장구를 치지는 않았을까.

어디 이뿐이겠는가. 조선 숙종 때의 문신·학자인 허목許穆(1595~1682)은 위에 열거한 것을 포함해 나이 들어 입으로 짓기 쉬운 허물 16가지를 나열하고 이렇게 글을 맺었다.

"삼가지 않는 사람은 작게는 욕을 먹고, 크게는 재앙이 그 몸에 미친다. 마땅히 경계할진저."

말은 다 해야 맛이 아니고 일은 끝장을 보아서는 안 된다. 쑥대에 가득한 바람을 마다하지 말고, 언제나 몸 돌릴 여지는 남겨두어야 한다. 활은 너무 당기면 부러지고, 달은 가득 차면 기울게 마련이라는 옛말이 있다. 당장에 상대를 말로 꺾어 기세를 올려도 그 말은 곧바로 부메랑이 되어 돌아온다. 끝장을 보려는 독설, 여지를 남겨두지 않는 독단의 언어는 독이 될 뿐 득이 없다고도 했다. 말하기에 앞서 깊이 생각한다면 경솔함에서 벗어날 수 있다. 큰 싸움일수록 가볍게 싸우지 않는 법이다. 말의 품위와 격을 자꾸 생각하게 하는 이즈음 세상이다.

즐기는 모드

흔히들 골프장에 가는 걸 '공 치러 간다'라고 하기도 한다. 골프를 즐기는 동창 친구들을 보면 부러울 때가 있다. 자연을 벗 삼아 공기 좋은 야외의 파란 잔디를 밟으며 하는 운동이라 더 좋아 보이는지도 모른다. 하긴 나도 골프를 배울 기회가 있었다. 내가 의류를 제조해 수출과 내수를 겸한 사업을 했다가 큰 재미를 못 보고 정리한 후 쉬고 있을 때였다. 마침 당시 골프웨어 유명 브랜드인 '파올로 구찌(PAOLO GUCCI)'를 제조 판매하는 한국 총판 큰 회사 회장님이 사장 자리를 제안하며 나를 불렀다. 자동차도 그때 국산 차로는 제일이었던 그랜저를 제공해 주었다. 하지만 나는 일단 전무로서 전체 업무를 총괄하며 익힌 다음에 사장직을 맡겠다고 했고 자동차도 그 아래 급 차를 손수 운전하며 다녔다. 회장님은 명색이 골프웨어 제조 판매회사 중역이 골프를 칠 줄 알아야 한다며 사옥 옥상에 간이골프 연습시설을 만들어 주셨다. 하지만 나는 그 시간에 서울 시내 모든 백화점뿐만 아니라 대구를 비롯한 지방 대도시 백화점 매장을 순시하며 판매직원들 격려와 매출 증대를 위해 바삐 움직이느라 골프 연습할 시간이 없었고 뒤로 미루다가 끝내 골프와 연을 맺지 못하고 말았다. 그렇게 골프는 치지 못했지만, 골프대회 관련 신문기사나 방송은 챙겨 보았다. 그때의 습관이 남아서인지 요즘도 골프 기사를 살펴본다.

한참 전에 호주에서 열린 여자프로골프대회의 프로암대회 기사가 눈길을 끌었다. 대회 취재진 등 일행의 교통편을 맡은 현지 운전기사는 "자원봉사를 하면서 얻은 선수 사인 모자로 소아암 환자를 위한 경매상품을 만들 계획입니다."라고 했다. 또한 함께 라운드한 선수의 캐디를 맡은 한 골프장 회원은 "유명한 한국 선수의 골프백을 메게 된 것을 영광으로 생각한다."며 자신의 코스 경험을 선수에게 알려주기 위해 1주일 동안 휴가를 냈다."라며 즐거워했다. 프로암대회 상품도 국내와는 달리 단출했지만 모두 축제에 나와 마음껏 즐기는 분위기였다고 했다.

선수들 역시 우리 선수들과는 조금 다른 분위기였다. 우리 선수들이 "지난번 대회 성적이 어땠어?"라며 성적을 중시하는 편이라면, 외국 선수들은 "지난번 대회는 즐거웠어?"라고 기분과 컨디션을 물어보는 식이었다. 나는 기사를 읽으며 골프대회에 접근하는 시각 자체에 상당한 차이가 있음을 실감했다. 물론 우리 선수들이 단시일 내 세계 무대 상위권에 오르는 엄청난 쾌거를 일궈낸 원동력이 박세리 선수의 '연못 타구'에서 보듯 '집중력'이라는 것은 인정한다. 하지만 프로 선수들은 물론 아마추어 골퍼들까지 너무 스코어와 경쟁에만 집착하는 건 아닌가 하는 생각을 지워버릴 수가 없었다. 예를 들면 스포츠 뉴스 시간에 화면으로 보이는 혹한기에도 연습장에서 드라이버를 휘두르며 땀을 뻘뻘 흘리는 모습이 진정 골프를 즐기는 모습인가 고개를 갸우뚱하게 했다.

사실 내가 어렸을 때는 심한 감기와 몸살 기운에 몸이 아파도 학교엔 꼭 가는 것으로 생각했다. 그래야 개근상도 받을 수 있었으니까. 나는 아픈 몸을 이끌며 애들과 등굣길에 올랐으나 얼마 가지 못하고 주저앉고 말았다. 대신 가다가 정 못 가겠으면 선생님께 간단한 편지를 써서 보내라는 엄마의 말씀대로 길가에 앉아 노트를 찢어서 '선생님 전 상서'로 시작한 편지를 써서 급우에게 보냈다. 나중에 알았지만, 선생님께서 내 편지를 보시고 칭찬했다고 들었다. 그리고 등교하다가 돌아갔으니 조퇴한 것으로 처리해 주신 덕분에 6년 개근상은 못 받았지만, 우등상장과 함께 6년 정근상을 받았다. 지금 돌이켜 보면 등교를 강행한 것이 미련스럽게 여겨진다. 아프면 당연히 쉬어서 얼른 나아 공부도 하고 급우들에게 감염도 막을 수 있는 것을 어린 마음에도 우등상장과 개근상장을 꼭 받겠다는 어리석은 생각, 이 또한 일종의 경쟁심이 아니었을까 싶다.

골프도 마찬가지다. 즐기는 문화에 익숙해져야 룰과 에티켓을 지키며 지치지 않고 좋은 성적을 거둘 수 있다. 골프는 특히 일상을 벗어나 자연과 호흡하는 스포츠다. 쉽게 접근할 수 있고 재미도 있으며 편안해야 한다. 이제는 우리도 '전투 모드'에서 '즐기는 모드'로 바꿔 가는 문화로 거듭나야 할 때이다.

"아는 자는 좋아하는 자만 못 하고, 좋아하는 자는 즐겨하는 자만 못하다."고 한 공자孔子(기원전 551~479의 미학관美學觀)님 말씀을 귀담아 둘 필요가 있겠다.

네 이놈 알츠하이머, 썩 물러가라!

오늘 나는 참으로 청천벽력 같은 이야기를 전해 들었다. 그동안 코로나 사태로 적조積阻했던 친구와 통화하던 중이었다. 강릉에서 크지도 작지도 않은 규모의 호텔을 운영하는 H의 소식이었다. 그는 사업상 바쁜 와중에도 동창회는 물론 친구들의 각종 경조사에 빠짐없이 얼굴을 내밀고, 특히 오랫동안 병마에 시달리던 동창생을 물심양면으로 도왔으며, 끝내 그의 죽음까지 거두어 줬던 일로 친구들 사이에 '참 우정'의 별칭으로 불리고 있는 친구다. 공교롭게도 그의 이름 또한 '우정'이고 다른 이들 돌봄과 배려가 남다른 사람이다.

학교 다닐 때나 사회에 나와 노년에 이르기까지 그가 화내는 모습을 전혀 본 일이 없을 정도로 마음 착한 친구다. 혹 다른 친구가 좀 화를 내도 미소 띤 얼굴로 "친구야, 뭘 그런 걸 가지고 얼굴까지 붉히고 그래? 자, 마음 풀어!" 하곤 만다.

지난해 여름엔가 내가 사는 천안의 명물 호두과자를 보냈더니, 대왕 문어를 택배로 보내와서 아들네도 나눠주고 이웃 동네에 사는 딸과 사위를 불러 함께 맛있게 먹었던 기억이 새롭다.

그런데 그가 그만 알츠하이머 전조 증세로 말도 더듬어 친구들과의 통화도 사양하고 있다고 한다. 그러잖아도 오랜 투병 생활로 심신이 피로할 대로 피로해진 아내와 기차를 타고 동해로 여행을 갔으면 하고 생각 중이어서 그 친구와 통화를 해봐야지 하던 참이었다. 비용 문제로 아내가 선뜻 나서지 않을지도 몰라 "나는 국가유공자라서 1년에 여섯 번은 KTX를 무임승차할 수 있고 배우자도 할인 혜택을 받을 수 있다."라며 안심시켰었다.

내가 이 고약한 병을 안 것은 아주 오래전에 복싱 전 세계 헤비급 챔피언 무하마드 알리선수가 은퇴 후에 이 병에 걸렸다고 신문 방송에서 보도했을 때였다. 그때만 해도 아주 생소한 병명이었고 지금처럼 환자가 많지 않아서 많이 놀라거나 신경 쓰이진 않았었다. 그저 복싱 경기를 하느라 머리를 하도 많이 치고받아서 그러려니 했었다. 하지만 지금은 우리 집안 종가댁 큰형수님과 둘째 큰댁 형님이 이 병에 걸려 요양원으로 가신 지 오래되었고, 치가의 둘째 처형도 기독교에서 운영하는 강화도 요양시설에 계신다. 지난 설에 아내가 처형께 전화를 드렸더니 전화 자주 하지 않는다고 역정을 내시더라며 얼마 전에도 했는데 기억 못 하니, 증세가 점점 나빠지는 것 같다며 한숨을 크게 내쉬었다. 설령 아내가 그랬다 치더라도 그분 성격상 "아픈 몸 이끌고 살림하느라 힘든가 보구나." 하실 분인데, 정녕 치매기가 더 심해진 것 같다.

아내는 얼마 전에 치매 검사를 했는데 나도 해보라지만 아직 하지는 않고 있다.

자료를 알아보니, 알츠하이머란 '치매를 일으키는 가장 흔한 퇴행성 뇌 질환으로 서서히 발병하여 기억력을 포함한 인지기능의 약화가 점진적으로 진행되는 병'이다. 1907년 독일의 정신과 의사인 알로이스 알츠하이머(Alois Alzheimer) 박사에 의해 최초로 보고되었다. 알츠하이머병은 초기에는 주로 최근 일에 대한 기억력에서 문제를 보이다가 진행하면서 언어기능이나 판단력 등 다른 여러 인지기능의 이상을 동반하게 되며 결국에는 모든 일상생활 기능을 상실하게 된다. 내 친구도 지금 언어기능이 좋지 않아 친구들과의 통화도 꺼린다는 것이다. 생각하면 참으로 안타깝고 애석하기 그지없어 가슴이 뛰며 눈물이 나려고 한다.

이미 지난 2000년 고령화사회에 진입한 우리 사회에서 치매는 이제 '누구에게나 언제든지 찾아올 수 있는 병'이 됐다. 우리나라 치매 환자는 2030년에는 100여만 명, 2050년에는 200여만 명에 이를 것으로 추산된다. 알츠하이머는 혈관성치매와 함께 대표적인 치매 질환의 일종이다. 평소 치매를 예방하고 조기에 발견하는 것은 유명인이든 일반인이든, 노년층이든 중장년층이든 모두에게 적용되는 공통 과제다. 대표적 노인질환이었던 치매는 최근 젊은 연령층에서도 급증하고 있다. 스트레스 등 각종 원인에 따라 30~50대 치매 환자가 나타나고 있다. 분당 서울대병원 김태희 교수는 "치매는 젊은 층도 안심할 수 없다. 지금껏 영화나 드라마에서 종종 다뤘던 이른바 '젊은 치매'가 앞으로는 주변에서 쉽게 찾아볼 만큼 늘어날 수도 있다."라고 경고했다.

치매가 이렇듯 두려운 병이지만, 앞으로 암보다 치매가 먼저 정복될 것이고 10년 내 초기 치매 백신도 나온다는 반가운 소식도 들리고 있다. 세계 곳곳 다국적 제약회사들이 완화제를 넘어 치료제 개발에 총력을 기울이고 있으며, 국내에선 백신 이외에 줄기세포를 이용한 치료제 연구에 돌입했다. 또한 혼자 병을 안고 있기보다는 동네 친구들과 함께 사는 치매 할머니가 사라지던 기억을 붙잡은 사례도 있다.

이른바 그룹홈(Group home)인데, 가족이 아닌 이들이 공동생활 할 수 있도록 한 시설이나. 처음에는 장애인이나 노숙자의 자립을 돕기 위한 시설이었으나 최근에는 치매 등 특정 질환 환자들의 치료·재활을 위해서도 활용된다. 서로 부대끼고 돕고 웃으며 사니 우울함·공격 성향이

확연히 감소했고, 드라마 보며 옛날얘기에 또 "까르르" 웃으니 치료에 도움이 된다고 한다.

30여 년 전 스웨덴에서 시작된 그룹홈은 세계적 추세로 자리 잡았다. 이는 치매 환자에게 가장 도움이 되는 것은 치매 발병 이전의 생활을 계속할 수 있도록 돕는 것이며, 그룹홈은 치매 위험 노인들이 주변 사람들과 함께 생활하며 끊임없이 뇌를 자극해 치매 증세 악화를 늦추는 긍정적 작용을 한다는 것이다.

나도 요즈음엔 아주 가까이 지내는 사람 이름이 갑자기 생각이 안 난다든가, 외출하며 마스크나 핸드폰을 두고 나오는 일 등, '깜빡깜빡'이 종종 일어나 치매 초기가 아닌가 싶은 걱정도 되곤 한다. 어서 알츠하이머를 잡을 수 있는 좋은 치료제와 백신이 개발되어 "네 이놈, 알츠하이머, 썩 물러가 버려라!" 할 때가 왔으면 좋겠다. 일단은 치매 검사부터 받아봐야겠다. 나중에 애들에게 치매 치다꺼리하도록 해서는 안 되잖은가.

'짤 쉼'

3일 전에 1박 2일 일정으로 전남 담양에 다녀왔다. 내가 존경하는 어느 작고 문인의 문학비 제막식에 동참하기 위해서였다. 그리고 어제는 또 다른 문학단체의 모꼬지에도 다녀왔다. 가뜩이나 두어 달째 임플란트 시술 등 치과 치료에 시달리느라 심신이 편치 않아서였는지 몸에 무리가 온 듯하다. 그래서 휴일인 오늘은 친구들과의 등산모임에도 빠지고 집에서 휴식을 취했다. 일주일에 두 번 강의하러 나가는 일 외엔 특별히 정해진 일이 없지만, 가을철이라 이곳저곳 행사가 많은 탓도 있다. '백수가 과로사한다.'라는 웃음엣소리도 있지만 나를 두고 하는 말 같아 실소를 금치 못하게 된다. 아내의 말을 빌리면, '밥이 생기는 것도 떡이 생기는 것도 아닌' 일로 늘 바쁘게 지내는 나의 일상이고 보면 할 말이 궁색해지는 것은 사실이다.

어쨌든 만병의 원인 중에 '과로'가 으뜸이라고 한다. 지나치게 일한다든가, 능력에 비해 넘치게 또는 쉬지 않고 일하는 것이 모두 이에 해당 사항이다. 내 개인만이 아니라 나라 전체를 보아도 지난 몇 년간의 기준으로는 OECD 회원국 중 우리나라의 평균 근로 시간이 두 번째로 가장 많은 나라였다고 한다. 반면에 얼마나 잘 쉬고 있는가를 조사한 결과는 평일엔 3시간, 주말은 5시간 정도 여가 활동을 하는 것으로 조사되었다고 한다. 문제는 여가 활동의 내용이다.

그 쉼의 내용을 보면 TV 시청이 가장 많았고, 인터넷 검색과 게임이 뒤를 이었다. 이처럼 혼자서 쉬는 일이 많다는 것이다. 이는 과거보다는 개선된 점도 있다고 하겠으나 내용을 보면 아직도 건강한 쉼에는 거리가 있다. 주로 시간, 경제, 건강, 사람, 환경 등과 같이 우리의 일상에 숨어 있는 장애 요인들로 인해 맘대로 쉬지 못하는 현실도 있지만, 무엇보다도 올바른 쉼에 대해 제대로 모르기 때문이라고 한다.

나는 게임은 배워본 일이 없어 산에 가지 않을 땐 역시 TV 시청이 많은 편이다. 그래도 아침에 나가서 밤에 들어오는 날은 할 수 없지만, 그렇지 않은 날은 되도록 맨손 체조와 산책을 겸한 걷기운동은 빠짐없이 하는 편이다.

쉼은 단순히 일에서 벗어난 상태로 이해하면 안 되고, 건강한 쉼이란 그것을 통해 무엇인가 다시 만들어 내기 위한 에너지를 얻어야 한다는 목적을 충족시켜야 한다는 것이다. 바쁜 현대인의 일상에서 쉰다는 여유를 갖기란 그렇게 쉬운 일이 아닌 현실이지만 건강하게 살기 위해서는 쉼이 꼭 필요하다. 그런 면에서 짧은 시간의 쉼을 뜻하는 신조어 '짤 쉼'은 이러한 문제들을 해결할 수 있는 현실적 대안이라 할 수 있다. 전에 전직 대통령 중 한 분은 바쁜 일상에서 '토막잠'으로 피로를 푼다고 했다는 얘기가 기억난다.

'짤 쉼'은 처음에는 1분 정도쯤 할애해서 부담 없이 시작하고 점차 생활 습관으로 익숙하게 하는 것이 좋다고 한다. 언뜻 쉽게 생각이 되지만, 내 경우만 보더라도 말처럼 쉬운 일은 아니다. 규칙적인 생활화에 장애가 되는 것은 역시 게으름이다. 게으름은 과로 못지않게 건강 유지에 부정적인 영향을 줄 수 있다고 한다. 짤 쉼은 게으른 생활 습관을 고칠 수 있는 건강의 활력소 역할도 할 수 있으며, 짤 쉼을 잘할 수 있는 몇 가지 규칙을 익히면 좋다고 한다.

쉼은 숨을 쉰다는 의미와 같이 가장 기본적인 것으로 호흡이 중요하다. 1분 명상을 추천하는 이유도 여기에 있다. 생명을 유지하는 데에 가장 기본적인 활동인 수면, 식사, 운동 등, 이 세 가지에 있어서 호흡에 조금 더 집중한다면 쉼을 일상처럼 할 수 있다. 쉼은 쉬움처럼 쉽게 하는 것을 의미하는데, 일상에서 쉽게 접근하고 쉽게 할 수 있는 것을 선택하는 것이 좋다. 산책, 음악 감상, 독서 등은 짧은 시간에도 할 수 있는 것들이지만 스트레스 해소 효과가 탁월한 쉼들이다.

쉼은 쉼표처럼 규칙적으로 사용해야 하고 남용과 오용을 조심해야 한다. 식후 30분, 쉬는 시간 등과 같이 상식적으로 쉬어야 할 때를 지켜주는 것이 중요하다. 그렇지 못한 환경이라면 수시로 짤 쉼을 가동하는 습관이 필요하다. 살면서 쉼이 필요할 때 항상 신호가 오는데, 기운이 없다든지 어지럽다든지 입맛이 없다든지 그런 신호들을 무시해서는 안 된다. 쉼이 필요한 신호에 집중하고 신호가 왔다 싶으면 우선 호흡에 집중하면서 쉽게 짤 쉼을 시작하도록 한다.

'잘 못 쉬면 영원히 쉴 수가 있다'라는 무서운 얘기가 있다. 티끌 모아 태산이라고 적절하게 끊어 갈 줄 아는 짤 쉼이 건강에 큰 역할을 할 것이다.

이제 나도 명상음악을 틀어 놓고 몇 번 심호흡 하며 조용히 앉아 명상에 들어야겠다. 건강한 쉼이 행복을 부른다고 하지 않는가.

해설

행복의 미학과 구원의 미학 균형 찾기
- 김대원 수필집 『남자가 옷을 벗을 때』 꼼꼼히 읽기

임헌영(문학평론가)

행복의 미학과 구원의 미학 균형 찾기
- 김대원 수필집 『남자가 옷을 벗을 때』 꼼꼼히 읽기

임헌영(문학평론가)

1. 중병환자의 앓는 소리나 설교를 벗어나는 글쓰기

문학이 아무리 중요해도 인생 그 자체보다는 못하다. 문학만이 아니다. 정치, 경제, 신앙, 사회, 교육, 언론은 물론이고 나라와 세계 그 자체도 인간이 보다 더 잘 살기 위해 존재한다. 심지어는 하나님이나 부처님조차도 인간을 위해 존재하는 것이며 애국, 독립, 민주주의 등도 우리가 보다 더 인갑답게 살기 위한 수단 방법이지 그 자체가 목적은 아니다.

헤밍웨이는 『무기여 잘 있거라(A Farewell to Arms)』(1929)의 주인공 헨리를 통하여 "신성, 영광, 희생, 이따위 단어와 헛된 수작을 들을 때마다 나는 역증이 난다(I was always embarrassed by words sacred, glorious and sacrifices and the expression in vain.)"면서 정작 감동을 주는 것은 구체적인 명사(concrete names)라고 독백했다.

먼 나라만 쳐다보지 말고 우리의 문호 연암 박지원의 『열하일기』만 봐도 그렇다. 이 문호의 「난하범주기灤河泛舟記(난하를 배로 건너며)」는 명기행문이다. 난하는 "요동 요서에 '하河'라고 이름한 물치고는 모두 흐린 것인데, 다만 이 난하만이 고죽사孤竹祠(孤竹君의 사당) 밑에 이르러 깊게 고여서 호수가 되어 그 맑은 빛이 거울 같다." 이 절경에 홀린 한 동승자가 "강산이 그림 같으오."라고 그 풍광을 찬탄하자 연암이 응대한다.

"그대들은 강산도 모르고 그림도 모르는구려. 어디 강산이 그림에서 나온 것인가. 그림이 강산에서 나왔지. 흔히들 흡사하다느니 같다느니 유사하다느니, 닮았다느니 똑같다느니 하는 말들은 모두 같다는 의미를 말함이다. 그러나 비슷한 것으로써 비슷한 것을 비유함은 실은 같을 성싶어도 같은 것이 아닌 거요."

인간들의 삶 속에서 문학예술이 나온 것이지 문학예술을 위해 인간이 살아가는 것은 아님을 연암 박지원은 지적해 준다.

문학을 위해 인간이 존재하는 것이 아니라 문인들의 삶을 풍요롭게 하고자 문학은 형성된다. 수필 역시 마찬가지다. 그래서 나는 창작 지도를 하면서 제1조가 열심히 쓰라고 하지 않고 '최선을 다해 즐겁게 살아

라. 그래서 그 삶을 쓰라.'고 한다.

다양한 온갖 삶들, 희로애락애오욕의 칠정이 뒤엉킨 그 삶은 결코 유미주의적이지만은 않다. 거기에는 더럽고 치사하여 분노가 치솟는 삶부터 비겁과 굴종의 치욕에다 죽음보다 더 어려운 고통도 교직된다. 그래서 삶이란 우아한 미문만이 아니라 온갖 인생사의 하수구가 합류된 잡탕일 수밖에 없다. 그래서 루쉰은 아예 수필, 산문문학 전체를 통쳐서 '잡감문雜感文'이란 명칭을 고집했는데, 나는 이 명칭이 참 좋다. 그렇다고 '잡감문가'라고 부르기에는 너무 비약적이기에 산문작가라는 게 가장 걸맞다고 본다. 그러나 그 작품은 잡감문이 가장 정확해 보인다.

바로 내가 좋아하는 김대원 작가의 작품은 위에서 본 것과 같은 '잡감문'이라 한들 결례가 아닐 것이다. 김대원 작가의 산문정신은 군자다운 토양에 뿌리를 박아두고서, 풍성한 꽃과 열매로 무르익은 한시를 자유자재로 활용하는 고전미의 풍모를 지닌 박람강기博覽强記의 잡문가이다. 그의 펜을 거치면 세상사의 모든 기쁨과 슬픔이 숭늉 향기 풍기는 인정미로 변한다. 그렇다고 지레 고리타분하다는 선입견은 천만의 사절이다. 이 수필집 제목 '님자가 옷을 볏을 때'처럼 여성 선용 공연상에도 서슴지 않고 찾아가는 패기에다 가수 김민기를 애도하는 등산 마니아이기도 하다.

이미 김대원 작가는 공자가 말한 70세를 일컬었던 '종심소욕불유구從心所欲不踰矩'의 경지에 들어선 산전수전 공중전까지 두루 체험한 인생의 달관자이다. 문단에서도 '종심소작불유수從心所作不踰秀', 즉 마음 내키는 대로 무슨 글이든 써도 수작秀作이며 울타리 밖으로 버릴 작품이 없는 작가로서 수필문단의 상석을 차지하고 있다.

이번 수필집은 공교롭게도 나와 김 작가가 사적으로 무척 가까이 지내면서 그 삶과 창작과정을 지켜볼 수 있던 인연이라 더욱 친밀감으로 다가선다. 이런 인연으로 김 작가의 이 수필집에 나타난 그의 성장 과정부터 문학세계와 인생론을 자상하게 살펴볼 수 있게 되었음이 무척 기쁘다.

루쉰은 『화개집華蓋集』(1923) 「머리말」에서 이 책에 실린 글들은 "지난 1년 동안 쓴 잡감雜感"이라고 규정했다. 10년 후 취추바이瞿秋白가 『루쉰잡감선집魯迅雜感選集』(1933)을 내면서 「서언」에서 잡감문은 "한층 직접적이고, 한층 신속하게 사회에서 일상으로 일어나는 사건에 반응(更直接的更迅速的反應社會上的日常事變)"할 수 있는 특징을 갖고 있다고 보았다. 이로써 당시 루쉰을 '잡문가'로 야유하던 풍조를 바꿔, 재래식 수필개념을 넓혀 정치사회적인 민중 투쟁의 산문형식으로 인정받도록 했다. 이로써 잡감문이 수필을 대신하는 장르의 개념에 오르게 되었고, 그 후 현대 중국의 대석학들이 쓴 명문들을 사상잡담思想雜談, 장단

록長短彔, 야화夜话, 만담漫谈, 잡감杂感 등 다양하게 그 명칭을 붙여보다가 결국 잡감문이 가장 적합하며, 그 기원은 루쉰의 잡감문에서 찾아 문예성을 지닌 사회비판을 비롯한 잡다한 유럽식 에세이의 개념에 가까운 글들을 여기에다 포괄시키게 되었다.

김대원 작가의 잡감문雜感文이란 시, 소설, 극문학을 제외한 모든 문장을 포용한 것으로 김시습에 대한 평론적인 접근부터 '쪽수필'이라는 작가가 창안한 새로운 형식의 글까지도 들어있다. 사실 잡감문이란 웅변, 식사式辭, 편지, 기행, 일기, 실록, 보고문, 기사, 논설, 전기문학, 수필, 에세이, 그리고 SNS 등 모든 산문을 포함한 개념인 것이다.

몽테뉴는 『수상록(The Essays, Essais)』의 서문 「독자들에게」에서 "생긴 그대로의 나 자신을 자연스럽고 평범하고 아무것도 꾸미지 않은 채로의 나 자신"을 숨김없이 그대로 드러낸다고 고백하는데, 이게 바로 잡감문의 매력이자 김대원 작가의 이 수필집일 것이다.

2. 오누이를 가장 많이 가진 수필가

김대원 작가가 수필계의 원로로서 잡감문에 가장 잘 어울린다고 내가 평가하는 데는 우신 그 인간석인 넉넉한 풍모를 들지 않을 수 없다. 타고난 품성에다 성장과정과 평소에 축적시켜 온 인물이 잡감문을 능히 품을 수 있다는 증거로 나는 우리 문단에서 오누이를 가장 많이 거느린 인품이라는 사실을 거론하고 싶다.

　김 작가의 고향은 휴전선 남방한계선 바로 아래다. "개성으로 넘어가는 고개 아래"로 "동네의 큰길은 목포에서 신의주까지 이어진 국도 1호선"을 끼고 있었다(「6월이 오면」). 거기서 과수원을 가진 넉넉한 집안에서 부모와 남매들이 평화로이 살았던 성장기에 그에게는 하나뿐인 예쁜 여동생이 일찍 하늘나라로 가버렸던 상처가 있다. 철 이른 천도복숭아를 먹고 싶다고 떼를 쓰기에 아버지가 마지못해 그나마 잘 익었음직한 걸 골라 줬더니 그 탓인지 밤에 배탈이 나서 시름시름 앓더니 세상을 하직해 버렸다. 과수원 울타리가 국도 1호선이라 큰 고갯마루에 그 애의 영원한 안식처를 조성해 주었다는 사실로 미뤄볼 때 그 집안이 가진 넉넉한 인심을 유추할 수 있다. 당시에는 혼인 전 세상을 떠난 경우에는 아예 무덤조차 안 남겼던 게 일반적인 세태였기 때문이다.

　그 무덤은 집 바깥마당 서쪽에서 손에 잡힐 듯 보여서 아버지와 김 작가는 눈뜨면 제일 먼저 바깥마당에 나가 바라보는 것이 첫 일과였다. 뿐만 아니라 작가는 매일이다시피 그 무덤 잔디밭에 앉아 혼자 놀다가 오곤 했다. 여름이면 산 나리꽃이 무덤을 에워쌀 정도로 피었기에 "지금도 나리꽃만 보면 그 애 생각이 나곤 한다."는 게 김대원 작가의 애틋한 심경이다. 뿐만 아니라 아버지는 괜한 자책감으로 과수원의 천도복숭아나무를 깡그리 베어냈고, 작가는 그때부터 지금까지도 천도복숭아는 먹지 않는다며 이렇게 회억한다.

> 지금은 휴전선 남방한계선 안에 고향의 우리 집과 과수원 그리고 내 누이동생 무덤이 있는데, 민간인은 출입이 엄격히 통제되어 가볼 수가 없다. 여러 해 전, 벌초할 시기에 군인들이 조별로 인솔하여 임진강 건너 가까운 곳에 있는 조상 산소에 성묘하러 갔을 때 산등성이에 올라 먼발치로 고향 마을 쪽을 바라볼 수 있었다. 군대 시절 판문점을 오가는 부대원이었던 사촌 형님의 전언에 따르면, 우리 과수원 자리엔 단 한 그루의 배나무 외엔 과일나무들은 다 없어졌으며, 군인들의 막사로 쓰는 건물들이 줄지어 있고, 우리 집터에는 벽돌로 지은 2층 건물이 들어섰다고 했었는데 정말 그랬다. 판문점의 우리 측 공동경비대 숙소와 지휘부 건물들이라고 한다. 그래서 눈길을 더듬어 어림짐작으로 누이의 산소 쪽을 바라만 보다가 온 일이 있었다. 수십 년을 돌보지 않은 채 방치되어 있으니 그 형태나마 남아 있을지 안타깝기 그지없었다.
> "영분아! 오빠가 왔다, 보이니? 그 긴 세월 너 혼자 고향 땅을 지키느라 얼마니 외로웠니? 이세 아버지와 엄마, 그리고 둘째 큰누나가 네 뒤를 따라가셨으니 반갑게 만나 뵙고 함께 지내겠구나, 누이야!" 하며 가슴으로 울며 눈물을 흘렸었다. (「오누이」)

이 대목까지 읽은 독자라면 김대원 작가에게 왜 오누이가 많은지를 지레짐작으로 유식하게(현대인은 쓰잘데없이 너무 해박하다) '오누이 콤플렉스' 어쩌고 할 것이지만 이조차도 방향을 잘못 잡으면 여성 희롱으로 오해받기 딱 좋은 세상 아닌가. 다행스럽게도 김 작가는 누가 봐도 그런 오해는커녕 착시도 전혀 않을 정도의 '군자다움'의 풍모로 축기蓄氣가 넘치기에 쉽게 '오빠'라는 호칭을 자청하는 '미소미인微笑美人'이 넘쳐날 정도가 된 지 오래다. 김 작가는 자신에게 예를 차려 '선생님'이라고 부르는 후배 여류작가들에게 서슴없이 '선생'보다 '오빠'라 불러달라고 할 정도인데 그래도 전혀 오해를 안 받는 건 작가의 품성이 그만큼 신뢰감을 주기 때문이라 하겠다.

남성사회에서는 '형님' 소리를 저절로 나오게 하는 인격이라면 가히 신뢰할 만하다고들 하는데, 내가 존경하는 민주화 운동가 중의 한 선배를 기리는 문집에다 '아우가 가장 많은 사람'이라고 썼더니 다들 부러워했다. 더구나 그 글에서 나는 '그와 30분 이상만 대화'를 하노라면 저절로 '형님'이란 단어가 나온다고 썼으니 누군들 부럽지 않으랴.

사실 '형님'이란 호칭을 가장 경외스럽게 쓰는 나라는 중국일지 모른다. '따거大哥'라는 호칭에 담긴 정감과 신뢰는 어떤 아부나 뇌물과 선물로도 얻을 수 없다. 같은 동아시아 문화권이라도 일본의 '아니키兄貴'라는 호칭은 소름 끼칠 차림새로 무리를 지어 거리를 휩쓸며 그 우두머리에게 '오야붕親分(두목)'이라 부르는 것과 겹쳐지기가 일쑤 아닌가.

이런 인간적인 신뢰가 가장 어려운 게 남녀의 이성 간의 관계설정인데, 오죽하면 '남녀 간의 우정'의 실체를 둘러싸고 시대를 초월한 논쟁이 끊이지 않을 정도가 아닌가. 명석한 두뇌의 니체조차도 고혹적인 루 살로메 앞에서 사족을 못 편 채 오누이 관계를 넘어서려다가 그녀의 매몰찬 퇴짜로 실연의 절망 속에서 『차라투스트라는 이렇게 말했다』란 걸작을 단숨에 썼던 게 아닐까 싶다. 전 4부로 구성된 이 문제작은 1~3부까지를 불과 20일 만에 썼다는데, 나는 그만큼 니체의 인격적인 품성과 소견이 그 학문적인 심오성과 정비례할 만큼 성숙하지 못해 그 고뇌를 달래려고 안간힘을 쓴 게 단숨에 집필할 수 있었던 요인이라고 본다.

니체가 실연의 상처를 달래고자 1881년 여름 질스 마리아(Sils Maria)에 체재 중 실바플라나 호수(Lake Silvaplana, Surlej 마을 소재) 산책길에서 '영겁회귀(eternal return, eternal recurrence)' 영감을 얻었다고 해서 피라미드형 바위(pyramidal block of stone)에 니체 바위(Nietzsche-Stein) 표지가 새겨져 있다고 하는데, 직접 가보진 못했으나 그럴만한 그의 기질은 짐작이 간다. 필시 그는 루 살로메를 차마 못 잊어 '영겁회귀'라는 영감을 잊진 않았을까. 유럽문명의 한계성을 넘어설 기독교의 이상상으로 설정한 초인(Übermensch, beyond-man, superman, overman, superhuman, hyperman, hyperhuman) 사상 역시 루 살로메 앞에서 자신의 초라한 존재 자체에 대한 절망감을 능가하려는 발상은 아닐까. 니체 존경자들이 이 글을 보노라면 필시 내 무지를 질타할 테지만 한 문학평론가의 망상이 낳은 수필적인 상상력으로 삼아주기 바란다.

굳이 니체 이야기를 이토록 장황하게 늘어놓는 건 만약 당시 그 옆에 김대원 같은 작가가 동반했다면 모르긴 해도 『차라투스트라는 이렇게 말했다』가 태어나지 못했을 수도 있다는 내 상상력 때문이다. 이렇게 내가 찍자를 부리는 건 앞에서 말했듯이 인간들의 삶 속에서 문학예술이 나온 것이지 문학예술을 위해 인간이 살아가는 것은 아님을 거듭 강조하기 위함에서이다. 좋은 글을 쓰기 위해서 우리가 사는 것이 아니라 잘 살아가기 위해서 문학예술이 존재한다는 것을 새삼 강조하고 싶은 것이다.

그래서 나는 김대원 작가의 이 수필집을 통해서 그 수필문학의 탁월성이나 미학적인 성과보다는 그의 삶 그 자체를 더 소중히 보듬고 싶은 것이다. 니체 같은 수재가 만년에 정신이상으로 어머니와 특히 누이의 보호를 받으며 최후를 맞은 것도 인류의 풍요로운 정신사에 남긴 업적으로 숭앙받을 만하지만, 김대원 작가처럼 많은 오누이들과 더불어 함께 평탄한 삶을 보듬으며 그 기록을 남기는 일 또한 소중한 보통사람들의 열반임을 일깨워 주고 싶다.

3. 복마전에서도 천국이냐 지옥이냐는 선택권은 자신에게 달렸다

　김대원 작가의 이처럼 넉넉한 인품이 형성되기까지의 인생역정은 그 자체가 대하소설로도 모자람이 없을 것이다. 행복했던 그의 삶을 근본적으로 흔든 건 단연코 한국전쟁이 가져다준 '고향 상실'의 트라우마다. 그에게 고향이란 오누이의 무덤과의 작별만이 아니라 인간존재의 안주지安住地를 상실한 노마드적인 정서의 고독 의식의 정체성이기도 하다.

　그의 존재론적인 비틀거림을 초래했던 한국전쟁은 고향이었던 지리적인 원초적 조건 때문에 남달랐다.

　1950년 6월 25일 일요일인 그날, 김 작가의 고향은 가장 먼저 피란길에 올라야 했기에 고양시 벽제에서 지내다가 국군이 진격해 오자 고향으로 돌아갔으나 "어느 날 잠자고 나니 밤사이에 국군은 후퇴"해 버렸고 인민군이 점령, "삼포 밭 집 머슴이었던 병만이 형이 느닷없이 빨갱이가 되어 마을"에 섬뜩한 공포의 상징인 붉은 완장 차림으로 나타나 온 동네를 휘젓고 다녔다. 그 뒷이야기는 누구나 다 상상할 수 있는 민족 잔혹사의 재탕 삼탕에 다름 아니다. 톱니로 썰 듯이 점령군에 따라 살아남은 사람들은 쉬이네이 시도가 죽이기를 반복했음은 이미 널리 알려진 상식이다. 이런 잔혹상 속에서 그나마도 인간주의랄까, 동족의식이랄까를 발휘하여 적대감과 증오심을 누그러뜨리고 이쪽저쪽 편 가르기를 넘어서 위기에 처한 경우에는 위험을 무릅쓰고 구해준 미담들이 황순원의 잘 다듬어진 소품 「학」부터 박경리의 초기 걸작인 『시장과 전장』을 거쳐 박완서의 『그 산이 정말 거기 있었을까』 등등 후세대 작가들 모두에게 분단문학의 단골 소재가 된 지 오래다. 물론 드물게는 냉전체제의 반공의식으로 북한 쪽만 악의 화신으로 매도한 문학도 적지 않지만 그래도 명색이 문학인이라면 그런대로 균형감각을 갖추는 게 기본이었다.

그런데 시나 소설계와는 사뭇 달리 수필계는 유독 냉전체제의 가치관이 가장 기승을 부리는 풍토라서 그런 장면을 보기가 쉽지 않았는데, 김대원은 「6월이 오면」에서 인간다움이 어떤 것인가를 실감 나게 그려주고 있다.

붉은 완장을 찬 병만이 길 안내를 맡아 동네 유지 격인 김 작가의 아버지를 비롯한 많은 사람들이 연행, 희생되었으나 아버지만은 인민군 중 포로 심문관의 도움으로 풀려났다. 그 며칠 후 미군 폭격기가 마을을 맹폭하다가 한 대가 추락, 두 조종사가 낙하산을 타고 내려왔으나 인민군의 일제 사격으로 죽어버렸고, 그들은 미군의 시신에서 권총, 시계, 군복까지 모두 벗겨 가져가며 시신은 개천 옆에 내팽개쳐 두었다. 보다 못한 작가의 아버지가 인민군 막사로 찾아가 호소했다.

미군들 시체를 날파리와 짐승들이 물어뜯어 볼썽사나우니 산에 묻어주게 해달라며, 어쨌든 서로 적이지만 같은 사람인데 짐승들 밥이 되게 내버려 두는 것은 사람도리가 아니라고 사정했다. (「6월이 오면」)

아버지 자신이 동네에서는 잘사는 세칭 '부르주아'로 자칫하면 '반동'으로 몰릴 판에서 이렇게 '사람 도리'를 호소하는 대목은 소포클레스의 『안티고네』를 연상하게 만든다. 운명의 신의 농간으로 두 오빠가 서로 왕이 되려고 싸우다가 함께 죽어버렸는데 독재자는 그중 한쪽은 왕으로 후하게 장례를 후하게 치러줬으나 다른 한쪽은 역적이라며 시신을 들판에다 팽개쳐 버리라는 포고령을 내렸다. 안티고네의 입장에서는 둘 다 오빠이기에 공정하게 매장되어야 한다며 포고령을 무시한 채 버려진 오빠의 시신을 잘 매장해 주었다. 포고령 위반으로 체포된 안티고네가 인간은 누구나 죽고 나면 땅에 묻히게 한다는 건 천륜으로 하늘의 법칙이고 그걸 반역자로 내몰아 온갖 벌레와 짐승들에게 뜯어 먹히게 하는 건 지상의 법칙인데, 인간이라면 천륜을 지켜야 한다고 자신을 변호한 건 너무나 유명한 장면이다.

이를 한국사에 대입시키면 사육신과 단송의 버려진 시신이나 근대 순교자들의 버려진 시신을 연상케 한다.

이 멋진 장면을 지금 우리는 김대원 작가의 아버지를 통해 보고 있는 것이다. 더구나 그의 호소는 바로 이 아버지가 인민군들에게 연행당해 갔을 때 총살의 위험 앞에서 살려줬던 '포로 심문관'에 의하여 허락되어 동네 사람들을 동원해 미군의 시신을 묻어줄 수 있었다는 것이다.

> 동네 어른들도 별난 사람이라며 그런 사람이 있으니 인민군들의 행패가 없어 참 다행이라고들 했다. 동네 애들과 그들이 있는 천막 근처로 가도 내려가라고 소리치며 겁주지도 않고 인자한 미소를 지으며 몇 학년이냐고 묻기도 했다.(「6월이 오면」)

아무리 세상살이가 어렵다지만 자신이 어떻게 살아가느냐에 따라 복마전의 한가운데서 천국으로 영전할 수도 있고, 도리어 핏물 지옥으로 되돌아갈 수도 있음을 김 작가는 여러 작품을 통하여 생생하게 보여주고 있다.

아쿠다가와 류노스케芥川龍之介는 소품 「거미줄」에서 인간 스스로가 천국과 지옥 어디서 살 것인가의 선택권을 갖고 있음을 여실히 보여준다. 어느 날 아침 극락 연못가를 산책하던 석가가 연꽃이 뒤덮고 있는 연못 아래의 삼도천三途川과 바늘산이나 피의 지옥 등등을 내려다보고 있었다. 마침 석가의 시선에 간다타란 남자가 피의 지옥에서 허우적거리고 있는 게 보였다. 살인 방화범인 간다타는 숲속 길에서 거미 한 마리를 밟아 죽이려다가 미물이지만 목숨을 짓밟기에는 불쌍하여 살려준 기록이 있어 석가는 그 미덕 한 가지만으로도 구원해 줘야겠다고 생각했다.

그래서 연꽃잎 위의 거미줄을 피의 지옥 암흑 속에서 허우적거리던 간다타 앞으로 내려보내 그 줄을 잡고 올라오게 만들었다. 원래 도둑이었던지라 간다타는 줄타기에 능숙해 거미줄을 타고 피바다로부터 쓱쓱 오르기 시작했다. 그는 정신없이 한참 거미줄을 꽉 잡고 오르다가 잠깐 쉴 틈에 아래를 내려다보니 자기 뒤에 다른 사람들이 줄줄이 거미줄에 매달려 올라오고 있는 게 거슬렸다. 그 가느다란 거미줄이 자기 혼자 부여잡고 오르기에도 아슬아슬한데 이렇게 되니 곧 끊어지지 않을까 두려운 나머지 그는 마구 거미줄을 흔들고 아래쪽 사람들을 짓뭉개 까내리는가 하면 "이 줄은 내거야."라면서 호통을 치기 시작했다. 그러자 그때까지 그렇게 탄탄하던 거미줄이 갑자기 뚝 끊어지면서 간다타를 비롯한 모든 사람들이 일제히 피의 지옥으로 곤두박질해 버리고 말았다.

석가는 "저 혼자만 지옥으로부터 빠져나오려는 간다타의 무자비한 마음이, 그리고 그 심보에 합당한 벌"을 받아 마땅하다고 판단했던 것이다. 세상사가 다 그렇지 않을까. 김대원 작가는 단언컨대 결코 그 거미줄이 끊어질까에 개의치 않있을 것이다.

4. 용서와 화해의 미학

김 작가가 겪었던 한국전쟁이 다 위에서 본 것처럼 평탄하지는 않아 온갖 고난을 치렀음은 당연지사다. 다만 전쟁의 위기에서도 사람됨의 천륜을 지켜낸 아버지의 세상 사는 슬기를 이어받은 작가답게 그는 편견에 사로잡히지 않고 인생과 세상과 역사를 냉철하게 바라볼 줄 아는 지혜를 어렸을 때부터 체득했던 것이다. 그런 관점을 보여준 예로「개성 시내를 걷고 싶어라」를 들 수 있다.

개성이라면 이 작가에게는 고향이나 다를 바 없다. "아마 6.25 전쟁이 일어나지 않았더라면 대학은 서울이나 평양으로 갔을지 몰라도 나는 개성중고등학교를 다녔을 것"이라고 할 정도로 김 작가의 고향은 개성 문화권이었다.

북으로 들어서면서 작가의 시선을 끈 것은 "초소 근무병이나 가면서 봤던 군인들은 얼굴부터가 비쩍 마르고 입고 있는 러닝셔츠는 물론 복장 상태가 꾀죄죄"했고, "개성 시내는 오가는 사람들이 많지 않았고 '회색 도시' 같은 느낌이 들었다." 처음으로 들렸던 영통사의 팸플릿에는 "6.25 때 폭격으로 전소되는 아픔을 간직한 절"로, "대각국사大覺國師는 1055년에 나서 11살 되던 때 령통사에서 승려 생활을 시작"한 곳이자, "우리나라 불교 교단에서 처음으로 천태종을 크게 퍼뜨리고 그 시조"가 되었다는 것 등을 그대로 인용해 준다. 그러나 이를 복원해 준 게 한국의 천태종임은 전혀 없고 "우리 당의 민족문화유산정책과 위대한 장군님의 현명한 령도"와, "위대한 령도자 김정일 동지께서는 오랫동안 산속에 묻혀 있던 령통사를 원상태로 복구한 데 대한 조치를 취"해 주었다는 것만 강조했다는 구절도 그대로 옮겨준다.

뿐만 아니라 김 작가는 팸플릿 뒷면의 "불교는 인민들의 계급의식을 마비시키고 나라의 경제 문화 발전에 막대한 해독을 끼쳤다. 그러나 절간을 비롯하여 탑, 비 등 불교 관계의 건축물에는 우리 인민의 창조적 지혜와 재능이 깃들어 있는 것만큼 귀중한 문화유산으로 된다. 력대 많은 문인이 령통사와 관련한 시들을 지었는데 대표적인 것으로 리규보의 시(『령통사에서』)를 적는다."라며 소개해 준다.

어렸을 때 인민군 치하에서 겪었던 체험을 쓴 작품과 다를 바 없는 천성적인 관찰력이 스며 있다. 더구나 '북한 국보 유적 제159호'인 선죽교에 대해서 쓴 대목에서 "돌다리 한쪽에 핏기 어린 붉은 돌조각이 눈에 띄자 모두들 깜짝 놀라며 직접 손으로 만져보는 등, 최대의 관심사였다."라며 아래와 같이 덧붙여준 게 작가적인 재치가 느껴지게 한다.

안내원이 말했나.
"여러분 놀라셨죠? 솔직히 말하자면 언젠가 사람들이 정몽주가 흘린 피처럼 보이게 하려고 새로 갖다 짜 맞춘 것입네다."

허탈감마저 들었다. 그리고 관광지 두세 군데를 더 들렀는데, 이번엔 물건값을 치르고 나면 잔돈이 없다고 안 주는 거였다. 예를 들어 6달러짜리 물건을 사고 10달러를 내면 거스름돈이 없다고 주지 않았다. 판매 종사원들이야 윗선에서 시키는 대로 할 수밖에 없겠단 생각이 들자 몇 푼 보시하는 셈 치고 그저 웃고 말았다.(「개성 시내를 걷고 싶어라」)

그러나 산천은 의구하지만 정작 김대원 작가가 고향을 떠나 고양에서 객지살이를 하면서 겪었던 학창시절은 그렇지 못했다. 모범생이었던 작가는 초등학교 4학년 때 서오릉으로 봄소풍을 가서 점심시간을 맞았다. 모범생답게 엄마가 싸준 두 개의 도시락 중 하나를 담임에게 드리자 그 교사가 "그래, 고맙다고 전해드려라. 그리고 애들 빨리 모이라고 해!"라고 할 때까지는 즐거운 소풍이었는데, 흩어져 장난치는 애들을 모았으나 세 명이 보이지 않았다.

한참 지나도 다 모이지 않자 그만 선생님이 "야! 반장, 너 뭐 하는 거야, 빨리 집합시키잖고!" 소리를 치며 조금 전에 내가 드린 도시락을 냅다 나를 향해 던졌다. 도시락은 내 머리통을 때리며 튕겨 나가는 바람에 밥과 반찬이 땅바닥에 엎어지고 말았다. 나는 머리가 아픈 건 느낄 사이도 없이 흙투성이가 된 도시락을 들고 어쩔 줄을 몰라 쩔쩔매고 있었다. 녀석들이 돌아온 건 바로 그때였다. 녀석들은 화가 날 대로 나 있는 선생님께 세찬 귀싸대기 한 대씩 얻어맞고는 엉거주춤하고 있었다.

때마침 다른 학년 여선생님들 두 분이 와서 우리 담임선생님을 모시고 가는 바람에 애들은 다시 와자지껄하며 도시락을 비우고 있었다. 나는 밥 생각이 없어 한쪽에 앵돌아진 채 앉아 있었다. (「폭력난무 시대의 교폭단상」)

늦게 나타난 생도들의 증언에 따르면 예쁜 여선생님들과 정겹게 가던 담임을 본 헌병들이 느닷없이 불러 세우더니 멋쟁이처럼 "검녹색의 사지 군복을 칼날처럼 줄"을 세워 입었던 군복이 트집잡힌 것이었다. 민간인이 군복을 입으면 등판에다 흰 페인트로 '염색'이라고 크게 써버렸던 시절이라 헌병들은 멋쟁이란 별명을 가진 담임교사에게 노골적으로 창피를 주려는 속셈이었다. 동행 여교사들이 사정해서 위기를 벗어난 직후에 반장인 작가가 걸려들어 종로에서 뺨 맞은 교사가 한강에다 침 뱉는 격이 되어버린 게 김내원 삭가의 처지였다.

그럼에도 불구하고 그 교사가 김 작가의 작문실력을 인정해서 고학년들의 문예반에 특별히 참여하는 기회를 제공해 주어 이때부터 김대원

학생은 중고교 내내 문예반 활동을 하게 되었다는 것이다.

그런데 문제는 늘그막에 초등학교 동창 모임에서 그 교사를 찾아뵙거나 모임에 초대하자고 했더니 거의 찬성했는데 유독 한 친구만이 "난 그 선생님 떠올리기도 싫어. 때려도 그렇게 무지막지하게 코피 터지도록 패는 건 선생도 아니야!" 하며 열을 올렸다. 그런데도 며칠 후, 작가는 선생님께 "오래도록 적조積阻해서 죄송하다며 안부 전화"를 드렸고, 94세인 노老은사를 "어서 뵈어야겠다는 어떤 절박감마저 느끼게 했다."라는 것이 이 작품의 끝 구절이다.

이 작품이 문우들 간의 격의 없는 합평 모임에서 왁자지껄해졌다. 결코 그냥 용서해서는 안 된다는 게 단연 압도적이었으나 김대원 작가는 다른 충고는 다 수렴하면서도 자신은 그 교사를 찾아뵙고 인사 올리겠다는 것이었다. 아마 이런 게 그로 하여금 오누이를 다수 거느리게 해준 품격이 아닐까 싶다.

작품 「아름다운 화해」 역시 고교 때 억울하게 당했던 교사의 폭력을 잊지 못했던 한 동창의 사연을 다룬 글인데, 지난 사연을 듣고 그 은사가 "절대 악의 없이 훈계 차원으로 체벌했던 거였는데, 결과적으로 그 오랜 세월 마음에 깊은 상처를 안겨주어 미안하다며 무릎을 꿇고 사과하였고 동창들이 황급히 달려가 말리며 부축해 자리에 앉게 했다. 이 모습을 본

당사자인 친구도 이제는 노옹이 되신 선생님 손을 잡고, 다 지난 일이니 자기도 마음에서 지워버리겠노라 말씀드리면서 서로 얼싸안고 눈물을 흘렸다."라고 행복한 결말로 끝냈다.

　너무 싱거운 결말이라 아쉽긴 하지만 어쩌면 이렇게 마침표를 찍는 게 김대원표 수필의 특장으로 보는 게 좋을 것 같다는 게 내 생각이다. 멋진 글을 위하여 우리가 살아가는 게 아니라 아름다운 삶을 위하여 문학이 봉사하는 게 김 작가의 문학관이기 때문이다.

5. 구원의 미학과 행복의 미학

　이만큼 김 작가의 작가적인 인품에 대해 너무 장황하게 늘어놓았으니 이제부터는 축약하여 이 작가가 이룩한 문학적인 특징과 매력을 섭렵할 순서가 되었다. 그는 「긴 겨울밤 시詩야, 수필과 놀자」에서 O. 헨리의 「마지막 잎새」를 거론하며, "이렇듯 소설이나 기타 문학작품"이란 것도 "긴 겨울밤을 보내는 방법"이란 상징어로 그 기능을 풀어준다. '긴 겨울'이란 고달픈 인생살이의 축약에 다름 아니다. 그러니 문학의 수많은 여러 기능 중 구원의 미학에 초점을 맞춘 것이다.

　그 한 전범으로 김 작가는 자신이 펴낸 한시집 『놀이』 중 한시 몇 편을 소개하고 있는데, 주로 어려운 시대에 보통사람들의 지난한 삶의 모습과 그런 속에서도 자연의 아름다움을 통해 위안과 용기를 얻는 모습을 그린 작품을 김 작가는 선호한다. 중국 명시들을 읽어가다가 작가는 자신이 "맹호부대원으로 베트남 전쟁에 참전하기 위해 파병되기 전에 나는 포천 국립광릉수목원 입구 두 개의 큰 시냇물이 합해지는 곳에 주둔했던 부대에서 근무"했던 체험을 소환한다. "그 위로는 넓고 긴 다리가 놓여 있어 낚시꾼들의 명당이었다. 그러나 내가 경험한 일은 이런 것"이 아니라 "밥 짓는 연기 희미하게 피어오르는" 정경이다.

    탄약고에서 보초를 서면 바로 눈앞에 냇물이 흐르고 멀리 민가가 훤히 보였다. 그중에서도 냇물 건너 도로 양옆으로는 술집과 생필품 가게 등 상점들과 민가가 이어져 있었다. 그때는 연탄이나 나무를 때던 시절이어서 아침저녁이면 밥 짓는 연기가 모락모락 피어오르곤 했다.
    그 모습을 보고 있노라면 지금쯤 집에선 어머니가 부엌에서 밥 짓고 계시겠지 하는 생각에 나도 모르게 눈물이 나며 "엄마!" 소리가 절로 나왔다. 그때는 정말 빨가벗은 알몸으로 집에 가라면 그렇게 할 것 같은 절박한 마음이었다. (「긴 겨울밤 시詩야, 수필과 놀자」)

바로 평화와 구원의 미학의 정수다. 물론 이렇게 해석하는 건 나의 관점이고, 정작 김대원 작가의 정곡을 가장 깊숙이 찌르는 맹난자 작가는 김 작가의 단시집 『놀이』에 대하여 이렇게 일갈한다.

그의 시에는 선적禪的 고요가 있다. 정적靜寂이다. 그러나 솔가지의 눈을 툭 떨어뜨리는 밤바람의 놀이가 정적을 깬다. 이 시적 파격이 현상과 본체, 있으면서 없는 진공묘유眞空妙有의 깊은 이치를 전해준다.

무욕의 언어로 자연을 읽어 내는 하전거사의 시가 나로 하여금 정좌靜坐하게 한다. "겨울 산은 적막하다/화두가 들렸나 보다."처럼. 풀밭에서 냉이꽃을 발견할 때의 기쁨을 나는 그의 시에서도 만난다. (맹난자), (「긴 겨울밤 시詩야, 수필과 놀자」)

내가 접하는 김대원 작가는 이미 문학과 사상과 삶으로 얽힌 구연舊緣의 세 스승이 있다. 금아 피천득과 일현 손광성 그리고 관여 맹난자 작가다. (「사진 한 장」)

이런 스승을 통하여 김 작가는 고전미에다 순수미학에 청아 우아한 문학적 향기에 듬뿍 취한 뒤에야 오다가다 만나게 된 것이 나였다.

이미 많은 저서의 수상경력에나 창작 강의까지 하는 경지의 이 작가와의 만남은 나에게 또 하나의 광대무변한 미학적인 우주의 섭리를 거쳐온 새로운 정신사의 변경지대를 보여주었다. 그것이 바로 금아와 일현과 관여의 한국수필문학사의 전통적인 맥락이었다.

그래서 김대원 작가의 여러 갈래의 작품 중 보다 삶의 현장감이 물씬 풍기는 구원과 행복의 미학적인 작품을 유난히 더 천착하게 되었다. 예컨대 흑백영화 「만추晚秋」는 1966년에 이만희 감독이 제작한 작품으로, 지금 젊은이들에게는 한심 따분하게 보일지 모르지만 나 자신도 이걸 두 번을 봤던 감동이 뭉클 솟아나는데, 김 작가 역시 이를 글로 써서 무척 반가웠다.

남편 살해범으로 10년 형을 언도받은 혜림(문정숙)이 사흘간의 휴가를 받아 교도관과 함께 어머니 산소를 찾았는데, 바로 그 묘지로 누군가에게 쫓기는 듯한 청년(신성일)이 나타나더니 느닷없이 산소에다 절을 올리고 차린 음식을 허락도 없이 먹는다. 상대의 신분에 대한 호기심과 본능적인 이끌림으로 둘은 가까워져 창경원 관람 등으로 즐거우나 기약할 길 없는 시간을 보내고는 헤어질 순간이 닥쳤다. 여자는 모범수로 3일간 휴가를 얻어 한 외출이었고, 남자는 위조지폐범으로 쫓기는 처지였다. 둘은 헤어지면서 만날 날을 기약하는데, 남자가 만약 못 오면 어떻게 하느냐니까 여인은 올 때까지 기다리겠다고 단호하게 선언처럼 말한다. 모범수로 출옥한 여인이 창경원의 빈 벤치에 앉아 남자를 기다리나 그는 끝내 나타나지 않는다.

이뤄진 사랑만이 아름다운 건 아니다. 구원의 문학이란 실패와 좌절과 낙망의 삶을 보듬어 주는 미학에 다름 아니다.

그러나 이처럼 어두운 미학만이 김대원 수필에 나타난 구원의 미학은 아니다. 「남자가 옷을 벗을 때」란 제목에 끌리지 않을 사람이 있을까. 오랜 예술사는 여자를 벗기는 데 진력해 왔지만 드디어 남자를 벗기는 새 시대가 도래한 것이다.

신문에서 '여성 관객 전용 선정성 논란 「미스터 쇼」 박칼린 감독 인터뷰'라는 기사에 눈길을 준 김 작가는 얼른 기사를 소개한다.

"이 유쾌한 공연을 세상 말세 쇼라뇨? 룸살롱 다니는 남자들 눈엔 그렇겠죠."

굵고 진하게 인쇄된 헤드라인 기사를 따라 읽어 내려갔다.

"음란하지도, 그렇다고 철학적이지도 않습니다. 그냥 유쾌한 쇼일 뿐입니다. 제가 좋아하고 아꼈던 대한민국 남자들이 이렇게 산적 같은 반응을 해올 줄은 전혀 몰랐습니다."

그녀가 연출한 성인 여성 전용 공연 「미스터 쇼」가 선정성 논란에 휩싸인 것에 강한 유감을 드러내며 한 말이다. 그러면서 그녀는 이렇게 덧붙였다.

"경찰이나 여성가족부에서 잡아갈지도 모른다고 생각했지, 공연도 안 본 남자들이 야하다느니 음란하다고 비난할 줄은 꿈에도 몰랐죠."(「남자가 옷을 벗을 때」)

김 작가는 불현듯 이 공연이 매우 보고 싶어져 주저 없이 VIP 티켓을 예매, 공연장(합정동, 롯데카드아트센터)을 찾았다. 관객들은 20대 초반부터 30~40대, 50대 후반까지의 여성들로 1, 2층의 400여 석을 꽉 채웠는데, 둘러보니 장년층 남자들도 더러 눈에 띄었다.

'여성들이여, 욕망을 깨워라! 핫하고 짜릿한 쇼가 온다.'「Mr. SHOW Ladies Only」라는 공연은 "무대 위에 늘어선 여덟 명의 남자. 평균 키는 185cm가량"으로, "서구적인 이목구비의 잘생긴 청년들이 재킷을 벗고 넥타이를 풀고 셔츠까지 풀어 헤치자 드러나는 복근. 대리석으로 빚어 놓은 조각 같았다. 남은 건 팬티 한 장뿐이다."

거기서 끝나는 게 아니라 "청년들이 커다란 수건으로 주요 부위만을 가린 채 등장하는가 싶더니, 이내 유리문 안으로 들어가 팬티까지 벗어 던지는 실루엣을 연출하자 터지는 비명. 남자들이 옷을 벗을 때마다 여자들은 환호했다."

온갖 쇼와 장난기와 농지거리와 자극성 행위 등등으로 채워진다. 그렇게 점강법으로 점점 열기를 달아오르게 하더니 드라마의 절정에 임박해서는 이렇게 무대를 조성한다.

미스터들이 여성 관객 중에서 세 사람을 무대 위로 불러 의자에 앉혔다. 그리고 그 여성 관객들 얼굴 바로 앞에서 갖가지 성희 포즈로 퍼포먼스를 펼친다. 여성의 손을 잡아 자기 가슴과 배를 쓰다듬게 하더니 복근을 만지게 하고, 나중에는 여성에게 사각 천 조각으로 자기 하체를 가리게 하고는 그 앞에서 팬티를 내릴 듯한 손동작을 해 보인다. 순간 장내는 다시 까악 소리로 진동한다. 무대에 올려진 여성 관객들은 얼굴이 벌게지며 어쩔 줄 몰라 한다. 좋은 걸까, 부끄러운 걸까? 공연자인 청년이 자기 몸을 더듬게 한 여성에게 혼자 왔느냐고 묻는다. 남자 친구와 같이 왔다고 하자 그를 불러낸다. 남자 친구에게 공연이 어떠했느냐고 묻자 아주 좋은 경험이었다며 결혼 전에 이런 공연을 함께 보고 싶어 왔다고 대담하게 말한다. 그들은 6월에 결혼한다는 예비부부였는데 요즘 젊은이들 표현대로 아주 쿨~한 커플이었다.(「남자가 옷을 벗을 때」)

이런 글을 쓰는 정도의 작가라면 시대와 연령을 전천후로 넘나들 자격을 갖춘 품격이라 할 만 하지 않는가. 그야말로 행복의 미학의 전위주의까지 이른 창작혼이리 하겠나.
  그러기에 이 작가의 '문학 스승님(맹난자)'은 김대원이라는 본명에 어울리게 하전夏田이란 호를 지어 내렸다. 이유인즉 이렇다.

사주에 기토己土 일주가 섣달에 태어나니 온기가 필요해서 여름 하에 밭 전 자라 했어요. 얼마나 좋은 이름인데 그래요. 여름 밭은 기름져서 아침에 씨앗을 뿌려두면 저녁에 싹이 돋아 대지가 풍성한 덕성으로 채워집니다. 그렇게 되기를 바라면서 지었어요."(「송춘영하 送春迎夏- 여름을 기다리며」)

김 작가의 미학관을 통째로 느낄 수 있는 글은 아마 김민기의 부음 소식을 듣고 작가 자신이 느낀 소화와 그 슬픔을 달래려는 글 「영원한 '뒷것', 그가 떠나가 버렸다」일 것이다.

"언제인지 정확한 날짜는 기억나지 않지만, 내가 젊었을 때", "D 라디오 방송 프로 중 「3시의 다이얼」이라는 음악방송 프로그램이 있었다. 진행자(DJ)는 최동욱이었다. 목소리 톤이 굵고 해박한 음악 지식으로 원곡 가수, 작곡자며 그 노래의 탄생 배경 등을 물 흐르듯 막힘없는 멘트로 전해 시청자들의 인기가 대단했었다. 당시 이 분야엔 유명한 DJ로 이종환, 황인용 등 3인방이 자웅을 겨루는 양상이었다. 물론 KBS를 거쳐 MBC로 옮겨 라디오의 심야시간대에 「한밤의 음악 편지」를 진행한 여성 아나운서 임국희를 빼놓을 수 없다."

먼 추억이다.

외출에서 돌아와 쉬며 라디오를 앞에 두고 「3시의 다이얼」을 청취 중이던 김 작가의 청각을 울린 게 「아침이슬」이었다. "신청자는 흥분된 목소리로 '지금 청계천 도로를 꽉 메운 채 광화문으로 데모대가 행진 중인데 신청곡을 틀어…'" 여기서 DJ가 서둘러 전화를 끊어버리고 「아침이슬」이 아닌 다른 신청자의 노래로 대체해 방송했다. "그 짧은 시각이었지만 DJ와 데모대원 남자 신청자의 긴박했던 대화가 귀에 쟁쟁하다."

"검푸른 바닷가에 비가 내리면 어디가 하늘이요 어디가 물이요/ 그 깊은 바닷속에 고요히 잠기면 무엇이 산 것이고 무엇이 죽었소."
김민기가 쓰고 만든 곡 「친구」는 고등학생이 썼다고는 믿기지 않을 정도로 절창이다. 가사는 시詩이고, 곡 또한 단순하지만 한번 들으면 잊히지 않을 정도로 강렬한 인상을 남긴다. 실제 친구의 죽음을 경험하고 썼다는 이 곡을 보면 싱어송라이터로서의 김민기의 면모가 일찍이 드러난다. 거기에는 문학이 있고 음악이 있다. 그는 노래도 만들고 불렀으나 음악극도 했다. 연극 또한 직접 만들었다.(「영원한 '뒷것', 그가 떠나가 버렸다」)

그러나 김 작가는 "김민기를 운동권, 저항가수로 가두지 말았으면 좋겠다. 그는 항상 가수와 배우들을 '앞것'이라 칭하고 자기는 '뒷것'을 자칭하며 전혀 앞에 나서지 않는 '천재 아티스트'였음을 우리 모두 기억했으면 한다. 나는 이 점에서도"란 점을 강조한 점이 그다운 미학적 가치관이라고 본다. 김 작가가 김민기를 높이 평가하는 것은 유명해서가 아니라 그의 삶의 자세가 바로 자신과 너무나 일치했기 때문이다.

김민기는 언제나 "나는 뒷것이야, 너희는 앞것이고."라는 자세였다. 뮤지컬, 아동극, 가수들의 공연 등을 무대에 올리는 역할을 뒤에서 하는 자신을 '뒷것'이라 칭했다. 이는 스포트라이트를 예술인들에게 내려주고 자신은 무대 아래서 그걸 비춰주는 역할을 자임한 그의 삶을 말하는 것이기도 하다. 학전이라는 이름 자체"에 나서지 않고 묵묵히 예술가들의 못자리가 되어주겠다는 의지가 담겼다. (「영원한 '뒷것', 그가 떠나가 버렸다」)

이처럼 김대원 작가는 영원한 뒷것에 자신을 고정시키면서도 행복의 미학과 인간 구원의 미학의 균형을 취하며 고전과 현대를 조화시킬 줄 아는 진솔한 작가이기에 매력적인 품성이다. 이제 그는 쪽수필이라는 양식에 흥미를 갖고 도전 중인데, 나는 적극 지지한다. 뿐만 아니라 이규보나 김시습, 이육사 등과 같은 육중한 문인들에게도 깊은 애정과 관심으로 접근하는 도전정신까지 발휘하곤 한다. 그러나 이런 문호들에 대해서는 수필작가로서의 관심과 애정 정도로 만족하면서 본궤도는 항상 산문작가로서의 미학적 범주에 자족하며 충만한 후반기 인생을 장식하기를 빈다.

남자가 옷을 벗을 때

김대원 수필집

초판 1쇄 2024년 12월 14일

지은이   김대원

발행인   임길순
편집   정진희 박윤정
디자인   박지니
발행처   한국산문
등록   제2013-000054호
주소   03131 서울특별시 종로구 율곡로6길 36, 207호
전화   02-707-3071
팩스   02-707-3072
전자우편   koreaessay@hanmail.net

ISBN   979-11-94015-06-2 03810

ⓒ 김대원, 2024

* 이 책 내용의 전부 또는 일부를 재사용하려면 저작권자와 한국산문의 동의를 받아야 합니다.